W0177564

Winni Mühlbauer

Ui! So einfach ist Laufen

Dieses Buch ist meinen
Lieben gewidmet,
die mich wollten,
großzogen
und dann laufen ließen.

Winni Mühlbauer

Ui!

So einfach ist Laufen

Locker und leicht
laufen lernen

Ein Buch, das Sie bewegen wird

MUEHL
BAUER
VER ■
■ LAG

Die Deutsche Bibliothek – CIP-Einheitsaufnahme

Mühlbauer, Winni:
Ui! So einfach ist Laufen : locker und leicht laufen lernen ; ein
Buch, das Sie bewegen wird / Winni Mühlbauer. – 1. Aufl. –
München : Mühlbauer, 1993
 ISBN 3-9803114-0-6

Das Werk ist in allen Teilen urheberrechtlich geschützt. Jede Verwertung ist ohne Zu-
stimmung des Verlages unzulässig. Das gilt besonders für Vervielfältigungen, Überset-
zungen, Mikroverfilmungen und Einspeicherung in und Verarbeitung durch elektro-
nische Systeme.

1. Auflage Januar 1993
© Copyright 1993 by Winfried-Muehlbauer-Verlag, München

Umschlaggestaltung: Pit Hanke, München
Gesamtherstellung: Offizin Andersen Nexö Leipzig GmbH

Winfried-Muehlbauer-Verlag,
Oberföhringer Str. 107, 8000 München 81
Telefon: 089/95 15 73
Fax: 089/92 95 3 16

Printed in Germany

ISBN 3-9803114-0-6

Die Angaben in diesem Buch basieren auf sorgfältigen Recherchen des Autors. Es ist
jedoch zu beachten, daß die Angaben Änderungen unterliegen, beispielsweise durch
neue Erkenntnisse in Medizin und Ernährungswissenschaft. Verlag und Autor können
daher keine Haftung für Vollständigkeit und Richtigkeit der Angaben in diesem Buch
übernehmen. Für Verbesserungsvorschläge und Hinweise auf Fehler sind Verlag und
Autor dankbar.

Inhalt:

Keine lange Vorrede –
kommen wir lieber zur Sache

Sie sind noch nie gelaufen oder fangen gerade an – dann herzlichen Glückwunsch: Sie halten das ersehnte Buch in Händen! Es ist deshalb ideal für Sie, weil es gründlich und klar den Punkt behandelt, der woanders zu kurz kommt: den zähen und verzwickten Anfang. Schon bald erfahren Sie, warum Sie sich irren, wenn Sie glauben, daß nur andere locker und leicht joggen können – bringen Sie ein bißchen Geduld mit, und in absehbarer Zeit können Sie das genausogut. Und Ihr Gewissen, das Ihnen immerzu einhämmert „mach endlich was!", wird sich demnächst wundern, denn Ausreden wie: „Ich hab' keine Zeit!" oder „Ich kann mich einfach nicht aufraffen!" wird es nicht mehr zu hören bekommen.

Mein Bestreben beim Schreiben war es, wissenschaftliche Ausdrücke verständlich zu machen, weil Sie nichts davon haben, wenn ein Ratgeber nur so vor Fremdwörtern strotzt, wie es leider in vielen anderen Büchern der Fall ist, wenn über sportmedizinische Themen gesprochen wird. Mein selbstgestecktes Ziel war es, Fachchinesisch in glasklares und lebendiges Deutsch zu übersetzen – ich möchte nämlich nicht, daß Sie über diesem Buch einschlafen. Somit stellt es eine Oase inmitten anderer Laufbücher dar. Weil ich Sie also nicht langweilen möchte, ist Theorie in diesem Buch nicht grau – im Gegenteil: im Sonnenlicht wird sie in allen Farbnuancen schillern. Und noch bevor Sie zu Ende gelesen haben, werden Sie überrascht feststellen: Ui! So einfach ist Laufen.

Liebe Leserin, lieber Leser –
jefraud und der Schlang

Lange habe ich gegrübelt, wie ich die Ungerechtigkeit in der Sprache gegen Frauen vermeiden kann. So probierte ich die Schreibweise man/frau aus, stolperte aber bald über jefraud und niefraud. Und wie soll ich nur „Läuferschlange" schreiben, damit sich Frauen und Männer gleichermaßen angesprochen fühlen? Die Schlange gibt es nur in der weiblichen Form, also müßte die männliche eingeführt werden: der Schlang. Nimmt man/frau noch das schon häufig zu sehende große „I" dazu, um beispielsweise bei LeserInnen den Schrägstrich (Leser/innen) zu umgehen, dann schreibt sich Läuferschlange so: LäuferInnenschlang. Liebe Leserin – so sehr ich Ihre Beweggründe schätze, die weiblichen Formen in der geschriebenen Sprache einzuführen, zwei Gründe sprechen dagegen: Zum einen fügt sich die gesprochene Sprache nicht diesen Formen – keine Frau und kein Mann spricht so. Zum anderen säße ich armer Schreiberling buchstäblich in der Tinte, anstatt diese aufs Papier bringen zu können; denn ich knobelte heute noch am Manuskript herum, hätte einen Drehwurm im Kopf und einen Knoten in den Fingern.

Weil ich mich aber nicht klammheimlich aus dieser Problematik davonschleichen möchte, habe ich mir folgendes ausgedacht: Ich spreche Sie, ob Frau oder Mann, so oft wie möglich direkt an, denn das ist noch immer die höflichste und ehrlichste Art, miteinander zu sprechen – denke ich. Einverstanden? Und weil ich es mir hin und wieder leicht gemacht habe und nicht jedesmal Läuferin und Läufer schrieb, habe ich für Sie, liebe Leserin, ein kleines Bonbon als Trost vorbereitet, das Sie in Kapitel 13 auspacken und genießen dürfen.

Was denn nun – Joggen oder Laufen?

Immer wieder ist zu lesen, daß Laufen leistungsbetont und Joggen ein lockeres Traben sei. Gucken wir uns mal an, was das Wörterbuch dazu verrät. „Joggen: (dahin)trotten; Fitneßtraining, bei dem man entspannt in mäßigem Tempo läuft." Nun ja, das ist schon richtig so, aber trotzdem mag ich dieser sprachlichen Trennung nicht recht folgen, denn es wird ein Blickwinkel dabei unterschlagen: Was für alte Laufhasen entspannend ist, kostet den Neuling erstmal Kraft und Energie – und von Entspannung kann anfangs keine Rede sein. Ich meine deshalb, daß diese Auslegung etwas verwirrend und entmutigend ist, weil mancher Anfänger vielleicht auf dumme Gedanken kommt und glaubt, daß Joggen nichts für ihn sei, weil er sich doch immer so plagen muß.

Außerdem: Es ist eine viel, viel größere Leistung, wenn jemand, der bisher nie gelaufen ist, es schafft, sich von der Bequemlichkeit loszureißen und eine halbe Stunde zu tippeln und zu tappen, als wenn ein trainierter Läufer zwanzig Kilometer im Sauseschritt rennt. Deshalb ist es auch überheblich, wenn gute Läufer geringschätzig über das Joggen sprechen. Daher meine Bitte an solche Sportsfreunde: Hört auf mit dem Naserümpfen – Joggen ist eine phantastische Leistung, besonders von solchen Menschen, die nicht mehr die jüngsten sind und oft ein wenig Ballast mitschleppen müssen. Nehmt ihnen nicht den Mut, sondern muntert sie auf; sagt ihnen, daß es jeden Tag etwas leichter wird – bis zu dem Tag, wo auch sie plötzlich feststellen: Ui! So einfach ist Laufen. Weil ich das schon immer vielen Menschen sagen wollte, habe ich dieses Buch geschrieben. Und weil sowohl Joggen als auch Laufen leistungsbetont ist, verwende ich beide Begriffe gleichberechtigt, (auch wenn ich Laufen bevorzuge).

Möchten Sie wissen,
mit wem Sie es zu tun bekommen?

Winni Mühlbauer; im Wonnemonat Mai des Jahres 1954 in München geboren. In der Wiege gelegen, herumgekrabbelt – und dann endlich die ersten Schritte gemacht. Dreimal aus dem Bettchen, aber nie auf den Kopf gefallen. Herumgetobt und den ersten Purzelbaum geschlagen. Bald Rechnen und Schreiben gelernt, dann Betriebswirtschaft studiert – dabei die verständliche Sprache versaut. Sitzen gelernt und Laufen verlernt; dicker geworden. Rein in den Beruf: schöner Schreibtisch und noch schönerer Mittagstisch – noch ein bißchen dicker geworden.

Vor zehn Jahren die ersten Laufschuhe gekauft – Joggen ist gesund und macht Spaß, hieß es. Ausprobiert und gleich wieder aufgehört. Nochmals angefangen. Spaß?? Iwo, die reinste Schinderei! Erkenntnis: Ich kann nicht laufen; es reicht, wenn die anderen sich plagen. Immer wieder angefangen – immer wieder abgebrochen. Ein Jahr später: noch ein paar Kilo zugelegt. Meinen Schwabbelspeck und die Laufbegeisterung eines Freundes gespürt – neuer Versuch. In Richtung Englischer Garten gelaufen, der vor meiner Haustüre liegt, aber nicht angekommen. Stur geblieben und Ziele gesetzt: dreimal in der Woche zum Laufen – jede Woche fünf Minuten drangehängt. Siehe da: Freude empfunden! Nach einem Monat schon 30 Minuten an einem Stück gelaufen – den zweiten Purzelbaum geschlagen. Im nächsten Monat: Die 30 Minuten schon ganz locker gelaufen. Drei Monate später: eine ganze Stunde erkämpft – potzblitz, geschafft! In einem Gefühl großer Zufriedenheit gebadet und immer längere Runden gezogen: 8 Kilometer, 10, 12 und 15 – Feuer gefangen. Nach zwei Jahren den ersten Volkslauf über 21 Kilometer (Halbmarathon) gepackt. Neue Erkenntnis: Toll, was du alles kannst, wenn du nur willst – an Selbstvertrauen gewonnen. Insgesamt vier Laufjahre später: In München wurde der 6. City-Marathon veranstaltet. Mein Motto: Wenn in deiner Heimatstadt ein solcher Lauf stattfindet, dann nix wie hin! Mit Begeisterung an die Vorbereitung. Der Trainingsumfang aus heutiger Sicht: dürftig – so um die 40 Kilometer in der Woche. Trotzdem eine ganz passable Zeit erreicht: 3 Stunden und 53 Minuten – gleich hinter dem Ziel den dritten Purzelbaum geschlagen. Bis heute acht Marathons geschafft, zwar keine Klassezeiten, aber die kommen noch, wenn ich einmal groß bin. Sie möchten vielleicht von mir wissen, ob ich viel Zeit zum Laufen habe? Bei meinem Job!! Aber noch immer reicht's für 60 Kilometer in der Woche, manchmal deutlich mehr. Sie möchten noch wissen, ob ich nach der Arbeit müde und abgespannt bin? Na klar, und wie! Dennoch: nie gab es für mich einen Grund, nicht zu laufen. Ob ich danach fix und fertig bin? Nö, putzmunter, deshalb laufe ich ja so gern. Irgendwann die verständliche und frische Sprache wiedergewonnen und die schwärmerische Hingabe entdeckt – und mit beidem dieses, mein erstes Buch geschrieben.

1. Achtung – ich falle mit der Tür ins Haus!

Guten Tag, hier bin ich – mitten in Ihrer guten Stube; und so schnell werden Sie mich nicht mehr los. Sechs Monate lang werden wir zusammen plaudern und hin und wieder gemeinsam laufen. Weil viele, viele Menschen schon am Anfang scheitern und verzweifelt aufgeben, stelle ich den Laufanfang in den Mittelpunkt. In dieser schwierigen Phase lasse ich Sie nicht aus den Augen; und Sie dürfen mich mit Ihren Fragen löchern – ich werde versuchen, alle zu beantworten. Und noch etwas sollen Sie schon jetzt erfahren: Dieses Buch ist anders als viele andere Ratgeber, weil es für jedermann und jede Frau geschrieben ist, und nicht nur für die jungen Hupfer mit Idealgewicht, für die es kein Problem ist, heute loszulaufen um morgen eine Topform zu haben. Dieses Buch soll auch all jenen helfen, die nicht mehr ganz so jung sind, und vielleicht schon ein paar Pfunde angesetzt haben.

Ich möchte mich also hauptsächlich um die Mitmenschen kümmern, die gerne laufen würden, aber den Einstieg bisher nicht geschafft haben; und um solche, die es schon ausprobiert, aber dann wütend alles hingeschmissen haben und glauben, sie könnten es nie mehr schaffen. Weil ich das alles bestens kenne – ein Jahr habe ich anfangs herumgewurstelt –, kann ich Ihnen verraten, wo der Knackpunkt liegt. Schon bald werden Sie gerne laufen, Sie werden oft laufen, und Sie werden all das erreichen, was hunderttausend andere Läufer glücklich und zufrieden macht: verbessertes Wohlbefinden, seelische Ausgeglichenheit und starkes Selbstvertrauen. Daß Sie nebenbei auf einfachste Weise abnehmen werden und 'ne Menge für Ihre Gesundheit tun, das muß man fast nicht erwähnen. Bereits im nächsten Kapitel erfahren Sie, woher die Kraft kommt, mit der Sie loslaufen und nicht mehr zu bremsen sein werden; und, auch soviel sei jetzt schon verraten, mit der Sie ein anderer Mensch werden können. Sie gewinnen nämlich eine Eigenschaft, die möglicherweise Gold wert ist, weil sich damit nicht nur die Hindernisse auf dem Weg zum Laufen beseitigen lassen, sondern auch solche, die den Weg zu privaten oder beruflichen Zielen versperren. Wenn Sie aber all das nicht wollen, oder wenn Sie meinen: „Nein, so ein Plagegeist kommt mir nicht ins Haus", dann stellen Sie mich einfach zurück ins Regal.

15

Sie sind also sicher – Sie möchten eines schönen Tages laufen. Herrlich! – wir werden eine gute Zeit zusammen verbringen; und ich versichere Ihnen, mit mir wird es nicht langweilig werden. Schon bald werden Sie in ein Sportgeschäft eilen, Ihre Siebensachen fürs Laufen kaufen und zu Hause in Windeseile die Joggingschuhe schnüren. Denn je weiter Sie in diesem Buch vorankommen, desto stärker erfaßt Sie eine innere Unruhe, die Sie zappelig werden läßt und die Sie erst wieder los werden, wenn Sie eine kleine Runde gedreht haben. Apropos kleine Runde drehen: Gemeint ist hier natürlich nicht die selbstgedrehte Zigarette; aber weil wir schon beim Thema Nikotin sind, habe ich, wenn Sie Raucher sind, gleich noch eine gute Nachricht: Sehr wahrscheinlich werden Sie durchs Laufen so ganz nebenbei zum Nichtraucher. Von vielen, die heute laufen und gestern starke Raucher waren, hörte ich: „Vielleicht klingt es komisch, aber das Verlangen nach einer Zigarette wurde immer weniger". Ob Sie nun rauchen und laufen wollen, das geht mich nichts an – nur: ohne Rauch geht's leichter.

Kommen wir nochmal zurück auf meine Behauptung, daß ausgerechnet dieses Buch es schaffen soll, bei Ihnen eine Unruhe auszulösen, die Sie Laufen macht. Dieses forsche Auftreten mag dann etwas frech erscheinen, wenn Sie schon ein paarmal losgelaufen sind, aber bald festgestellt haben: „Ich kann nicht laufen, dazu bin ich nicht geboren". Und vielleicht haben Sie bereits ein Dutzend Ratgeber übers Laufen gelesen – nur: nirgendwo hat man Ihnen klipp und klar sagen können, was genau Sie falsch gemacht haben; und auch nicht, ob es nicht doch noch Möglichkeiten gibt, die anfänglichen Schwierigkeiten zu überlisten. Mir zumindest erging es so, ich kann mich nur zu gut an diese Zeit erinnern. Auch ich konnte mit den Tips und Trainingsplänen von Laufprofis oder erfolgreichen Trainern nicht viel anfangen. Leider gehen solche Autoren immer davon aus, daß man eben laufen kann und schon deswegen am Anfang keine Probleme hat. Und hoppla, schon nach zwei Monaten ist jeder selbstverständlich fähig, eine Stunde zu laufen. Nein, nein – wir zwei gehen das viel gemütlicher an; ich will keinen Deutschen Meister aus Ihnen machen, sondern einen Jogger, der locker und leicht laufen kann. Aber jetzt endlich: zur Sache. Was ist es, das Sie in Schwung bringen wird? Welcher Brennstoff wird das Feuer entfachen, das schon lange in Ih-

nen schwelt? Was in aller Welt ist es, das aus Ihnen einen erfolgreichen Menschen macht? Denn es ist ein großartiger Erfolg, wenn Sie
am Ende des sechsten Monats eine volle Stunde locker und leicht laufen können. Bitte keine falsche Bescheidenheit – Erfolg bleibt Erfolg!

2. Kommen Sie mit – hier geht's lang!

Alle großen Erfolge auf dieser Welt wurden errungen durch eine ganz bestimmte Einstellung: durch Enthusiasmus. Mit dieser schwärmerischen Hingabe wurde Abraham Lincoln Präsident der Vereinigten Staaten, obwohl er nur ein Jahr zur Schule ging. Aber sein Enthusiasmus, von dem er ständig angetrieben wurde, half ihm, alle Schwierigkeiten aus dem Weg zu räumen. Weil auch wir diese in uns schlummernde Kraftquelle nutzen können, vor allem dann, wenn sich scheinbar unüberwindbare Hindernisse auftun, lohnt es sich, daß wir uns ein Weilchen mit dem Enthusiasmus beschäftigen. Ich glaube, daß ich Ihnen einige Neuigkeiten versprechen kann, die Sie verblüffen werden – aber urteilen Sie selbst!

Es ist vielleicht noch nie so deutlich gesagt worden: Sobald man von diesem Schwung ergriffen ist, kann man alles schaffen. Mit Enthusiasmus gibt es kein Halten mehr – auch nicht beim Laufen. Es regnet: Tapp, tapp, tapp – Sie laufen durch Pfützen, kommen verdreckt heim (Hallo, Waschmaschine – fang!) und haben die Welt bei Regen neu entdeckt. Und Sie wissen jetzt, wie es ist, wenn Sie selbst über sich bestimmen und nicht das Wetter. Sie werden sich an Ihre Kindheit erinnern, wo Sie immer draußen waren, egal, ob es junge Hunde regnete oder saukalt war. Und diese Lockerheit werden Sie zurückgewinnen. Oder: Sie haben Muskelkater. Der wird Sie dann nicht mehr jucken – im Gegenteil. Leider werden Sie ihn nur in den ersten beiden Laufwochen spüren. Ich will Sie mit dem „leider" keinesfalls ärgern, Sie werden selbst draufkommen, daß Sie diesen leicht ziehenden Schmerz vermissen werden. Warum? Nun, ganz einfach. Er hat Ihnen zwei Wochen lang lobend auf die Schultern geklopft und gesagt: „Jetzt spürst du, wie toll aktiv du sein kannst!" Und das tut gut, denn es bestätigt, daß Sie jetzt zu den Reichen gehören, zu den Erfolgreichen. Zu jenen, die sich aus den Klauen der Trägheit befreit haben. Sie gehören sogar einer Elite in Deutschland an, wenn Sie eines noch fernen Tages..., ich traue mich fast nicht, es auszusprechen;... also wenn Sie Ihren ersten Marathon gelaufen sind. So, jetzt ist es raus. Nur etwa 40000 Frauen und Männer schaffen in unserem Land die 42,195 Kilometer. Dazu aber gleich drei wichtige Punkte. Erstens: Ein Marathon ist heute eine Utopie für Sie – das ist gut so, und dabei soll es auch bleiben. Zweitens: Schauen Sie trotzdem mal bei einem Volksmarathon zu. Nicht vorm Fernseher, sondern auf der Straße beim Zieleinlauf. Klar, die Spitzenläufer laufen vorneweg, nochdazu in einem Wahnsinnstempo. Aaaber: achten Sie mal auf die restlichen 90 Prozent der Teilnehmer. Sie werden sich die Augen reiben und ihnen nicht mehr trauen. Und drittens: Wenn Sie diese Seite umblättern, dann haben Sie bitte das Thema Marathon vergessen. Danke! Ich möchte nämlich nicht, daß Sie mich für bekloppt halten. Kommen wir nochmal zurück auf den Muskelkater. Ich sagte bereits, daß dieser Schmerz nach ein bis zwei Wochen nicht mehr auftauchen wird. Einen Muskelkater bekommen Sie *nur* nach einer ungewohnten körperlichen Anstrengung. Und bereits nach kurzer Zeit haben sich Ihre Muskeln an die rhythmische Laufbewegung gewöhnt. Allerdings: Wenn Sie nur eine Woche pausieren, dann ist der Schmerz nach dem nächsten Lauf wieder da. Noch eine Möglichkeit gibt es, um Muskelkater zu bekommen. Sie werden mit zunehmendem Training rasch einen deutlichen Satz nach vorne machen. Dann werden Sie auch kürzere Strecken laufen, die aber schneller. Und nach diesen Läufen – ei, fein – lobt Sie der Muskelkater wieder. Freuen Sie sich über diesen edlen Schmerz, sprechen Sie darüber, ja, posaunen Sie es hinaus – tschängterängtängtäng! Jeder soll es hören. Man wird Sie bewundern und beneiden. Viele Zuhörer werden das aber um keinen Preis offen zugeben, nur insgeheim. Denn diese Menschen sind neidisch und träge. Und weil sie Ihretwegen schon wieder ein schlechtes Gewissen bekommen („Ich würde ja auch gerne laufen, aber...“), sich aber selbst zu nichts aufraffen, werden sie pampig und machen das Laufen mies. Achten Sie mal auf die unterschiedlichsten Bemerkungen. Das ist schon deshalb wichtig, damit Sie die verschiedenen Gattungen unter den Miesmachern genauer kennenlernen. Und vor ihnen kann man nicht oft genug warnen: Schützen Sie sich vor diesen Totengräbern des Erfolgs! In einem späteren Kapitel erfahren Sie mehr über diesen Menschenschlag.

Jetzt wird es Zeit, daß wir uns dem Enthusiasmus nähern. Was steckt dahinter? Was ist sein Geheimnis? Viele Menschen benutzen dieses Wort, aber kaum jemand nutzt die Energie, die dahinter steckt, um erfolgreich zu werden. Notieren Sie doch hier bitte mal, was Ihnen zum Enthusiasmus einfällt:

Offen gestanden, auch ich saß mal schwitzend vor diesem Begriff und konnte mit ihm nicht viel anfangen; er floß mir beim Werbetexten spontan aus der Feder. Und weil es schon mal schwarz auf weiß vor meiner Nase stand, dieses merkwürdige Wort, das mir erstmal viel Kopfzerbrechen, dann aber riesige Freude bereitete, wollte ich mehr über den Enthusiasmus erfahren. Aber je länger ich nach dem Inhalt forschte, desto mehr verwischte sich meine Vorstellung. Wer akribisch mit Wörtern umzugehen hat, der weiß, wie fuchsig man werden kann, wenn Begriffe daherkommen, die sich einem frech verschließen. Wie immer in solchen Fällen frage ich dicke Wörterbücher. „Enthusiasmus: Hohe Begeisterung, in der man ganz von einem Ideal erfüllt ist und sich zu ihm emporgehoben fühlt; bezeichnet in der Beziehung auf eine bestimmte Sache oder Tätigkeit eine selbstlose Hingabe an etwas." Danke! Wörterbuch, das ist zwar schon mal was, aber mit so Gespreiztem kann ich ehrlich gesagt nicht allzuviel anfangen. Immerhin wurde meine Neugierde wachgekitzelt. Ich suchte weiter nach sprachlichen Beziehungen, deftigen Inhalten und einer einfachen und nützlichen Erklärung – weitere Informationsquellen mußten her, aber: Fehlanzeige! Kein noch so gewiefter Buchändler konnte mir etwas anbieten – das machte mich stutzig. Es blieb mir nichts anderes übrig, als meine Gedanken umherschweifen zu lassen. Haben nicht alle großen Künstler dieses und jedes früheren Jahrhunderts mit Enthusiasmus Geniales geschaffen? Maler, Komponisten, Bildhauer, Dramatiker? Sind nicht bedeutende Mediziner tage- und nächtelang dagesessen und haben mit primitivsten Mitteln, aber mit schwungvoller Hingabe geforscht, bis sie am Ziel waren? Wäre es den Entdeckern, Eroberern und Abenteurern gelungen, ohne diese Einstellung in fremde Welten vorzustoßen? Wäre es ohne Enthusiasmus dem erst 17jährigen Bauernmädchen Jeanne d'Arc gelungen, im Hundertjährigen Krieg die Engländer aus Frankreich zu jagen? Wäre das alles ohne Enthusiasmus möglich gewesen? Und heute? Wo ist sie geblieben, diese unbändige Kraft? Überlebenswichtige Aufgaben gäbe es auf unserer Welt genügend. Klar, auch heute noch werden beispielsweise in der Forschung imposante Neuheiten entwickelt – ob da allerdings ein dickes Salär, der Prestigegewinn oder der Enthusiasmus die treibende Kraft ist, vermag ich nicht zu beurteilen. Und noch immer werden herausragende literarische Werke geschaffen, wenn man die Gabe hat, olfaktorisch das Lechzen der Bücherwürmer nach Feinem zu erfassen. Und in der Musik wird nicht nur auf E-Gitarren gezupft oder Schmalzdudeldei frohlockt – die Frage aber auch hier: lockt der Geldregen oder treibt der Enthusiasmus? Manchmal stelle ich mir vor, wie das wäre, entdeckten Manager diese immense Kraft für sich und ihre Mitarbeiter. Wann hat Ihr Chef Sie das letzte Mal für eine Sache begeistern können? Fällt Ihnen dazu etwas ein? Und Sie selbst – wann sind Sie zuletzt enthusiastisch an die Lösung einer für Sie bedeutsamen Sache gegangen? Vielleicht schreiben Sie es in Stichworten auf.

Und nun schauen wir mal, ob Sie richtig liegen. Dabei helfen uns zwei Nachbarbegriffe des *Enthusiasmus*: die *Begeisterung* und die *Leidenschaft*. Fragen wir uns doch jetzt einmal, ob man diese drei Wörter beliebig untereinander austauschen kann? Streng genommen: auf gar keinen Fall! Bei genauerem Hinsehen wird klar, warum nicht:

– wenn wir begeistert sind, dann sind wir **noch nicht** enthusiastisch.
– wenn wir enthusiastisch sind, sind wir **noch nicht** leidenschaftlich.

So, jetzt ist es soweit, jetzt halten Sie mich doch für einen Spinner, stimmt's? Tun Sie's bitte nicht; später einmal, dann dürfen Sie's noch oft genug – aber jetzt nicht, denn jetzt wird es ernst!

Was ist es, das Sie vorwärts bringt?
Sobald jetzt Licht diesen Unterschied hell erleuchtet, können Sie ungemein viel Nutzen daraus ziehen – es ist eine echte Goldgrube, auf

die wir gleich stoßen werden. Sie können dann nicht nur Ihr Verhalten besser durchschauen, sondern vor allem Antriebskräfte entwickeln, die Sie vorwärts katapultieren. Hinter dieser Begriffsabgrenzung versteckt sich der Schlüssel zum Vorwärtskommen – nicht nur beim Laufen. Bringen wir also starkes Licht in alle Ecken und Winkel dieser Wörter. Dazu gleich mal zwei Fragen: (1) Kann man enthusiastisch verliebt sein? (2) Kann man leidenschaftlich gern arbeiten? Wenn Sie nun glauben, enthusiastisch verliebt sein zu können, dann befinden Sie sich leider auf dem Holzweg. Verliebt ist man entweder leidenschaftlich oder gar nicht – denn: Die Leidenschaft ist ein **inneres** Getriebenwerden. Ein **feuriges, intensives Gefühl**, mit dem man an etwas teilnimmt, was seinen innersten Wünschen entspricht, oder mit dem jemand ein Ziel zu erreichen versucht, nachdem er ein inneres Verlangen spürt.

Verliebtsein ist hier ein treffendes Beispiel, weil wir sofort wissen, wie wenig der Verstand hier noch Einfluß nehmen kann. Auch durch die Wortherkunft wird es deutlich: Leiden-schaft. Darum schmerzt auch Liebeskummer so tief innen, wenn sich Herzbube oder -dame nicht hat erobern lassen. War dagegen der Sturm aufs Herz erfolgreich, dann verschwindet bald die Leidenschaft und mit ihr verschwindet auch das Verliebtsein – der Verstand meldet sich wieder zurück. Jetzt liegt es an den beiden Menschen, mit Herz und Verstand die Liebe gedeihen zu lassen.

Und wie ist das wohl mit der Leidenschaft bei der Arbeit? Nun, dieses Getriebenwerden von innen heraus gibt es auch im Beruf – aber selten. Am ehesten wird wohl dann leidenschaftlich gearbeitet, wenn man sein Konto durch eine Tätigkeit füllen kann, zu der man sich berufen fühlt. Wenn sich beispielsweise die Kreativen in einer Werbeagentur, Grafiker und Texter, die Nächte und Wochenenden um die Ohren schlagen, dann ist 'ne Menge Leidenschaft im Spiel, der Verstand hat hier nicht mehr viel zu melden. Das Geld allein kann es nicht sein; zwar sind die Gehälter für diese Jobs nicht schlecht, aber auf die Stunden umgelegt fallen sie mickrig aus. Dieses Beispiel soll genügen, um Ihnen die Richtung aufzuzeigen. Leidenschaftlich arbeitende Menschen findet man am ehesten in künstlerischen, sozialen und wissenschaftlichen Berufen: Archäologen, Architekten, Designer, Mediziner, Modemacher, Musiker, Filmemacher, Journalisten, Schriftsteller, um nur ein paar zu nennen. Und wie ist das wohl bei Zeitgenossen, die zufällig in einen Beruf hineingeschlittert sind? Arbeiten die tagtäglich entfesselt? Halten wir es nochmal fest: Die Leidenschaft ist ein inneres Getriebenwerden; ein intensives Gefühl. Kommen wir nun zu den benachbarten Begriffen, zu der Begeisterung und zum Enthusiasmus.

Von der Begeisterung zum Enthusiasmus

Bestimmt kennen Sie das: Man begeistert sich für eine Sache, aber nach kurzer Zeit ist die Luft raus – die Begeisterung ist verflogen. Fragen wir uns also, warum das oft so ist. Gucken wir uns dazu das Wort Begeisterung unter der Lupe an: „Die Begeisterung ist ein seelischer Aufschwung; ein freudig erregter Gemütszustand, in dem man sich durch ein hohes Gefühl über sich selbst hinausgehoben fühlt. Begeisterung ist also ein *freudiges Interesse*, mit dem man an etwas teilnimmt oder sich für etwas einsetzt, was einem als wertvoll erscheint."

Auch kennen Sie diese Redewendungen: „Plötzlich packte mich die Begeisterung", oder „Ein Sturm der Begeisterung brach los". Und dieser Sturm verursacht hohe Wellen: „Die Wogen der Begeisterung schlagen hoch". Dazu ein Beispiel: Zwei Freundinnen treffen sich. Kaum sitzen sie, da sprudeln die Worte bei der einen nur so heraus: „Ahh, Waaahnsinn, ich kann dir gar nicht sagen, wie unheimlich toll dieser Typ ist – ich bin von ihm echt begeistert!" So, so, sie ist also *echt* begeistert! Wie denken Sie wird diese Geschichte wahrscheinlich ausgehen? Bestimmt anders, als wenn sie geflüstert hätte: „Du, . . . ich bin verliebt!" Lassen wir die beiden weitertuscheln und schwärmen; schauen wir lieber mal nach, was das Sauwetter inzwischen macht. Aha, der Sturm hat sich gelegt, und die Wogen glätten sich langsam. Und die Wogen der Begeisterung? Nun, auch die verschwinden wieder, wenn der Sturm nachgelassen hat. Aus und vorbei – weg ist sie, die Begeisterung. Und wir haben daraus gelernt: **Die Begeisterung *kommt von selbst* und ist nur ein Strohfeuer.**

Will man also etwas erreichen oder vorwärtskommen, dann genügt es nicht, von einer Sache oder einem Menschen nur begeistert zu sein. Erst wenn Holz auf das kurz aufflackernde Strohfeuer gelegt wird – wenn man folglich etwas dazu tut –, dann bleibt das Feuer am

Brennen – stark, hell und hoch. Und dieses Nachschüren führt zu immer höheren, himmelwärts strebenden Flammen. Und erst jetzt, und nur so, ist man enthusiastisch. **Der Enthusiasmus *kommt nicht von selbst*, man muß die Begeisterung zum Lodern bringen.**

Lassen Sie also die Flammen lodern und gleißend hell flackern; es muß knistern, prasseln und qualmen, wenn Sie beharrlich auf ein für Sie wichtiges Ziel losstürmen wollen. Die anfänglichen Hindernisse und bremsenden Gedanken müssen ein Raub der Flammen werden. Nur dann kann Sie nichts mehr aufhalten. Sie bleiben Ihrer Sache treu und niemand kann Sie mehr irre machen. Sie verbeißen sich geradezu in Ihr Ziel und lassen erst wieder locker, wenn Sie es erreicht haben. Sie müssen also immer wieder feuereifrig loslaufen, und es wird nicht lange dauern, und Sie werden gerne laufen. Wie wird das wohl bei Reinhold Messner gewesen sein? Die Dolomiten prägten seine Kindheit, und bestimmt träumte er davon, eines Tages auf den Gipfeln zu stehen. Früh packte ihn die Begeisterung zum Bergklettern, „Da will ich hinauf!" Er entwickelte Enthusiasmus und kletterte los. Und jedesmal, wenn er einen Gipfel erreicht hatte, war er zufrieden und freute sich darüber, wieder gesiegt zu haben. Er wurde leidenschaftlicher Kletterer; auf immer neue Herausforderungen ist er zugeschritten – schnurstracks extremen Zielen entgegen: Zu zweit ohne Sauerstoff auf den Mount Everest. Dann nochmal, aber allein. Die anderen Achttausender im Alleingang folgten. Viele Buben sind am Fuße der Dolomiten groß geworden. Und aus Südtirol kommen herausragende Alpinisten – aber nur einer hat zuerst mit Enthusiasmus und dann mit Leidenschaft immer höhere Ziele angestrebt und erreicht. Reinhold Messner hat Grenzen durchschritten, die für Menschen als unerreichbar galten. Was lernen wir daraus? Wenn man mit Enthusiasmus auf ein Ziel losgeht – ihm geradezu entgegenstürmt, dabei immer und immer wieder den Erfolg auskostet, dann entwickelt sich rasch und von selbst ein Gefühl von innen heraus, das wir kennen: die Leidenschaft. Wir merken uns: **Die Leidenschaft *kommt von innen* heraus und ist meist beständig.**

Das Prächtige an der Leidenschaft ist also ihre Beständigkeit. Denken Sie nochmal ans Verliebtsein. Selbst wenn die Eroberung trotz Sisyphusarbeit vergeblich war, das Verliebtsein im Herzen erlischt nicht gleich. So schnell wird man dieses leidenschaftliche Gefühl nicht los. Man kann sogar schon die goldene Hochzeit gefeiert haben – in seinen Jugendtraum ist man noch immer verliebt. Das Verliebtsein und der Glaube gehören auch zu den ganz wenigen Ausnahmen, wo man ohne Umwege sofort leidenschaftlich sein kann. Ansonsten wird man es dann, wenn man zunächst ein freudiges Interesse an einem Vorhaben findet, und dann durch eine enthusiastische Haltung das Feuer entfacht, das alles niederbrennt, was sich dem Erreichen dieses Vorhabens in den Weg stellt. Wenden wir uns nun der Frage zu, warum es schwer ist, Enthusiasmus für berufliche Ziele zu entwickeln: Selten fängt man einen Job mit Begeisterung an. Und selbst dann, wenn man sich anfangs begeistern konnte – bald tauchen die ersten Blockaden auf, nennen wir sie Wellenbrecher, weil sie die Wogen der Begeisterung zerstören und damit gleichzeitig die Brücke zum Enthusiasmus niederreißen. Solche Wellenbrecher im Beruf sind beispielsweise die seifenblasigen Lippenbekenntnisse der Chefs. Aber auch falsche Versprechungen „Nein, so hatte ich das nicht gemeint", oder „Da haben Sie mich mißverstanden" lähmen zunächst die Begeisterung und führen auf Dauer zur Demotivation, weil keine echte Kommunikation mehr stattfindet. Eine weitere Blockade ist der verbaute Weg nach oben. Noch immer ist es vielfach so, daß die, die am lautesten brüllen können, zuerst aufsteigen – leider hat sich unter manchen Chefs noch immer nicht herumgesprochen, daß ein Kehlkopf allein keinen Kopf ausmacht. Auch die tägliche Routine ist ein gewaltiger Wellenbrecher; werden die Mitarbeiter nicht ab und zu aus diesem Arbeitsbrei herausgeholt, können sie darin ersticken. Auf eine kurze Aussage gebracht kann man sagen: Im Beruf ist es deshalb so schwer, Enthusiasmus zu entwickeln, weil man hier fremdbestimmt wird; und dabei wird eine anfängliche Begeisterung meist zerstört statt aufgebaut. Wie fein, daß dies in der Freizeit anders ist – da dürfen Sie selbst bestimmen, wo's langgeht. Wenn Sie also erstmal eine zeitlang enthusiastisch laufen, dann entwickelt sich nach und nach die Leidenschaft.

In der Freizeit sind Sie Ihr Chef!
Ich hoffe, Sie stimmen mir bei folgendem zu: Jeder, der nicht leidenschaftlich arbeitet sehnt sich nichts mehr herbei als den Feierabend. Eine schöne Zeit eigentlich – aber ein blödes Wort. Zu feiern gibt es

meist nichts, und Abend erinnert uns an Dunkelheit und Tagesende. Aber jeder wünscht dem anderen einen schönen Feierabend – schauerlich! Denken wir doch mal andersherum. Wünschen wir doch einfach mal einen schönen Freizeitanfang. Warum? Es stimmt uns vielleicht positiv, und es hilft, lähmende Gedanken fernzuhalten. Denn in unserem Kopf zieht ein trübes Wort meist ein anderes trübes nach sich. Feierabend – Arbeitsschluß – Schluß für heute – ich bin kaputt, abgespannt und fertig. Aus für heute – morgen geht's weiter. Dasselbe Spiel – jeden Tag. Gerade am Anfang der schönsten Zeit – der Freizeit – ist man müde. Fast ein Leben lang. Hallo, aufgewacht, das muß doch nicht sein! Fragen wir mal, woran es liegt, daß wir abgespannt sind? Na klar, vor allem an unserem Kreislauf. Dieser liegt faul herum und wir legen uns gleich dazu. Erst wird gegessen, dann setzt man sich hin zum Fernsehschlafen. Halt! Mir ist ein kleiner Fehler unterlaufen. Nicht wir legen uns dazu, sondern die anderen. Denn ich weiß es schon, und Sie wissen es auch bald: es gibt nichts besseres gegen ein schlaffen Kreislauf als das Stärkungsmittel Laufen. Bevor Sie jedoch loslaufen, sollten Sie noch herausfinden, wie enthusiastisch Sie sind.

Wie enthusiastisch sind Sie?
Oder anders gefragt: Wie hoch sind die Wellenbrecher in Ihrem Kopf? Fragen sind es also auch hier, die uns wieder einmal weiterhelfen können. Und weil Ihnen niemand zuhören kann, sollten Sie sie mit einem ehrlichen Ja oder Nein beantworten.

1. Egal, wie alt Sie sind: Halten Sie sich für jung und dynamisch?
2. Kommt es bei Ihnen oft vor, daß Sie ein Vorhaben abbrechen, weil plötzlich Schwierigkeiten aufgetaucht sind?
3. Können Sie sich blind für ein Vorhaben begeistern, das Ihnen jemand vorschlägt?
4. Konnten Sie eine Aufgabe, die Sie sich gestellt hatten, erfolgreich abschließen, obwohl jemand dagegen war?

Alle Fragen ehrlich beantwortet? Sehen wir jetzt mal, wozu die Fragerei gut ist. Ich will hier nicht das von Zeitschriftenmachern so beliebte Drei-Kästchen-Denken übernehmen und Sie nach Punkten in eine pauschale Beurteilung hineinpropfen. Die Analyse können Sie selbst viel besser machen, wenn wir Punkt für Punkt durchgehen. Überlegen Sie dabei, woher ein möglicher Mangel an Enthusiasmus kommen könnte, damit Sie ihm gleich zu Leibe rücken können. Denn: Enthusiasmus ist keine Gabe oder Vererbung, nein, *Enthusiasmus ist eine Fähigkeit, die jeder entwickeln kann.*

Enthusiastische Menschen wirken jung und dynamisch (1.)

Sich jung zu fühlen, egal, wieviele Geburtstage man schon gefeiert hat, dabei voller Vitalität und Lebensfreude zu stecken, dieser Wunsch ist in der Menschheit so alt wie die Suche nach jenem Brunnen, dessen Wasser eine Verjüngung bewirkt. Gelebter Enthusiasmus, verbunden mit körperlicher und geistiger Aktivität, ist ein solcher Jungbrunnen, der uns um Jahre jünger machen kann. So manche liebe Mitmenschen unter uns aalen sich geradezu in diesem Lebenselixier: die jungen „Alten". Wenn Sie Lust und Laune haben, dann achten Sie doch mal bei einem Volkslauf oder Stadtmarathon besonders auf die älteren Teilnehmer – vor allem: vergessen Sie alles, was Sie bisher über laufende Senioren gedacht haben. Alle diese Frauen und Männer, Omas und Opas, haben rechtzeitig die Weichen gestellt und wirken heute um Jahre jünger als sie tatsächlich sind. Gerade bei älteren Menschen kann das schon mal bis zu 20 Jahre ausmachen. Eine 80jährige, die voller Enthusiasmus ist, wirkt wie eine vitale und frohgestimmte 60jährige. Umgekehrt gilt das natürlich genauso: ein 40jähriger, der sich für nichts mehr mit voller Hingabe begeistern kann, wirkt wie ein morscher und blätterloser Baum.

Durch Enthusiasmus zwanzig Jahre jünger zu erscheinen ist ein lohnendes Ziel, weil das Dankbare dabei ist, daß man meist auch körperlich und geistig fit bleibt. Solche Frauen und Männer, die dieses Ziel erreicht haben, gehen oft noch regelmäßig zum Schwimmen, Tanzen, Laufen oder was auch immer. Ja, auch zum Laufen. 1991 fanden im finnischen Turku die Senioren-Weltmeisterschaften statt. Können Sie sich vorstellen, daß es da einen 100-Meter-Lauf für über 95jährige gibt? Halten Sie kurz inne, und überlegen Sie mal, was 95 Jahre bedeuten. Sie ahnen es bestimmt schon: es gab diese Disziplin tatsächlich, und zwei Teilnehmer gingen an den Start. Schon das allein ist unfaßbar. Was einen aber wirklich umhaut, ist, daß der

99jährige Inder Joginder Singh nur doppelt so lang brauchte wie die Weltspitzenklasse. Er gewann diesen Lauf in der unglaublichen Zeit von 20:83 Sekunden mit 99!!! Der eiserne Josef aus St. Augustin bei Bonn lief noch mit 83 Jahren einen 100-Kilometer-Lauf in 14 Stunden und 45 Minuten. Wundert es da noch, daß er als 91jähriger erfolgreich den New-York-City-Marathon schaffte und Ende 1992, als 94jähriger, diese 42,195 Kilometer in New York nochmals laufen will? Mit 78 lief Johanna L. aus Frankfurt vor ein paar Jahren in ihrer Altersklasse eine neue Weltbestzeit über 10 Kilometer von 53:13:63 Minuten. Schade, daß solche Wettbewerbe nicht im Fernsehen gezeigt werden; so entgehen uns die freudigen und glücklichen Gesichter dieser gar nicht alten Menschen, die mit großer Leidenschaft Sport treiben und jung geblieben sind. Alle Schwierigkeiten werden unbedeutend und das Alter zählt nicht mehr, wenn man enthusiastisch Wünsche verwirklicht und Bedürfnisse auslebt. Wer also rechtzeitig mit dem Laufen anfängt und im Leben eine enthusiastische Haltung einnimmt, wirkt jung und dynamisch.

Schwierigkeiten zünden den Turbo (2.)

Wenn Sie Ziele enthusiastisch ansteuern, haben auftretende Schwierigkeiten einen besonderen Effekt: Ihr Enthusiasmus erhält eine besondere Kraft: „Mit mir nicht, jetzt erst recht" – der Turbo hat gezündet, und das Hindernis liegt hinter Ihnen. Weniger technisch ausgedrückt: Sie behalten immer die Oberhand und haben freie Bahn. Von Wind und Wellen begünstigt steuern Sie mit vollen Segeln Ihrem Ziel entgegen. Anders ist das, wenn Sie nur mit Begeisterung unterwegs sind: Schon beim ersten Gegenwind erlahmen Ihre Kräfte und Sie geben auf. Schon als Kind hörte Mike immer denselben Satz: „Du kannst das nicht". Er hörte ihn von seinen Eltern, Verwandten, Lehrern und Freunden: „Nein, Mike, das kannst du nicht". Mike aber wollte unbedingt Sportler werden. Zunächst Basketballspieler. Aber bei 1,90 Meter hörte er auf zu wachsen, und damit war er für Basketball zu klein. Weil er dazu schlecht dribbelte, wollte ihn kein Trainer haben. Er schlug sich durch mit Gelegenheitsjobs: Wachmann, Busfahrer, Verkäufer – aber in seiner Freizeit trainierte er verbissen Leichtathletik. Und 1988, da war er 24 Jahre alt, setzte er sich ein Ziel, an dem 23 Jahre lang alle anderen gescheitert waren: Er wollte endlich weiter springen als Bob Beamon, der seit 1968 (Mexiko) den Weltmeistertitel im Weitsprung inne hat. Und 1991, bei den Weltmeisterschaften in Tokio, war es endlich so weit: Mike Powell sprang 8,95 Meter und ist neuer Weltmeister im Weitsprung. Mike zeigte allen, daß er es doch kann. Sie können sich merken: Schwierigkeiten geben mir zusätzliche Kraft, wenn ich enthusiastisch bin.

Was sehen Sie, wenn Sie sich blind für eine Sache begeistern? (3.)
Samstagabend: Sie sitzen vorm Fernseher und gucken Sportschau. Faszinierende Bilder von den Windsurf-Weltmeisterschaften flimmern ins Wohnzimmer. Und Sie erinnern sich an das letzte sonnige Wochenende draußen am See. Es hat Ihnen gefallen, wie jung und alt mit den Brettern über das Wasser geflitzt sind. Und jetzt auf der Mattscheibe die tollen Bilder von den Profis... Heißa, das will ich auch, jubeln Sie, und bald ist ein Board gekauft und auf dem Autodach festgezurrt. Und gezurrt und gezerrt wird auch weiterhin: an Ihren Nerven. Was bei anderen spielerisch aussieht, ist harte Arbeit. Und wer mit blinder Begeisterung etwas anfängt, auch das Windsurfen, wird bald das Handtuch werfen, sich drauflegen und weiterhin nur zugucken. Einwand Ihrerseits: Sie möchten gar nicht Windsurfen lernen, sondern Laufen. Das freut mich, aber bitte seien Sie doch nicht so quengelig, bald geht es los. Windsurfen ist ein willkommenes Beispiel dafür, durch eigene Beobachtungen miterleben zu können, daß man sich nicht von den Leistungen der Besseren blenden lassen soll. Auch sie mußten lange, lange üben. Einen entsprechenden Leistungsstand muß man sich – Schritt für Schritt – erkämpfen, beim Windsurfen und auch beim Laufen. Was ich damit sagen will ist folgendes: Wer sich blind für eine Sache begeistert, der sieht nur das tolle Ergebnis, nicht aber den oft mühsamen Weg dorthin. Einen Weg aber, den man nicht sieht, den kann man auch nicht gehen. Sie können sich merken, wenn Sie wollen: Wenn ich mich blind für eine Sache begeistere, dann werde ich den Weg zum Ziel verfehlen.

Hüten Sie sich vor Miesmachern! (4.)
Sie lauern überall, manche sind drollig und harmlos, andere giftig und gefährlich. Einige unter ihnen wissen nicht, was sie anstellen können, und wieder andere sind einfach gehässig. Egal, was Sie sich

vorgenommen haben: lassen Sie sich nie, nie den Schneid abkaufen, wenn Ihnen Miesmacher dumm kommen und meinen: „Was, du und…, das schaffst du nie". Sie kennen das vielleicht: Du, und jetzt schon heiraten; allein ein Kind aufziehen; in dem Alter noch mit Laufen anfangen und, und, und. Solche Zeitgenossen sind die Totengräber Ihres Enthusiasmus und damit Ihrer Ideen, Träume und Erfolge. Meine Deutschlehrerin in der 4. Klasse war ein solcher Totengräber. Als ich damals aufs Gymnasium wollte, riet sie meinen Eltern, mir diesen Wunsch abzuschlagen. Der Grund: meine 4 in Deutsch. Aus dieser Note würde auf dem Gymnasium eine 5 in Deutsch und Englisch, sagte sie. Soweit der miese Rat dieser Erzieherin. Woran ich hätte arbeiten müssen, das wußte diese Lehrerin nicht. Aus war es mit der Herausforderung für mich, besser zu werden. Ab diesem Zeitpunkt hatte ich eine starke Abneigung gegen den Deutschunterricht – die Noten waren entsprechend. Genitiv, Infinitiv, Indikativ; Adverb und adverbiale Bestimmung; transitive und intransitive Verben – all die und andere lateinische Begriffe der Grammatik mochte ich nicht, also verstand ich sie nicht. Außerdem sagte das Fräulein Lehrerin, daß ich dazu sowieso zu dumm sei – wozu dann noch pauken? Mein Ziel habe ich über Realschule und Fachoberschule doch noch erreicht, ein Jahr früher als viele andere. Mit 18 fing ich zu studieren an, und in Deutsch hatte ich die beste Note: eine Eins. Und heute? Nun, heute wird mein Sparschwein vor allem dadurch fett, weil ich schreibe. Und diese Lehrerin war nicht der einzige Miesmacher, der mir über den Weg lief. Auch wenn meine Abneigung gegenüber diesen Menschen groß ist und ich vor ihnen warne, ein Plädoyer für sie möchte ich an dieser Stelle trotzdem halten: Wir sollten den Miesmachern helfen, besonders dann, wenn wir ihnen nahestehen. Aus den verschiedensten Gründen sind sie schwach und unsicher geblieben oder geworden. Wir als die Stärkeren sollten uns um sie bemühen.

Zurück zu Ihren Zielen: Entlarven Sie die Menschen, die glauben, sich Ihnen in den Weg stellen zu müssen. Hier eine kleine Auswahl von Miesmachern; fangen wir mit der harmlosen Sorte an:

Der *Gernegroß*, auch bekannt als Angeber: Bei Licht betrachtet ist er ein Dreikäsehoch im Erwachsenenalter, der sich noch immer mit seinem Minderwertigkeitskomplex herumquält und dessen persönliche Reife noch etwas hinter dem Alter herhinkt. Sie erkennen diese putzigen Kerlchen an Ihrem Lieblingssatz: „Ätsch, mein Auto ist größer als deines". Bei ihnen kann man auch hie und da ein Auge zudrücken; aber es sollte sich niemand durch Angeber seine Vorhaben vermiesen lassen.

Der Prahlhans oder *Wichtigtuer*: Wie der Name schon sagt, ist er ein Wicht; noch dazu ein armer, weil er ein so großes Maul hat. Im Unterschied zum Gernegroß braucht der Wichtigtuer ein Publikum, das ihn beneidet und bewundert. Dann wächst der Wicht über sich hinaus und stellt wirkliche oder vermeintliche Vorzüge bewußt zur Schau. Mit dem Rühmen, Übertreiben und Prahlen ist es schnell vorbei, sobald ihm keiner mehr zuhört – also hören wir ihm nicht mehr zu. Lassen wir ihn nämlich weiter aufs Blech hauen, dann klettert er rasch eine Stufe höher und wird Protzer. Und auf diese unangenehme und aufdringliche Art, auf sich aufmerksam zu machen, können wir verzichten. Lassen Sie sich von diesen Menschen nicht einlullen, wenn Sie Ihre Vorhaben als klein und unbedeutend hinstellen.

Meckerziege und *Meckerfritze*: Diese Zeitgenossen hört man schon von weitem: Sie geben helle, in schneller Folge stoßweise unterbrochene Laute von sich, wenn sie an uns oder an unserer Sache etwas auszusetzen haben und glauben, andere mit ihrer Unzufriedenheit anstecken zu müssen. Wir aber lassen uns nicht anstecken, sondern nehmen diese blecherne Stimme aufs Tonband auf und lassen zurückmeckern – ein einfaches und wirkungsvolles Rezept!

Die *Nörgler*: Diese Menschen murren und brummen unaufhörlich, weil sie, weiß der Teufel warum, mit nichts zufrieden sind. Griesgrämig und kleinlich üben sie auch an anderen pausenlos Kritik: „Du darfst nicht..., du sollst nicht immer..., habe ich nicht gesagt, daß..." Schlimm wird's dann, wenn es kein Entrinnen gibt, da stetes, tropfendes Nörgeln den Enthusiasmus höhlt.

Der *Griesgram*: Er offenbart sich durch Zähneknirschen und sein besonderes Dreinschauen, denn so mürrisch wie er blickt kein anderer aus der Wäsche. Ohne ersichtlichen Grund ist er schlecht gelaunt, unzufrieden und zänkisch. Damit schafft er eine Atmosphäre der Freudlosigkeit und Unlust. Aber nicht bei uns, denn wir halten ihm einen Spiegel vor; soll er sein griesgrämiges Gesicht doch selbst anschauen!

31

Der *Trauerkloß*: Diese Menschen nun geben keinen Laut mehr von sich. Sie blicken uns nur noch mit ihrem langweiligen Gesicht an und quälen sich schwerfällig und ohne Unternehmungslust durchs Leben. Wir können helfen, indem wir den Trauerklößen dieses Buch schenken.

Der *Kleinigkeitskrämer*: Er nimmt Kleinigkeiten, auf die es nicht ankommt, übertrieben wichtig: Tut er das in seinem stillen Kämmerchen, kann's uns egal sein. Mischt er sich aber in unsere Angelegenheiten und findet tausend Dinge, die für uns schlecht sein sollen, müssen wir dagegenhalten. Schenken Sie ihm ein paar Briefmarken, dann ist er abgelenkt und beschäftigt, und Sie können sich wieder in Ruhe auf Ihre Pläne konzentrieren.

Soweit die harmlosen Miesmacher, die nicht arglistig täuschen und leicht zu durchschauen sind. Bei dieser Gattung ist es also die miese Stimmung, die sich allzuleicht auf uns überträgt und dadurch so manches madig machen kann. Ganz anders ist das bei den heimtückischen Arten, zu denen wir jetzt kommen. Oftmals beabsichtigen diese Miesmacher, uns von Vorhaben abzuhalten, und das versuchen sie trickreich mit versteckten Waffen: mit Argumenten und Äußerungen, bei denen wir oft genug mit gespitzten Ohren und geschärftem Verstand hinhören müssen, um hinter die Absicht zu kommen.

Der *Neidhammel*: Der Unterschied zwischen neiden und beneiden ist höchst aufschlußreich: Be-neidet Sie jemand um etwas, dann findet er das Betreffende so begehrenswert, daß er es gerne selbst besitzen möchte – und das teilt er Ihnen offen mit. Und diese Aufrichtigkeit macht diesen Menschen sympathisch. Auch der Neider findet diese Sache begehrenswert, und auch er möchte sie am liebsten selbst haben oder etwas auch machen können. Nur: er betrachtet dies mißgünstig und abwertend. Der springende Punkt ist demnach, daß er es sich gerne gönnte, nicht aber den anderen – und das macht diesen Charakter so mies. Nur gut, daß solche Menschen blaß, gelb oder grün werden, wenn der Neid aus ihnen hervorbricht, weil sie uns das nicht gönnen, was zu erkämpfen oder anzuschaffen sie selbst nicht in der Lage sind. Wir erkennen sie also an der Gesichtsfarbe. Da liegt aber noch etwas in der Luft, wodurch sich Neidhammel unangenehm offenbaren: ein stechender Geruch. Solange sie in den eigenen vier Wänden Mist verstreuen, kann es uns egal sein, wir riechen ihn dann nicht. Wenn wir ihnen aber begegnen, dann sollten wir uns rasch auf und davon machen – sobald es nämlich übel zu stinken beginnt, lassen sich nur schlecht Pläne verwirklichen, weil wir uns dauernd die Nase zuhalten müssen.

Der *Besserwisser* oder Klugscheißer: Das nun ist ein Mensch, der meint, alles besser zu wissen, sich belehrend vordrängelt und überflüssige Ratschläge erteilt. Weil er aber eben nur meint, aber nichts weiß, weiß er nicht, daß er nichts weiß. Denn: Eine Meinung ist immer nur eine vorläufige Betrachtungsweise, die erst dann zu Wissen wird, wenn man einen Sachverhalt auch unter der Oberfläche durchleuchtet oder wenn er bewiesen ist. Vor allem schnell gefaßte Meinungen kippen leicht um und werden zu Vermutungen oder Mutmaßungen. Vernünftig denkende Menschen sagen es offen, daß sie nur vermuten. Nicht so der Klugscheißer – er hat sich in sein Nicht- und Halbwissen verbissen und kommt nicht mehr davon los. Das Schlimme bei diesen Menschen ist es, daß sie davon überzeugt sind, vieles besser zu wissen. Besserwisser werden dann gefährlich, wenn man sie nicht durchschauen kann, weil der oberlehrerhafte Zeigefinger in der Hosentasche steckt. Um herauszubekommen, ob der Finger gestreckt ist, können wir einen Trumpf ausspielen: Oft sind es nur Phrasen, auch Schlagzeilenwissen, was Neunmalkluge von sich geben. Mit bohrenden Fragen – warum, wozu, wieso – sind sie kurzerhand zu entlarven, weil sie sich leicht in Widersprüchen verheddern und zappelig werden.

Der *sture Bock* oder Rechthaber: Ein solcher war mal ein Besserwisser, der irgendwann durch Eigensinn und Sturheit noch eine Stufe tiefer gefallen ist. Jetzt klebt er förmlich an seinem Standpunkt, der aus seiner Sicht der einzig richtige ist. Bei genauer Betrachtung ist Eigensinn eine Haltung, bei der man sich, selbst gegen besseres Wissen, nicht von seiner einmal gefaßten Meinung abbringen läßt. Und gucken wir uns Sturheit von der Nähe an, dann fällt auf, daß es sich um ein unnachgiebiges und unerschütterliches Verhalten handelt, das oft aus geistiger Unbeweglichkeit oder aus Mangel an selbständigem Denken heraus entsteht. Welches Kraut hilft nun, uns vor diesem Bockmist zu schützen? Bitte erwarten Sie jetzt nichts von mir, es kommt nämlich nichts. Ich habe dieses Kraut noch nirgends entdecken können. Ich habe es schon mit Sprachwitz versucht und gesagt, daß man natürlich einen Standpunkt haben kann, aber man sollte doch nicht immerzu darauf sitzen. Geholfen hat's nur selten. Sie hätten da eine Lösung für mich; fein, welche? „Man sollte den Rechthabern auch aus dem Weg gehen, weil deren Bockmist einen noch durchdringenderen Geruch ausströmt als Hammelmist." Herrlich! Das ist es, Bockmist bleibt Bockmist, egal, ob von einem verschnittenen Schafsbock oder einem Ziegenbock – daß ich da nicht selbst draufgekommen bin.

Die *Gegner aus Prinzip*: Solche Menschen machen ihr Denken und Handeln von einer Richtschnur abhängig, die sie sich selbst gespannt haben. Und diese Schnur läuft ganz zufällig genau den anderen Schnüren entgegengesetzt, weil alles, was andere tun, nur Unsinn sein kann. An dieser Schnur nun hängen solche Menschen wie Klammeraffen und sind um nichts in der Welt von ihren Prinzipien wegzubringen. Das können sie auch, wenn's gefällt. Aber: Wenn nun diese Prinzipienreiter die Meinungen oder Überzeugungen anderer bekämpfen, wenn sie also unsere Vorhaben und Ziele zerstören wollen, dann hört der Spaß auf. Übt also jemand Kritik an unserer Sache, dann sollten wir mikroskopisch genau darauf achten, ob diese Kritik zerstörend oder aufbauend ist. Denn nur aufbauende Kritik hilft uns weiter, selbst dann, wenn diese mal nicht so ausfällt, wie wir sie uns erhofft hatten. Dann müssen wir halt mal unseren Standpunkt überdenken. Gegner aus Prinzip finden sich dummerweise auch unter Wissenschaftlern und Ärzten, beispielsweise dann, wenn sie sich einer Interessengruppe unterworfen haben, von der sie sich finanzielle Vorteile „erhoffen" – um mich vorsichtig auszudrücken. Es gibt leider auch Journalisten, die immer derselben alten Leier anhängen; vielleicht weil sie Angst davor haben, daß sie bei einer Korrektur ihrer Auffassung unglaubwürdig werden, oder weil es ihr persönlicher Standpunkt ist. Eine subjektive Meinung, das wissen wir alle, gehört aber nicht in eine objektive Berichterstattung. Auf jeden Fall stiften beide Gruppen mit ihrer Haltung große Verwirrung im Volk, weil es oft kaum mehr durchschaubar ist, welche Informationen in den Medien richtig oder falsch sind. Dazu ein aktuelles Beispiel: Eine Frau Doktor und ein Herr Professor (die Namen sind mir bekannt) von einem Institut für Psychiatrie (!) untersuchten die biochemischen

Vorgänge bei älteren Langstreckenläufern und kamen dabei zu bestimmten Erkenntnissen. Greifen wir eine davon heraus: Marathonläufer leben in einem selbstgemachten Streß, der durch das körpereigene Hormon Cortisol ausgelöst wird. Dieses Hormon bereitet den Körper auf eine Streßsituation vor und wirkt schmerzstillend. Man fand weiter heraus, daß der Cortisolspiegel im Blut der Untersuchten ständig erhöht ist und somit dem Blutbild von depressiven Patienten ähnelt. Damit sei aber nicht gesagt, so diese Studie, daß Marathonläufer depressiv werden. Es bedeute nur, daß sie nicht dem Streß davon, sondern in ihn hinein liefen. „In der Untersuchungsgruppe trat eine Fixierung der Veränderungen auch ohne Wettkampf auf." Soll heißen: Auch ohne Wettkampf befinden sich solche Läufer durch dauerhafte Veränderung biochemischer Abläufe im Streß. Begleiterscheinung dieser Cortisolausschüttung ist ein Hochgefühl, wie es ähnlich auch bei längerem Fasten auftreten kann. Weiter geht's, auch wenn es jetzt arg wird: Eine *Arbeitshypothese*, also eine unbewiesene Annahme, die man so ganz nebenbei einfach mal aufgegriffen hat besagt, daß durch die veränderten Stoffwechselvorgänge der Langstreckenläufer die geistige Potenz sinken kann. Nochmal im Telegrammstil: *Annahme – besagt – kann*. Und damit gehen Wissenschaftler an die Öffentlichkeit. „Zumindest", so die Frau Doktor, „hat man bei den Personen im Test schon Symptome wie Gedächtnisstörungen beobachtet." Nicht verlegen hinzuzufügen sagte die Wissenschaftlerin zum Schluß: „Was nützt ein gesundes Herz, wenn man wie Luis Trenker wird". Und mit diesem Satz hat sie sich als Miesmacher zu erkennen gegeben. Ich jedenfalls, ich ganz persönlich, hätte gerne die Frohnatur wie sie Luis Trenker hatte. Und Anzeichen von Gedächtnisstörungen, liebe Frau Doktor der Psychologie, hat man auch schon bei nicht ganz so alten Menschen festgestellt, die ihr Leben lang wenig aktiv waren. Immerhin war der Bergfex Luis schon weit über 90 Jahre alt. Und ist es nicht so, daß mit zunehmendem Alter immer die geistige Potenz sinken kann, wenn man sein Gedächtnis nicht trainiert? Fazit der Wissenschaftler jedenfalls war: In wirklich extremen Situationen wird Laufen schädlich fürs Gehirn. Aber gleich schränken sie wieder ein, denn: was „wirklich extreme Situationen" konkret bedeutet, wo also die Grenzen liegen, das wissen beide auch nicht. Soweit in Kürze ein Ausschnitt dieser „Untersuchung".

Warum ich kritisieren mußte, werden Sie jetzt gleich besser verstehen, denn ich lasse Sie hinter die Kulissen dieser Untersuchung gucken. Die Testgruppe bestand aus gerade mal 11 (!) Marathonläufern, die durchschnittlich 55 Jahre alt sind und seit 10 Jahren regelmäßig 150 (!) Kilometer in der Woche laufen. Das sind jeden Tag im Durchschnitt 21 Kilometer. Ich hoffe, Sie verstehen jetzt meine Zornesröte. Aber das ist es immer noch nicht ganz, worauf ich mit diesem Beispiel letztendlich hinaus will. Dazu komme ich aber jetzt mit dieser Frage: Was kommt wohl raus, wenn andere Gegner aus Prinzip, sagen wir mal gewisse Journalisten, händereibend und schelmisch grinsend auf diese Untersuchung stoßen? Das kommt raus: Eine Schlagzeile, auf die die Bequemen unter uns schon lange warten: „Wissenschaftler haben herausgefunden, daß Joggen dumm macht". „Siehste, Lieschen, ich hab's ja immer schon gewußt: die, die Laufen, sind bescheuert." Mit diesem Satz sinkt Gottlieb Müller ins weiche Sofa, und nach dem Motto „der Klügere kippt nach" wird ein Gläschen auf das Wohl der wohlgesonnenen Wissenschaftler geleert, dazu wird natürlich ein Zigarettchen geraucht. Und die Frau Doktor und der Herr Professor sind natürlich entsetzt hierüber und dementieren sofort: „Nein, nein, so haben wir das nicht gemeint!" Je nun, aber gesagt haben sie es so, und in die Öffentlichkeit gebracht. In einer Sportzeitschrift für Ausdauersportler[1] wurde im März 1992 sachlich über diese Untersuchung berichtet, und die Leser dieses Magazins können bestimmt gut mit diesen Aussagen umgehen – aber dann! Mal sehen, welch unheilvollen Weg diese Information gehen und wann aus ihr eine faule Nachricht wird. Andere faule Informationen sind solche Wege schon gegangen. Beispielsweise die dicke Schlagzeile auf den Titelblättern verschiedener Tageszeitungen: „Ein Toter beim Berlin-Marathon." Wie verarbeitet ein Leser diese Information? Vielleicht wird sie so kommentiert: „Das hat er nun davon, warum mußte er es sich beweisen, 42 Kilometer laufen zu können!" Kaum hat er das gedacht, knipst er die Nachttischlampe aus, dreht sich im Bett zur Seite und schläft bald ein. Da fragen wir uns, was er wohl nach einer Schlagzeile gemacht hätte, die der Wahrheit entspricht: „Die meisten Menschen sterben frühmorgens im Bett an

---

[1] vgl. „Trübe Aussichten für Extreme", SPORT Special/CONDITION, 3/92, S. 18f.

Herz-Kreislauf-Versagen". Vielleicht wäre er nochmal aufgestanden und um die Häuser gerannt. Der 37jährige Engländer, der 1986 beim Berlin-Marathon wenige Meter vor dem Ziel tot zusammenbrach, machte zwei Fehler: Erstens hielt er sich nicht an den Rat seines Arztes, der ihm empfahl, nicht schneller als dreieinhalb Stunden zu laufen. Der junge Engländer hatte ein halbes Jahr vor dem Marathon eine Herzmuskelentzündung durchgemacht, die zwar soweit ausgeheilt war, aber begründet Vorsicht gebot. John Newham aber machte einen Tempolauf und wollte unter 2:50 Stunden ins Ziel kommen. Sein zweiter Fehler war, daß er kurz vor dem Ziel einen Endspurt hinlegte. Verschiedene Ursachen, auf die wir hier nicht näher eingehen müssen, führten dann zu der tödlichen Herzrhythmusstörung.[2]

Auch Sie werden immer wieder auf Informationen stoßen, die etwas Negatives über das Laufen aussagen. Mein Tip: Lesen Sie's, aber hören Sie ganz genau hin. Wird eine Lösung angeboten, dann könnte es ein gutgemeinter Ratschlag sein. Prüfen Sie aber erstmal detektivisch – und entscheiden Sie dann. Sie können sich merken, oder auch nicht: Ich lasse mir meine Ziele von niemand mies machen.

Verlassen wir jetzt dieses Thema und fragen uns, woran es wohl liegen mag, daß die Energie, die man durch Enthusiasmus geschenkt bekommt, von so wenigen genutzt wird? Rufen wir uns nochmal in Erinnerung: Der Enthusiasmus ist aus der Begeisterung heraus aktiv zu entwickeln, also aus dem inneren Aufschwung heraus, mit dem man sich für etwas einsetzt, was einem als *wertvoll* erscheint. In den vielen Gesprächen mit Bekannten und Unbekannten, die alle gerne laufen würden, es aber nicht tun, konnte ich einen gemeinsamen Punkt entdecken: Nie, aber auch nie konnte man sich fürs Laufen selbst begeistern. Der Anreiz zum Laufen entsprang fast ausnahmslos den Wünschen, abzunehmen und fit zu werden. Das Laufen selbst war in der Vorstellung aller verbunden mit Schinderei und Langeweile. Und hier liegt der Hase im Pfeffer: Wem das Laufen selbst nicht wertvoll ist, sondern nur das Abspecken, der kann nie und nimmer Begeisterung fürs Laufen entwickeln. Und schlank und fit zu werden ist obendrein eine ganz andere Zielsetzung – ein Ziel, das ja auch auf anderen Wegen als den übers Joggen erreicht werden

---

[2] vgl. Kleinmann, Dieter; „Laufen ist Medizin", Düsseldorf, 1988, S. 61 f.

kann. Wer sich trotzdem für diesen schweißtreibenden Weg entschieden hat, zwingt sich jeden Lauftag aufs neue. Bald aber läßt man es bleiben und sieht sich um nach anderen Möglichkeiten, Pfunde zu verlieren. Und schon kennen wir einen weiteren Wellenbrecher: Unter Druck und Zwang kann sich keine Begeisterung entwickeln. Und vom Enthusiasmus ist man meilenweit entfernt. Wie Sie sehen, habe ich nicht vergessen, daß ich ein Buch übers Laufen schreibe. Vielleicht haben Sie schon gedacht, daß ich mich im Wald der vielen Wörter verlaufen habe. Keine Bange, ich kann Sie beruhigen, denn gleich geht es endlich los; ich sehe ja, wie Sie herumzappeln und loslaufen wollen. Na denn – nichts wie los!

3. Endlich geht's los

Wie war das doch gleich, als Sie dieses Buch noch nicht kannten? Sie hatten sich gedacht: „Ich und laufen, ..." Und nun, wie denken Sie jetzt darüber? Schreiben Sie's auf ein Stückchen Papier, egal, was Ihnen dazu durch den Kopf geht.

Nun weiß ich nicht, was Sie geschrieben haben, aber ich hoffe, daß Sie keine Schwierigkeiten mehr sehen. Möglicherweise haben Sie erkannt, daß Sie sich früher ein falsches Ziel gesetzt hatten. Apropos Ziel: Welche Möglichkeit ist die einfachste, sein Ziel nie zu erreichen? Ich helfe Ihnen bei der Suche nach der Antwort ein bißchen. Stellen Sie sich vor, in einer Großstadt wird ein Marathon gestartet. Peng, Fanfare – und los geht's für Tausende von Aktiven. Welche Möglichkeit für diese Läufer ist nun die einfachste, daß sie ihr Ziel nicht erreichen? Was denken Sie? Sie haben an das Naheliegende gedacht und meinen: „Wenn man ohne Enthusiasmus startet, dann kann man sein Ziel nicht erreichen". Sie haben fast recht, denn das ist die zweiteinfachste Möglichkeit – ohne diese schwungvolle Hingabe erreicht man auch nur selten dieses Ziel. Nein, die einfachste Möglichkeit, sein Ziel nie zu erreichen, ist vergessen zu haben, sich eines zu setzen.

Ohne Ziel ist man lasch und irrt umher

Die armen Marathonläufer, die voller Schwung gestartet sind, aber schon bald nicht mehr wissen, wohin sie laufen sollen. Stundenlang irren sie kreuz und quer durch die Stadt. „Das ist doch lächerlich", meinen Sie, „so dusselig kann man doch gar nicht sein, daß man vergißt, sich ein Ziel zu setzen!" Oho! – denken Sie doch einfach mal an die Arbeitsbesprechungen in Ihrem Job. Wundern Sie sich nicht auch immer wieder, wie bei solchen Gesprächen geredet, geredet und geredet wird, ohne sich auf ein konkretes Ziel zu konzentrieren? Wie die Gedanken und Argumente herumirren, nur weil man vergessen hatte, gleich zu Beginn knapp und präzise ein Ziel zu formulieren? Ergebnis: Der War-was?-Effekt. Genauer: Man wird nach einer Besprechung gefragt: „War was?" – und antwortet: „Nö, nur 'ne Besprechung!" Es wurde Energie und Zeit verschwendet. Jeder geht zurück in sein Büro und denkt sich, „Es wurde wieder viel geredet aber nichts erreicht". Oder ein Beispiel aus der Werbung: Es gibt Firmenchefs, die gerne selbst Werbung machen wollen, weil: ein nettes Bild, natürlich selbst geknipst, weil Fotografen viel zu teuer sind, dazu ein paar Wörter aus dem Fremdwörterlexikon – heißa ist das entzückend! Blickt man dann in deren Werbekonzeption, sofern eine existiert, bekommt man oft genug den Eindruck, daß sie nicht wissen, was sie mit den Hunderttausenden von Märkern erreichen wollen – denn das wichtigste wurde schlicht vergessen: das Werbeziel. Von wegen, man kann nicht vergessen, ein Ziel zu setzen. Kommen wir zurück auf den Marathon, denn die armen Frauen und Männer irren noch immer umher. Wie lange werden sie wohl noch ihre Begeisterung aufrecht erhalten können? Natürlich nur solange, bis sie merken, daß das Ziel fehlt. Sofort erlahmen die Kräfte und sie bleiben stehen. Wozu noch anstrengen und kämpfen – ohne Ziel? Und wie ist das wohl im Beruf? Ersetzen Sie das Wort Ziel durch Perspektive, und Sie haben die Antwort. Begeisterung und Enthusiasmus kann man folglich nur entwickeln, wenn man sein Ziel kennt. Wenn Ihnen also das Ziel klar ist, weil Sie sich eines gesteckt haben, können Sie sich mit Enthusiasmus auf den Weg machen, um es zu erreichen; und Sie werden es erreichen. Ich bin schon mal vorgelaufen und habe das Ziel für die erste Woche aufgestellt.

Ihr Ziel in der 1. Woche
Mit Enthusiasmus werden Sie dreimal 10 Minuten laufen.

1. Tag: 10 Minuten, ganz langsam
2. Tag: 10 Minuten, ganz langsam
3. Tag: 10 Minuten, ganz langsam

Bevor Sie sich aber auf die Socken machen, möchte ich Sie daran erinnern, daß das Laufen und Ankommen Ihr Ziel ist, und nicht, daß Sie durch dreimaliges Laufen in dieser Woche soundsoviel Gramm an Gewicht verlieren oder eine Tafel Schokolade zusätzlich vernaschen dürfen. Nein, nein – Ihr einziges Ziel ist: Laufen und Durchhalten. Den winzigen Gewichtsverlust betrachten Sie bitte nur als eine willkommene Begleiterscheinung; eine von vielen, auf die wir nach und nach zu sprechen kommen. Auf Ihren ersten Lauftag

6. Dein erfolgreicher Weg – im Zeitraffer

onat	Woche	Lauftage	Empfehlung in Minuten	Monatsziel	Zeit, Kilometer, Tempo	Höhepunkte
	1	1 - 2 - 3	10-10-10	Laufen lernen	3 Stunden. 7 Min. für 1 km 180 : 7 **= 25 km**	Jeder Tag
	2	4 - 5 - 6	10-15-15			
	3	7 - 8 - 9	15-15-20			
	4	10-11-12	20-20-20			
	5	13-14-15	20-20-25	30 Minuten schaffen	$11 \times 22,5$ Min. = 248 1×30 Min. = 30 insg. 278 Min. 278 : 7 = 40 km	am **21.** Lauftag: bisher **50 km** gelaufen und schon **30 Minuten** geschafft!
	6	16-17-18	20-20-25			
	7	19-20-21	20-20-25			
	8	22-23-24	20-20-30			
	9	25-26-27	15-20-30	etwas schneller werden	4×15 s = 10 km 4×20 l = 12 km 4×30 l = 18 km = 40 km s = 6 Min/km l = 6,5 Min/km	am **36.** Lauftag: Halbzeit geschafft. Und: bisher **100 Kilometer** gelaufen
	10	28-29-30	15-20-30			
	11	31-32-33	15-20-30			
	12	34-35-**36**	15-20-30			
	13	37-38-39	30 Minuten: mal langsamer, mal schneller	Ein 30-Minuten-Lauf wird Spaß machen	12×30 = 360 M. 6,5 Min. für 1 km 360 : 6,5 **= 55 km** pro Woche: 14 Kilometer	**48.** Lauftag: zum ersten Mal **mehr als 50 Kilometer im Monat** geschafft!
	14	40-41-42				
	15	43-44-45				
	16	46-47-**48**				
	17	49-50-51	30-30-45	Sich mit dem 45-Minuten-Lauf anfreunden	8×30 = 240 : 6 = 40 km; 4×45 = 180 : 6,5 = 28 km; **= 68 km** pro Woche: 17 Kilometer	Dein **50.** Lauftag und dein **200. Kilometer!!** in der **19.** Woche
	18	52-53-54	30-30-45			
	19	55-56-57	30-30-45			
	20	58-59-60	30-30-45			
	21	61-62-63	Nach Lust und Laune 30 bis 50 Minuten laufen.	Eine ganze Stunde laufen können.	11×40 = 440 : 6,5 = 67 km 1×60 = 60 : 7 = 8,5 km **= 75 km** = 19 km/Woche	Zum ersten Mal eine **volle Stunde** gepackt und insg. **300 km** gelaufen!!!
	22	64-65-66				
	23	67-68-69				
	24	70-71-72				

freuen Sie sich schon Tage vorher, denn es wird Ihr Tag: ein Tag, an dem Sie entdecken werden, welch unerkannte Energie in Ihnen schlummert. Mit Ihrem Enthusiasmus werden Sie diese Energie wachküssen. Sie laufen an diesem Tag fünf Minuten in eine Richtung, und Sie laufen langsam – möglichst dort, wo wenig oder keine Autos fahren. Nach fünf Minuten drehen Sie um und laufen nach Hause – das ist alles. Alles? Nein!! – Sie sollen taumeln, vor Freude natürlich, und unter der Dusche jubeln, daß die Wände wackeln. Zehn Minuten laufen zu können ist ein toller Erfolg. Und noch etwas soll Sie zu Freudentränen bewegen: Ist Ihnen überhaupt bewußt, daß Sie sich jetzt aus den klebrigen Fängen der Bequemlichkeit befreit haben? Und diese Freude hält solange an, bis Sie zwei, drei Tage später wieder in den Joggingschuhen stecken und mit gleichem Enthusiasmus in die zweite Runde gehen.

Der dümmste Fehler beim Laufen

Welcher Fehler könnte das nun sein, der noch dazu dumm ist? Ein ganz entscheidender, genauer gesagt: der übers Laufen entscheidende Fehler. Denn tatsächlich kann er darüber entscheiden, ob Sie schon nach wenigen Metern ernsthafte Schwierigkeiten bekommen oder locker die höchste Hürde schaffen. Schon oft genug hat dieser Fehler für viele Menschen das Aus bedeutet, bevor diese mit dem Laufen richtig angefangen haben. *Der dümmste Fehler den Sie am Anfang machen können ist: schnell zu laufen!* Sie können das einfach noch nicht, oder besser: Ihr Organismus kann das nicht – noch nicht. Ihr Herz-Kreislauf-System muß erst langsam dieser ungeübten Belastung angepaßt werden. Sie können dazu aber nicht zu einem Mechaniker gehen und sagen: „Bitte tunen sie mein Herz, pusten sie die Leitungen durch, erneuern sie den Luftfilter in meinen Lungen und vergessen sie nicht den Cholesterinwechsel." Nein, nein, soweit sind wir noch nicht. Anpassen wird sich Ihr Körper von selbst – langsam und Schritt für Schritt, von Lauf zu Lauf. Das Werkzeug für einen besser funktionierenden Organismus – ein wunderbar zusammenwirkendes Gefüge von Billionen an Einzelteilen – sind Ihre Beine, und die Gebrauchsanleitung halten Sie gerade in den Händen.

Warum betone ich so, daß schnelles Laufen am Anfang ein dummer Fehler ist? Lassen Sie mich dazu ein wenig ausholen. Ich habe mich mit unzähligen Menschen unterhalten, die mit Laufen angefangen und schnell wieder aufgehört haben. Zwei Aussagen sprangen mir dabei häufig ins Ohr; zwei Dinge, die diese Laufanfänger nicht wollten – um keinen Preis. Erstens: Sie wollten nicht langsam, wenn notwendig so langsam laufen, daß Mütter mit Kinderwägen sie überholen können. Und zweitens: Sie wollten keinen erfahrenen Läufer bitten, die ersten paar Mal mitzulaufen, um auf mögliche Fehler zu achten. Seltsam ist dieses Verhalten schon, wenn man bedenkt, daß man für viele andere Sportarten gerne einen Ausbilder bezahlt, um von Anfang an alles richtig zu machen – beispielsweise beim Skifahren, Reiten, Tennis oder Golfen. Nur beim Laufen will man es nicht – und da wär's kostenlos. „Und albern" denken Sie gerade – ich hab's genau gehört. Ich nehm's Ihnen aber nicht übel, weil ich genauso gedacht habe. Der Frage, warum wir es beim Laufen als albern empfinden, wenn uns jemand helfen will, gehen wir im nächsten Kapitel auf den Grund.

Der dümmste Fehler im Leben

Glauben Sie mir oder lassen Sie es bleiben – aber oft steckt in den Binsenweisheiten ein bemerkenswertes Stärkungsmittel, das wir nur deshalb ungenutzt lassen, weil wir uns mit diesen allgemein bekannten Tatsachen zu wenig befassen. Dabei kann es so spannend sein, wenn man solche Weisheiten ausgräbt und bei Tageslicht von allen Seiten betrachtet. Eine dieser Binsenweisheiten könnte man so formulieren: Der dümmste Fehler, den man im Leben machen kann, ist der, daß man sich selbst nicht am wichtigsten ist. „Ist doch klar", stimmen Sie mir zu, „aber was hat das mit unserem Thema zu tun?" Nun, leider eine ganze Menge, und keine Angst, wir verlassen das Thema nicht. Denn, wie wir gleich sehen werden, haben unzählige Menschen ihre Joggingschuhe nur deshalb an den Nagel gehängt, weil sie sich selbst nicht am wichtigsten waren. Lange stand ich vor dem Rätsel: warum in aller Welt graben sich so viele Anfänger immer dieselbe Fallgrube, indem sie viel zu schnell laufen? Machen wir uns also jetzt mal auf und suchen den Grund dafür, warum Laufanfänger so oft partout nicht langsam, notfalls so langsam wie eine Schnecke laufen wollen. Und weil Gründe, wie das Wort schon verrät, nicht an der Oberfläche liegen, sondern tiefer, müssen wir dazu bohrende

Fragen stellen, damit wir ins Verborgene vordringen können. Befragt man nun solche gescheiterten Laufanfänger danach, ob sie denn immer langsam, sehr langsam gelaufen seien, dann hört man zunächst unisono ein deutliches Nein. Und wenn man weiter bohrt, warum nicht, dann kommt ein Standardsatz, den ich genau so schon hundertmal gehört habe: „Ich komme mir blöd vor, wenn ich langsam laufe". Jetzt wissen wir also, daß alle diese Befragten nur deshalb bereits am Anfang gescheitert sind, weil sie von irgendetwas zum schnelleren Laufen gedrängt wurden. Was kann das nur sein, das manche Menschen dazu nötigt etwas zu tun, was sie eigentlich nicht wollen, und was sogar die eigenen Ziele vernichten kann?

Ein einfacher Lehrsatz der Psychologie sagt uns, daß jedes Verhalten eine Ursache hat – also forschen wir danach. Schauen wir uns dazu an, wie nicht wenige Zeitgenossen zu solch einfachen Tätigkeiten wie Radfahren, Schwimmen und Laufen stehen. Null Problemo! – selbstverständlich kann man das, zwar hat man es schon lange nicht mehr sportlich betrieben, aber finge man ernsthaft damit an, gäbe es überhaupt keine Schwierigkeiten – denkt man. Ein typischer Fall von „denkste". Die Selbstüberschätzung bei diesen kinderleichten Dingen ist natürlich naheliegend – die Folgen allerdings sind mehr als nur ungesund. Endlich wissen wir, warum sich manche Menschen blöd dabei vorkommen, wenn sie langsam laufen. Daß sie sich mit dieser Einstellung selbst betrügen und um Ihren Erfolg bringen, läßt sich an zwei Fingern abzählen: Weil es aus uns bekannten Gründen unmöglich ist, anfangs schneller zu laufen, bleibt zum langsamen Laufen, wenn man sich nicht blöd dabei vorkommen will, nur die Dunkelheit. Am liebsten liefen diese Menschen daher nachts bei Neumond. Aber da hätte man schnell die Hosen voll, also läßt man's bleiben. Und tagsüber geht's auch nicht, denn Zuschauer wären das allerletzte, was man sich wünscht. Aus und vorbei. Der Wunsch, ein bißchen zu joggen, bleibt unerfüllt. Wie schlimm muß es dann erst sein, jemanden zu bitten, ein wenig nebenher zu laufen und Tips zu geben? Schon der Gedanke daran ist peinlich. Deshalb wurde diese Ausrede unter dem Deckmäntelchen der Höflichkeit auch schon hundertmal ausgesprochen: „Nein danke, ich möchte nicht, daß du wegen mir langsam laufen mußt."

Unser Rätsel ist damit aber immer noch nicht gelöst. Vielleicht hilft es uns weiter, wenn wir solche Aussagen wie „etwas als peinlich empfinden" und „sich genieren" genauer durchleuchten? Woher kommen diese unbehaglichen Gefühle? Tauchen Sie nicht immer dann auf, wenn Menschen in der Nähe sind und uns beobachten, oder es zumindest könnten? So läßt es sich zu Hause, wo niemand zugucken kann, herrlich in der Nase bohren. Wenn man es aber, wenn's zur Gewohnheit geworden ist, im Auto bei Rot an der Kreuzung macht, dann: Oh là, là! – hat sie mich nun gesehen oder nicht? Und schon ist es da, dieses peinliche Gefühl, das rote Farbe ins Gesicht treibt. Allein die Vorstellung, „hat sie, oder hat sie nicht", kann dieses beschämende Gefühl auslösen und uns verlegen machen. Nun ist das Erröten im Auto auch völlig in Ordnung, finde ich – man bohrt eben nicht in der Nase, und in der Öffentlichkeit gleich zehnmal nicht. Halten wir aber jetzt kurz inne, denn gerade sind die Stichworte gefallen, die unser Rätsel lösen können: *Menschen, beobachten, Öffentlichkeit*. Das also ist es: wir richten unser Verhalten möglicherweise zu oft nach anderen Menschen aus. Getarnte Zwänge nötigen uns dann, etwas ganz bestimmtes zu tun oder zu unterlassen. Sind denn *andere* wichtiger als wir selbst? Beim Nasebohren im Auto ist es wohl mehr als Geschmackssache, daß man an seine Mitmenschen denkt, und in vielen anderen Fällen genauso – aber wie ist das beim langsamen Laufen? Du lieber Himmel, was, bitteschön, soll denn daran peinlich sein?? Wie kann man sich denn nur von getarnten Zwängen so verhohnepipeln lassen und ein peinliches Gefühl empfinden oder sich dabei blöd vorkommen? Sich selbst am wichtigsten zu sein, das heißt doch gerade, daß es einem schnurzegal sein muß, was andere bei moralisch einwandfreien Dingen denken. Für ein gesundes Selbstwertgefühl ist es äußerst schädlich, wenn man sein Verhalten und Tun daraufhin abklopft, was anderen gefallen könnte. Gedanken wie „Was wird mein Nachbar denken?" oder „Welche Meinung wird er wohl von mir haben?" sollten mit einem dicken Rotstift im Kopf gestrichen werden. Jedem, der sein Leben häufig so gestaltet, daß es anderen gefällt, kann man nicht laut genug zurufen: Tun sie alles, aber auch jeden vorstellbaren Schritt, der ihnen hilft, sich von solch getarnten Zwängen zu befreien! Daher sollte es auch beim Laufen völlig gleichgültig sein, was andere denken, wenn man eher wie der Trödelphilipp läuft als ein Sportler.

Sie werden beim Joggen vielen Menschen begegnen – fragen wir mal, was diese wohl über Sie denken könnten? Nun, den meisten wird's wurst sein und sie werden sich überhaupt nichts denken, denn Joggen gehört schon lange zum gewohnten Bild. Einige werden Sie bewundern – andere bekommen ein schlechtes Gewissen. Ein paar Zeitgenossen soll es noch geben, die aufgeschreckt denken: „So, wie die daherkommt, macht sie's nicht mehr lange", und das nur, weil Sie schwitzen und schnaufen. Und ganz wenige meinen, es sei toll, wenn sie ihre Klappe aufreißen und das dämliche „Hopp, hopp, hopp, Mädel, auf geht's!" brüllen. Läuferinnen sollten aber auch auf dümmeres Geblöke vorbereitet sein. Wie man darauf reagiert, das wissen Sie selbst am besten: gar nicht. Und natürlich machen Sie wegen diesen Schafsköpfen nicht den dümmsten Fehler, den man beim Laufen machen kann. Es gibt nicht einen Grund, sich bei langsamer Geschwindigkeit zu blamieren, es sei denn, Sie bohren dabei in der Nase. Sie werden also Ihr Lauftempo nie nach dem Geschmack möglicher Zuschauer ausrichten, sondern einzig und allein nach der Leistungsfähigkeit Ihres Herz-Kreislauf-Systems.

Wie leistungsfähig sind Sie? Standortbestimmung

Genaue Auskunft über Ihre Leistungsfähigkeit kann Ihnen nur ein Arzt geben, wenn er Sie auf Herz und Nieren geprüft hat. So empfehlenswert eine sportmedizinische Untersuchung auch ist, an dieser Stelle begnügen wir uns damit, daß Sie mit einem einfachen Maßstab selbst prüfen können, wo Sie mit Ihrer Fitneß heute stehen. Zufrieden können Sie mit Ihrer Leistungsfähigkeit dann sein, wenn Sie die zehn Minuten vom ersten Lauftag auf Anhieb ohne Unterbrechungen und ohne Mühe durchgelaufen sind. Mit Ihrer Fitneß dürfen Sie sich glücklich schätzen, denn Sie gehören bereits eher zu den Ausnahmen, besonders dann, wenn Sie im mittleren Alter sind. Wenn Sie dagegen mit den zehn Minuten hart ringen mußten, dann dürfen Sie sich heute schon auf das freuen, was Sie in nur wenigen Wochen zurückbekommen werden: Ihre verlorengegangene Leistungsfähigkeit. Nach unseren gemeinsamen sechs Monaten werden Sie förmlich spüren, was hinter dem Wort Fitneß wirklich steckt. Und bis dahin werde ich Sie beim Laufen nicht mehr aus den Augen lassen und Ihnen hilfreich zur Seite stehen. Zudem wird Ihnen viel Freiraum für eigene Erfahrungen bleiben, weil Ihnen keine unumstößlichen Vorgaben gemacht, sondern lediglich Leitplanken zur Orientierung gesetzt werden. Selbst die Wochenziele sollten Sie nicht als starren Rahmen verstehen; wenn Sie also 10 oder 15 Minuten zu den von mir genannten Angaben addieren wollen, dann tun Sie's bitte. Bleiben Sie aber stets konsequent: einmal addiert, immer addiert. Demnach sind die empfohlenen Zeitangaben nur Minimalvorgaben. Sie sind so ausgerichtet, daß sie auch von solchen Frauen und Männern leicht bewältigt werden können, die bisher nicht oder wenig körperlich aktiv waren oder rauchen. Zunächst werde ich Sie in kleinen Schritten an die 30 Minuten heranführen. Auch wenn's mit Ihrer enthusiastischen Haltung leicht fällt, ein wenig Schweiß muß freilich investiert werden. Dafür werden Sie aber bald reichlich beschenkt werden, denn die erste gelaufene halbe Stunde hat es in sich: Auf der Uhr sind es nur 30 Minuten, aber in Ihrem Leben wird es eine funkelnde Stunde sein – Ihre Sternstunde; Sie können dann bereits vier bis fünf Kilometer an einem Stück laufen, und so langsam kommen Sie dann aus den Kinderschuhen heraus. Und nur ein paar Wochen später werden Sie diese halbe Stunde schon locker und leicht laufen. Warum das alles mit Sicherheit so kommen wird, ist einfach erklärt: Ihr Organismus lernt in diesen Wochen die Laufbelastung von 30 Minuten kennen und gewöhnt sich daran. Die Anpassung Ihres Herz-Kreislauf-Systems an diese Belastungshäppchen ist es also, die Ihnen das Laufen bald so einfach machen wird. Wie sagen die alten Hasen dazu? Der Körper wird trainierter. Und der Ausblick in die Zukunft ist rosig, denn die zehn Minuten von heute dienen Ihnen bald nur noch zum Warmlaufen.

Wieder etwas später, nach weiteren aktiven Laufwochen, werden Sie zwischen 30 und 45 Minuten pendeln – ganz, wie Sie lustig und drauf sind. Sie können sich dabei austoben, oder, und das ist genauso wichtig, sich bei langsameren Läufen erholen. Und am Ende machen Sie dann Ihren ersten Zehntausender, denn die Strecke, die Sie dann laufen können, wird etwa 10 Kilometer lang sein. Und wenn Sie freudestrahlend auf dem Gipfel stehen und zurückblicken, werden Sie feststellen, wie einfach es doch war, mit Enthusiasmus die Schwierigkeiten wegzufegen und ohne Umwege dem Ziel entgegenzulaufen. Tief im Inneren werden Sie spüren, wie stark dann Ihr Selbstvertrauen ist, das von Erfolg zu Erfolg immer ein klein wenig hinzugewonnen hat. Und dieses verbesserte Vertrauen in Ihre unerschöpflichen Möglichkeiten stärkt Ihren Enthusiasmus für kommende Ziele. Auch wenn sich auffallend viel in diesen Wochen für Sie ändern wird – eines bleibt immer gleich, es muß sogar gleich bleiben: die kontrollierte Atmung.

So atmen Sie richtig

Wenn Sie den nächsten Satz beherzigen und immer beachten, dann haben Sie einen weiteren Stolperstein überwunden. Sie atmen immer dann richtig, wenn Ihnen *beim Laufen noch Luft zum Sprechen übrig bleibt*. Was also haben Sie mit einem Marathonläufer gemeinsam? Das, was so unverständlich scheint, aber nun mal Tatsache ist: die Fähigkeit, beim Laufen noch sprechen zu können. Daß der extrem ausdauertrainierte Läufer länger und schneller als Sie laufen kann, ist einzig und allein auf sein jahrelanges, konsequent betriebenes Training zurückzuführen – sein Organismus hat sich dadurch an diese langen Läufe angepaßt. Ein für diese Strecke besonders geeigneter Mensch ist ein Marathonläufer nicht. Ein Marathoni, der beim Laufen nicht mehr sprechen kann, macht etwas falsch; und ein Anfänger, der bereits nach den ersten Schritten nicht mehr sprechen kann, der macht dasselbe falsch: jeder läuft für seinen Leistungsstand zu schnell. Die Folge: keiner von beiden wird ans Ziel kommen. Wenn es ein Grundgesetz beim Laufen gibt, dann dieses: *Wer beim Dauerlauf außer Puste kommt, der vergißt, daß es ohne Puste nicht gehen kann*. Man kann es nicht laut und deutlich genug sagen: Achten Sie von Anfang an darauf, daß Sie richtig atmen: Ahhh..., Sie atmen ein, und Ohhh..., Sie atmen aus – langsam, gleichmäßig und ruhig. Ich flehe Sie an, sogar auf Knien, denn jetzt sind wir genau an dem Punkt, über den 99 Prozent aller Gescheiterten gestolpert sind: Das A und O und beim Laufen ist die langsame Atmung. Solange diese Ahhs und Ohhs in einem fließenden Rhythmus erfolgen, solange laufen Sie genau richtig – Ihre Atmung fließt jetzt gemächlich, so wie ein breiter Strom dem Meer entgegenbummelt. Wird dieser Fluß aber zum sprudelnden Wildbach, dann laufen Sie bereits viel, viel zu schnell. Dann müssen Sie Ihr Tempo drosseln, notfalls so weit, daß Sie langsam wie eine Schnecke laufen. Machen Sie also bitte nicht das, was fast alle Laufanfänger falsch machen: vermeiden Sie den heimtückischen Fehler, besseren Läufern nacheifern zu wollen – das geht nicht; warum das noch nicht gehen kann, ist eine simple Sache. Und weil sie so einfach ist, wird sie immer wieder übersehen – soviel sei an dieser Stelle schon verraten, später Ausführliches dazu. Sie wissen also jetzt, worauf es ankommt? „Ahh... und Ohh... – langsam und ruhig, notfalls laufe ich langsam, sehr langsam!" Bravo, alles bestens!

Was passiert, wenn Sie zu schnell laufen?
Wenn Sie gleich am Anfang losdüsen – zur Haustür raus und ab die Post –, dann wird Ihnen spätestens nach 500 Metern die Puste ausgehen; und mit einem langen Gesicht gehen Sie zurück. Zu Hause hängen Sie womöglich die Joggingschuhe an den Nagel und sich selbst in einen bequemen Sessel – kein Wunder! Mal abgesehen davon, daß selbst geübte Läufer nicht wie verrückt loslaufen, bevor sie sich warmgelaufen haben, machten Sie noch einen anderen entscheidenden Fehler: Sie verlangten von Ihrem Organismus etwas, was er Ihnen nicht geben kann; eine Leistung, die Sie ihm noch nicht antrainiert haben – er kennt diese Art von Anforderung einfach noch nicht. Sie müssen Ihrem Körper erstmal die Chance geben, diese ungewohnte Belastung kennenzulernen. Was passiert nun konkret, wenn Ihnen die Puste ausgeht? Jeder Muskel muß immerzu mit Sauerstoff und Energieträgern versorgt werden, damit er arbeiten kann. Sauerstoff erhalten die Muskelzellen durch das mit Sauerstoff angereicherte Blut aus den Arterien. Befindet sich die gesamte Muskulatur in Ruhe, also dann, wenn Sie liegen und nichts tun, dann brauchen die Zellen gerade mal 1.300 Milliliter (ml) Blut pro Minute. Wenn Sie dagegen einen großen Teil Ihrer Muskeln stark beanspruchen, dann schnellt der Verbrauch hoch auf das 16fache. Eine solche Versorgung schafft aber nur ein belastbares Herz-Kreislauf-System, das sich durch entsprechendes Training angepaßt hat. Ein Untrainierter hat da noch ein paar Handicaps, die nach und nach abgebaut werden müssen. Einzelheiten dazu folgen später. Damit Sie also immer ausreichend mit Sauerstoff versorgt werden können, müssen Sie anfangs langsam laufen. Jetzt, und nur so, machen Sie ein *aerobes* Training. Oder anders gesagt: Sie belasten Ihren Organismus auf eine Weise, daß die in den Muskelzellen bereitgestellten Energieträger *mit*

Sauerstoff verbrannt werden können. Fachchinesisch liest sich das so: „Reduziert man die Belastung, wird die Energie auf aeroben Weg zur Verfügung gestellt. Glucose und Fettsäure werden mit Sauerstoff zu den Stoffwechselprodukten Kohlendioxid und Wasser abgebaut. Die Belastung kann über einen langen Zeitraum aufrecht erhalten werden. Der Gleichgewichtszustand von aerober Energiegewinnung und Energieverbrauch wird als Steady State bezeichnet." Toll, gell, diese Formulierung von Sportakademikern für Sportanfänger. Da weiß jeder Mensch sofort, was gemeint ist?! Hier die Übersetzung in gutes Deutsch: Wenn Sie nicht schnell laufen – gleichmäßige Ahhs und Ohhs –, dann bekommen Sie immer genügend Luft. Sie erhalten also ausreichend Sauerstoff dafür, daß Fett und Zucker in Laufenergie umgewandelt werden können. Die Abfallprodukte dieses Stoffwechsels, Wasser und Kohlendioxid, scheiden Sie aus. Beides kennen Sie gut: Wasser ist Ihr Schweiß, und Kohlendioxid atmen Sie immer aus. Wenn Sie Ihr Tempo demnach so ausrichten, daß Sie noch sprechen könnten, dann können Sie eine zeitlang joggen, ohne gleich schlapp zu machen. Der Zustand, wo der Nachschub an Sauerstoff und Energieträgern genauso groß ist wie der Verbrauch, heißt Steady State. Ausdauerleistungen, anfangs langsam, später schneller und länger, sind nur in diesem Zustand möglich.

Das Gegenteil von aerob gibt es auch: Die Energiegewinnung *ohne ausreichend Sauerstoff* – also die *anaerobe* Form der Verbrennung von Zucker und Fett. Diese Energiegewinnung ist aber hauptsächlich für die Leichtathleten auf den kurzen Sprintstrecken von Bedeutung. Hier bleiben diese Sportler während des Laufs ihrem Organismus Sauerstoff schuldig, den sie ihm aber gleich nach dem Zieldurchlauf zurückgeben – deshalb schnaufen diese Leistungssportler nach dem Rennen so heftig. Und wenn Sie nach 500 gelaufenen Metern keine Luft mehr bekommen, weil die Atmung zu heftig geworden ist, dann ist das nur ein Zeichen dafür, daß Sie zu schnell waren. Interessant in diesem Zusammenhang ist vielleicht auch, daß das Aerobic, also das Hüpfen im Saal, zunächst viel Zulauf hatte, aber schon bald auf einen kleinen Teilnehmerkreis schrumpfte – warum? Genau aus demselben Grund, warum viele Laufanfänger zu schnell das Handtuch warfen: Wer zu schnell hüpft und hampelt, bekommt zu wenig Puste und macht nicht Aerobic, sondern „An-

Aerobic". Das aber hält man nicht lange durch, wie uns die Sprinter beweisen. Weil beim Aerobic – wer zahlt, der ist gern gesehen – immer gut und schlecht trainierte Menschen zusammen hüpfen, werden die weniger Ausdauergeübten nicht mithalten können und aussteigen. In der Presse liest sich's dann so: „Die Aerobicwelle ebbt ab." Die Ursache für den Rückgang an Teilnehmern an dieser sinnvollen Sportart ist also nicht die, weil es eine flüchtige Modeerscheinung oder gar Quatsch ist, nein, die Ursache liegt woanders. In einer Analogie aufs Laufen könnte man sagen: Die Geübten hüpfen den Ungeübten davon – auf die Schwächeren wird keine Rücksicht genommen. Aerobic wäre eine ideale Ergänzung zum Laufen, da neben der Bein- und Rückenmuskulatur eine Reihe anderer Muskeln einbezogen werden; dazu kommen der gymnastische Charakter und die Dehneinheiten. Zusammen mit der Auf- und Abwärmphase ist es eine fitmachende Trainingsrunde. Kommen wir nun wieder zurück zum Laufen. Der erste Tag liegt hinter Ihnen, und so, wie Sie gehen, ist nur unschwer zu erkennen, daß Sie einen Muskelkater bekommen haben. Höchste Zeit, daß wir uns den mal genau ansehen.

Woher kommt der Muskelkater?

Lange Zeit galt es als gesichert, daß der Muskelkater durch Milchsäure verursacht wird. Heute geht man davon aus, daß die Ursachen auf eine Überdehnung oder auf kleinste Verletzungen der Zellen zurückzuführen sind. Dazu kommt es immer dann, wenn bei einer *ungewohnten* größeren Belastung das Zusammenspiel zwischen verschiedenen Muskeln noch nicht richtig funktioniert. Deshalb haben untrainierte Anfänger schneller einen Muskelkater als trainierte Sportler. Derzeit untersucht man auch das Stoffwechselprodukt Histamin, weil man vermutet, daß dieses Gewebehormon auch für diese schmerzhaften Folgen verantwortlich sein kann. Aber, noch weiß man nichts Genaues, und mit Vermutungen wollen wir uns nicht weiter aufhalten. Für Sie ist erstmal folgendes wissenswert: Sobald sich das überlastete Muskelgewebe erholt hat, bewirkt die nächste – gleich starke – Belastung keinen Muskelkater mehr. Am schnellsten werden Sie den ziehenden Schmerz wieder los, wenn Sie am nächsten Tag die gleiche Belastungsform, die zum Muskelkater geführt hat, mit 50prozentiger Intensität ausführen. Haben Sie keine

Angst davor, daß die Muskeln dabei noch mehr geschädigt werden – im Gegenteil: durch die stärkere Durchblutung kommt das Material für die Reparatur schneller in die verletzten Muskelzellen, und die Abfallstoffe aus dem Stoffwechsel können weggeschafft werden. Da Sie anfangs nur zehn bis zwanzig Minuten laufen werden, können Sie den Muskelkater mit einem flotten Spaziergang am Tag nach Ihrem Lauf reduzieren. Wenn Sie später länger und schneller laufen können, werden Sie nach den schnelleren Runden einen lockeren und langsamen Regenerationslauf machen. Massagen können den Erholungsprozeß nicht beschleunigen; man sollte sie zu diesem Zweck nicht anwenden. Dagegen helfen ganz gut: Bäder, Wärmeanwendungen und lockere Gymnastik.

Kommen wir jetzt aber nochmal zurück zur Milchsäure, denn auch sie beeinflußt unsere Muskelarbeit. Milchsäure ist ein Abfallprodukt aus dem Anteil des Zuckerstoffwechsels, der ohne Sauerstoff stattfindet. Nach und nach lagert sich die Milchsäure in den Muskelzellen an, bis diese ihre Tätigkeit unter dem Zeichen der Erschöpfung einstellen. Anders gesagt: Durch die Anhäufung der Milchsäure in den Muskelzellen werden diese langsam sauer, dann müde und faul, bis sie schon bald nicht mehr arbeiten wollen und in den Streik treten. Diese Übersäuerung wird aber hinausgezögert, solange die Milchsäure durch eine ausreichende Durchblutung der Muskulatur abtransportiert werden kann. Ein Teil dieses Abfallprodukts kommt dann in die Leber; dort erhält es eine sinnvolle Aufgabe: Milchsäure hilft bei der Gluconeogenese. Hoppla! – erschrecken Sie nicht vor diesem Wort. Wenn sie es auseinanderziehen, wissen Sie, was es bedeutet: Gluco – neo – genese. (Gluco = Zucker; neo = neu; genese = Entstehung) ist also die Neugewinnung von Energielieferanten aus Zucker. In der Leber entsteht aus dem Abfallprodukt Milchsäure neuer Treibstoff. Es ist ein kluges Müllrecycling in der Biochemie unseres Körpers bei Anstrengung. Auch wenn die Milchsäure in unseren Muskeln zu einer Ermüdung führt – nicht in die Schuhe schieben kann man ihr die Beteiligung an der Entstehung des Muskelkaters. Denn dann müßte der Schmerz genauso schnell verschwinden wie die Milchsäure. Und die ist kurz nach dem Ende der Belastung abgebaut. Der Muskelkater dagegen entwickelt sich erst richtig nach der Belastung. Diese Entwicklung kann bis zu zwölf Stunden dauern. Demnach ist der Schmerz erst am nächsten Tag ausgeprägt. Und er verschwindet nur zögernd – nach drei bis fünf Tagen ist er weg.

Ihr zweiter Lauftag: Auf den haben Sie sich schon gefreut, als Sie nach dem ersten Tag unter der Dusche standen. Welche Schwierigkeiten könnten auftauchen? Sie meinen: „Der Muskelkater vielleicht?" Aber nein – den bekommen Sie schneller weg, wenn Sie beim Joggen zusätzlichen Sauerstoff aufnehmen und die Muskeln bewegen. Was sonst könnte Sie bremsen? Regenwetter und graue Wolken? Iwo – mit Enthusiasmus laufen Sie los und entdecken die Umgebung bei Regen. Nur trübe Tassen lassen sich von trübem Wetter ärgern. Also – nix wie raus! Und ziehen Sie sich richtig an.

4. Laufbekleidung – Kleider machen Läufer

Hier sind Ihre Siebensachen zum Laufen: Laufschuhe, Hemden, Hosen, Socken, Regenjacke, Handschuhe, Mütze oder Stirnband. Der Verständlichkeit halber habe ich gleich aus dem Englischen ins Deutsche übersetzt, denn Sportbekleidung kann man fast nur noch bekommen, wenn man „Sportoutfit" verlangt. Wenn Sie wollen, dann können Sie sich aber auch Tights, Runningsocks oder Sweater kaufen. Eine Illusion muß ich Ihnen gleich am Anfang nehmen: „Laufen" ist nicht mehr billig, aber immer noch für alle erschwinglich. In die alten Turnschuhe geschlüpft, dazu ein weißes Doppelripp-Unterhemd aus Baumwolle, rein in die viel zu klein gewordene Turnhose aus der Schulzeit, und los geht's, das war mal – gestern. „Ich sei ein Miesmacher", sagen Sie. Vorhin hätte ich von den getarnten Zwängen gesprochen, und jetzt, wo es Ihnen nicht peinlich wäre, mit den alten Sachen zu laufen, da komme ich daher und sage zwischen den Zeilen: Leute, macht den Modeschnickschnack mit und kauft möglichst bunte und grelle Sachen, damit ihr optisch was her macht. Entschuldigung, wenn Sie das rausgehört haben, aber so war das nicht gemeint. Schauen wir uns an, was sich von gestern auf heute bei der Sportbekleidung alles bewegt hat: Früher hatte man (et)was an – heute trägt man funktionelle Sportswear, wie das so fortschrittlich heißt. Und was meint man damit? Funktionell sagt ja nur „auf die Funktion" bezogen – kann denn Kleidung funktionieren? Na klar – und wie!

Fangen wir mit den Laufschuhen an:

Joggingschuhe kaufen Sie bitte nicht in den supergroßen Märkten mit Fleischabteilung und Einkaufswägen. Dort gibt es zwar für'n Appel und'n Ei die Modelle „Joggwiederwind" und „Garnichtsoschlecht", aber nicht den ausgeklügelten und technisch hochentwickelten Laufschuh, den Sie brauchen, damit ihre Gesundheit keinen Schaden nimmt. Drei Grundfunktionen muß ein nützlicher Laufschuh erfüllen, damit Muskeln, Sehnen, Knöchel, Knie, Hüfte und Wirbelsäule gerne beim Laufen mitmachen: *dämpfen – stützen – führen*. Haben Sie einen Billigschuh gekauft, der zwar ganz nett aussieht, aber unnütz ist, könnten Ihre aufgezählten Körperteile schnell zuviel kriegen und Schaden nehmen. Dann hilft in einigen Fällen auch der Enthusiasmus vorübergehend nicht mehr weiter, sondern nur noch ein Orthopäde.

Welche Aufgabe übernimmt die Dämpfung?

Bei jedem Tapp, Tapp, Tapp, prallt der Fuß mit dem doppelten Körpergewicht auf den Boden. Bei schnelleren Läufern ist es sogar das dreifache Gewicht, und bei Tennisspielern das fünffache. Wenn Sie beispielsweise 70 Kilogramm wiegen und einen Kilometer laufen, wobei Sie etwa 700 Schritte machen, dann muß die Dämpfung im Schuh gut funktionieren, damit die 10 Tonnen Belastung auf der gesamten Strecke um mehr als die Hälfte reduziert werden kann. Sonst würde sich bei jedem Schritt eine Krafteinwirkung von 140 Kilogramm vom Fuß über den Knöchel hinauf zum Knie und sogar bis zu Hüfte und Wirbelsäule fortsetzen. Ein gutes Dämpfungssystem schützt also Ihren Körper vor Verletzungen. Darum: laufen Sie niemals mit einem anderen als einem klug konstruierten Laufschuh. Was die Hersteller solcher Schuhe in der kostenintensiven Entwicklung an Know-how da hineingesteckt haben, macht den Laufschuh zum High-Tech-Produkt und läßt Sie sorgenfrei laufen. An keinem Schuh wird derzeit mehr herumgetüftelt als an einem fürs Joggen.

Die Stützfunktion:

Sie hält den Schuh stabil, damit der Fuß nicht zur Seite wegknicken kann. Läufer mit einer Fußfehlstellung sollten besonders auf diese Funktion achten, denn eine gute Stütze beugt nicht nur der Überpronation vor (ich erkläre das später), sondern sorgt auch für festen Halt bei Knickfüßen. Ein instabiler Schuh mit geringer seitlicher Stütze kann auch zu Verletzungen der Achillessehne führen.

Was heißt führen?

Läufer mit O-Beinen neigen dazu, mit dem Mittel- oder Vorfuß aufzusetzen. Besonders auf unebenen Böden besteht dann die Gefahr, daß die Füße beim Abdrücken nach außen umknicken. Mit einer guten Führung der Ferse durch eine stabile Fersenkappe wird vermieden, daß der Fuß bereits beim Aufsetzen stark nach innen neigt. Es kommt also zu keiner starken Winkelabweichung des Fußes von der Laufrichtung. Einer Verletzungsgefahr des Fußgewölbes, des oberen Sprunggelenks und der Achillessehne durch Fehlbelastung wird vorgebeugt. Vielleicht grübeln Sie gerade über die Verletzungsmöglichkeiten und denken: „Oh je, die Leute haben mich eh schon immer davor gewarnt, daß man Probleme mit dem Knie bekommt." Bitte werden Sie wegen des Halbwissens der Miesmacher nicht rückfällig. Den Organismus und die Gelenke jung zu erhalten, dazu ein Tip-top-Herz-Kreislaufsystem aufzubauen und, und, und... All das ist tausendmal wertvoller, als sich vor der einen oder anderen Sportverletzung zu fürchten. Allein dadurch, daß die Muskulatur gestärkt wird und die Sehnen und Gelenke in Bewegung bleiben, kann die Verletzungsgefahr auf ein Minimum gesenkt werden; dazu Kapitel 12. Mit Warmlaufen und einem guten Joggingschuh beugen Sie zusätzlich vor.

Da heute alle Markenschuh-Hersteller diese drei Funktionen in ihren Produkten gut bis sehr gut gelöst haben, reicht für Sie als Information: Tip 1: In einem Sportfachgeschäft lassen Sie sich Laufschuhe von verschiedenen Herstellern in mittlerer Preisklasse (100,– bis 160,– DM) zeigen. Tip 2: Das Sportgeschäft prüfen Sie auf zwei Kriterien: Ist ein Laufband mit Videokamera vorhanden? Und: Nimmt man sich genügend Zeit für eine intensive Beratung? Leider wird gerade letzteres immer seltener. Ein Sportgeschäft, das Joggingschuhe verkauft, kann auf Laufbandkontrolle nicht mehr verzichten. Denn damit wird die Lande- und Abrollphase der Füße aufgezeichnet, und in der Zeitlupenwiederholung kann die von Mensch zu Mensch unterschiedliche Fußstellung analysiert werden. Und weil es Ihr erster Laufschuhkauf ist, müssen Sie darauf bestehen. Also: Wechseln Sie den Laden, wenn das wichtigste nicht vorhanden ist – fachmännische Beratung. Warum ist die Videoanalyse so wichtig? Eine häufige Fußfehlstellung, die beim Gehen keine schädigende Auswirkung hat, ist das Einwärtsknicken (Pronation) des Fußes. Wenn aber beim Laufen der Fuß auf dem Boden aufsetzt, kommt die Fußsohle in eine Schräglage. Das führt jedesmal zu einer Mehrbelastung der Sehnen, Muskeln und Gelenke. Für diese Fehlstellung, die relativ häufig auftritt, gibt es ein spezielles Schuhmodell bei jedem Hersteller. Und das wäre dann der richtige Schuh. Nur: das wissen Sie erst, wenn Sie die Zeitlupe der Aufsetzphase gesehen haben. Tip 3: Wenn Sie den Schuh probieren, dann achten Sie darauf, daß die Zehen noch eine Daumenbreite nach vorne Platz haben, weil sich zum einen der Fuß beim Laufen erwärmt und deshalb größer wird, und zum anderen rutschen die Zehen beim Abstoßen etwa einen Zentimeter nach vorne. So lassen sich Wasserblasen vermeiden. Tip 4: Spätestens nach sechs Monaten kaufen Sie Ihr zweites Paar Joggingschuhe – von einem anderen Hersteller. Weil Sie die Schuhe dann immer abwechselnd tragen werden, verdoppelt sich die Lebensdauer; und weil Sie zu Preisen von heute kaufen, sparen Sie sogar dabei. Selbstverständlich können Sie zu einem preisreduzierten Auslaufmodell greifen. Sie haben dazu einen Einwand: „Ich habe dann aber zwei Paar ältere Modelle, und wenn neue Schuhe mit verbesserter Technik auf den Markt kommen, dann kann ich diese Vorteile nicht nützen." Nun, so revolutionär wie in den 80er Jahren fallen technische Verbesserungen heute nicht mehr aus, und der Standard ist bereits außerordentlich hoch. Da muß man nicht mehr an jeder Neuentwicklung teilhaben. Sie möchten noch wissen, wozu Sie überhaupt ein zweites Paar Laufschuhe benötigen? Das hat einen einfachen Grund; einen, der Ihrer Gesundheit förderlich ist: Nach einem halben Jahr wird sich Ihr wöchentliches Laufpensum steigern, weil Sie dann leidenschaftlich gern laufen werden. Und bei mehr Laufkilometern wird es notwendig, daß die Sehnen und Gelenke ein wenig anders belastet werden. Dies erreicht man durch einen Schuhwechsel. Dieser Wechsel ist zudem die beste Vorbeugung dafür, daß man sich keine Entzündung im Bereich der Achillessehne holt; dazu Kapitel 12. Wenn Sie sich ein zweites Paar Joggingschuhe kaufen wollen, dann sollten Sie eine andere Schuhmarke als Ihre derzeitige wählen, weil nur ein anders konstruierter Schuh diesen Vorteil für Ihre Sehnen und Gelenke bringt: Da gibt es weicher oder härter gedämpfte Schuhe, aber auch unterschiedliche Sohlen- oder Fersenkappenlösungen. Jede weitere Raffinesse eines modernen Schuhs ist weniger wichtig, sie hilft dem Hersteller nur, die jeweilige Marke unverwechselbar und einzigartig zu machen. Dieser zusätzliche Vorteil, der werblich besonders herausgestellt wird, dient demnach einzig und allein dazu, dem Käufer die eine oder andere Marke besonders schmackhaft zu machen – der effektive Nutzen ist eher gering.

Hemden und Hosen, also T-Shirts, Shirts, Shorts, Tights...

Wissen Sie, was ein Bekleidungsphysiologe macht? Nun, er zerbricht sich seinen Kopf darüber, wie beispielsweise Textilien entwickelt werden können, die die Wechselwirkungen von Körper, Kleidung und Klima berücksichtigen und helfen, Extreme auszugleichen. Anders gesagt, sie entwickeln funktionelle Sportbekleidung, mit der wir weder frieren noch im eigenen Saft schmoren. Man kann sagen, daß solche Kleidung immer dann funktioniert, wenn sie bei Kälte hilft, unsere Körperwärme zu speichern, damit wir uns nicht unterkühlen, und wenn sie an warmen Tagen die ansteigende Körpertemperatur über die Schweißfeuchte rasch ableitet, damit wir nicht überhitzen. Eine aufgestaute Körperwärme kann schlimme Folgen haben – bis hin zur Hitzeerschöpfung; dazu Kapitel 12. Während manche Sportler noch darüber diskutieren, ob Kunstfaser oder Baumwolle besser sei, preschte die Textilindustrie schon vor und entwickelte eine neue Generation an Sportbekleidung: aus Kunst- und Naturfasern. Solche Textilien bestehen aus zwei Faserschichten, die aufeinanderliegen (nicht aus vermischten Fasern). Diese beiden Lagen schützen zum einen vor Kälte, zum anderen wird im Mikroklima solcher Textilien vom Körper produzierte Wärme und Schweiß abgeleitet; und zur Kühlung gelangt Außenluft an die Haut. Wie das genau vor sich geht, schauen wir uns haargenau an: Kunstfasern haben die Eigenschaft, daß sie sich nicht mit Wasser vollsaugen – das Kanalsystem zwischen den Fasern, die unzähligen Poren, bleibt demnach offen. Da nun diese feuchteableitende und wasserabweisende Kunstfaserschicht direkt auf der Haut liegt, wird der ständig produzierte Schweiß durch die offenen Kanäle abgeleitet und trifft unmittelbar auf die äußere Schicht aus Baumwollfasern. Diese saugt wie ein Schwamm den Schweiß auf, und nach und nach wird er durch die Verdunstung an die Luft abgegeben. Ich hoffe, Sie sind einverstanden, wenn man bei solchen Textilien von funktioneller Sportbekleidung spricht. Haben Sie einen Trainingsanzug aus Baumwolle, dann ziehen Sie ihn besser nur an, wenn es kühl ist: bei 10°C und drunter. Immer wieder sieht man Jogger, die solche Schwämme auch an wärmeren Tagen tragen. Die Überhitzungsgefahr ist dabei groß. Trainingsanzüge sind dafür da, daß man sich vor und nach dem Training warm hält. Kein Leichtathlet käme auf die Idee, in einem solchen Anzug aktiv Sport zu treiben.

Und hier die nächste Neuentwicklung: die Microfaser. Sie setzt völlig neue Maßstäbe für die Sportbekleidung. Diese extrem feine Faser ist bis zu dreimal dünner als der dünnste Seidenfaden. Und dreimal leichter. Vergleicht man die Microfaser mit der vorhin erwähnten Kunstfaser, wirkt diese wie ein dicker Strick. Die Vorzüge von Sportbekleidung aus Microfasern sind beachtenswert: Obwohl die Stoffe so leicht sind, daß man sie kaum mehr spürt, sorgen Tausende von mikrofeinen Luftkammern für isolierende Warmluft. Auch bei dieser Faser wird die Körperfeuchte abgegeben, und zwar auf dem direkten Weg. Im Gegensatz zur doppellagigen Kunst- und Naturfaser-Textilie kann ein Regentropfen bei der Microfaser nicht von außen nach innen dringen, weil der Querschnitt des Tropfens etwa 300mal größer ist als der Durchmesser der Luftkammer der Micropore. Kältebrücken durch Wasser zur Haut werden vermieden, die bei Wind und Regen unangenehmes Frösteln verursachen. (Verwechseln darf man die Microfaser nicht mit der Chemiefaserfolie, die den mittleren Teil regenfester, dreilagiger Stoffe bildet).

Soweit die Neuheiten; jetzt zu den Empfehlungen: (1) Tragen Sie das, worin Sie sich wohl fühlen. Bedenken Sie schon heute, daß Sie nach dem halben Jahr sehr viel besser sein werden – Sie können dann schneller und länger laufen. Also gleich zu Beginn die hierfür geeignete Sportausstattung auswählen. (2) Sie werden bald feststellen, daß Sie die ersten zehn Minuten bei kühler Witterung immer leicht frösteln werden. Aber dann, wenn der Körper auf Touren kommt, wird es angenehm warm. Während Spaziergänger schon dick eingepackt sind, tragen Sie noch T-Shirt und Shorts. (3) Wird's kälter, dann machen Sie's am besten der Zwiebel nach: Auf der Haut tragen Sie stets eine Textilie aus Kunstfasern. Darüber, je nach Temperatur und individuellem Kälteempfinden, ziehen Sie zunächst weitere Kunstfaserhemden an, erst ganz außen könnte es ein Sweatshirt aus Baumwolle oder eine Jacke aus Mischgewebe oder reiner Kunstfaser sein.

Hosen – kurze und lange; Shorts, Tights, Trainingshosen...

Auch die Hosen sollten aus Kunstfasern sein, da diese glatt sind und so das schmerzhafte Wundscheuern an den Innenseiten der Oberschenkel vermeiden. Wenn es kälter wird, dann können Sie eine Trainingshose aus Baumwolle darüber tragen. Nun zu den Rennhosen, den praktischen Tights. Manche Sportler kommen sich in diesen meist sehr bunten und enganliegenden Stretchhosen blöd vor. Für Sie sollte es aber kein Sich-blöd-Vorkommen mehr geben. Deshalb sollten Sie sich für diese zweite Haut erwärmen, denn diese wird auch Sie vorzüglich warm halten. Sie schützt vor allem im Nierenbereich, eine Stelle, wo man ordentlich schwitzt und ein ständiger Luftstrom vorbeifließt. Solche Tights reiben nicht, tragen sich angenehm und trocknen nach dem Waschen rasch. Beim Kauf solcher Rennhosen sollten Sie auf zweierlei achten: Der Bund muß den Nierenbereich abdecken und ein Band zum Schnüren haben; ein Gummiband allein reicht nicht aus, die Hose fest über dem Nierenbereich halten zu können.

Socken aus Baumwolle

Dünne und weiche Socken aus Naturfasern (meist Baumwolle) sind ideal zum Laufen, da sie den Schweiß sofort aufsaugen und so einer Blasenbildung vorbeugen. Es gibt spezielle Laufsocken, die jedoch teuer (ab 20 Mark) und schnell durchgelaufen sind. Solche Socken brauchen Sie derzeit noch nicht, denn erst bei Läufen von 90 Minuten und länger verhindern sie durch hervorragenden Sitz schmerzhafte Blasen. Und dann sind diese Socken auch ihr Geld wert. Sie sind sehr dünn und ohne auftragende Nähte gefertigt. An der Ferse haben sie eine Gummierung für einen besseren Halt im Schuh. Auf jeden Fall sollten Sie dünnen Socken aus überwiegend Baumwollfasern den Vorzug geben, da Ihre Füße dann einen besseren Kontakt zu den Schuhen haben. Übrigens, nicht wenige Läufer ziehen gar keine Socken an. Noch ein Tip: Kaufen Sie die Socken noch vor den Schuhen, dann können Sie diese gleich mit den Laufsocken anprobieren.

Wenn's regnet: Regenkleidung

Bei Temperaturen ab 15°C ist das Laufen bei Regen eine herrliche Sache. Der sich erwärmende Körper wird durch die Naturdusche angenehm gekühlt. Ich jedenfalls freue mich jedesmal auf warme Regentage, denn es ist eine Wonne, das zu tun, was mit Anzug und Schlips weniger vergnüglich ist: regennaß draußen herumzutoben. Während manch andere griesgrämig dreinschauen und wegen dem Niederschlag niedergeschlagen sind, werden Sie mit Sonne im Herzen fröhlich von Pfütze zu Pfütze tappen. Regentropfen prickeln auf Ihrer Haut und durch die Nase strömt ein feuchtwarmer Duft – und Sie freuen sich, weil Sie dem anfänglichen Widerwillen trotzen konnten. Nach dieser befreienden Laufrunde stehen Sie unter der Dusche und sind gleich darauf fit für andere Unternehmungen – und happy, weil Sie bei Regen draußen waren und nicht gekniffen haben. Wer diese Erfahrung nicht gemacht hat, kann es wohl nicht nachempfinden; und welche Frohnatur man da draußen bei offenen Schleusentoren werden kann, bleibt dem verschlossen, der sich selbst immer nur einschließt. Nicht ganz so erquicklich ist das Laufen bei Regen allerdings dann, wenn es kalt ist. Beginnt es zu regnen, wenn man bereits ein Weilchen unterwegs ist, dann ist es einem erstaunlicherweise ziemlich schnuppe – man ist aufgewärmt und der Regen stört kaum. Hat man sich dagegen vorgenommen zu laufen und düstere Regenwolken ziehen auf, dann wird's nicht gerade leicht fallen, da hinaus zu wollen. Ist es dazu noch windig, dann will man das Laufen am liebsten auf den nächsten Tag verschieben. Und zugegeben, das ging mir lange Zeit genauso. Inzwischen fällt es mir jedoch leicht, in meine Laufsachen zu schlüpfen, weil ich mich an viele Male erinnern kann, wo ich zuerst auch nicht wollte, trotzdem raus bin, und mich hinterher immer gewundert habe, warum ich mir vorher so viele Gedanken machen mußte. Man lernt mit der Zeit, daß man sich die Freude von niemand nehmen lassen darf – auch nicht von einem Sauwetter. Mit Ihrer enthusiastischen Haltung werden Sie immer aufs neue entdecken, wie fein das ist, bei Regen aktiv zu sein.

Damit Sie, wenn's ordentlich gießt, nicht bis auf die Haut naß werden, lohnt es sich, eine wasserdichte Regenjacke anzuschaffen, die aus drei Lagen besteht: Innenfutter, Chemiefolie und Außenlage. Der wesentliche Nutzen dieser wasserdichten und atmungsaktiven

Textilie liegt darin, daß der Regen keine Chance hat, Sie aufzuweichen – da kann es kübeln, was es will, die Regentropfen passen nicht durch die feinen Poren der Folienmembran. Die Schweißfeuchte dagegen kann langsam diese Zwischenlage passieren, und die produzierte Körperwärme wird abgeleitet – der Körper kann atmen. Allerdings wird die Haut nie ganz trocken, weil der Schweiß nur langsam durch den Engpaß der hauchfeinen Poren treten kann. Auch wenn so ein Oberteil eine Stange Geld kostet – es lohnt sich; Sie investieren in Ihre Gesundheit – im doppelten Sinn: Einmal, weil Ihnen Regentage in der kühlen Jahreszeit das Laufen nicht mehr vermiesen können und Sie sich dadurch abhärten, zum anderen sind Sie vor Nässe und Wind geschützt – innen haben Sie es behaglich warm.

Das kann auf den Kopf

Einem Stirnband traut man auf den ersten Blick nicht allzuviel zu, aber es ist ein nützliches kleines Ding mit einigen Vorzügen: (1) Es verhindert, daß Schweiß in die Augen läuft. (2) An kalten Tagen wärmt es den Stirnhöhlenbereich und schützt vor Zugluft. (3) Im Sommer können Sie das Stirnband vor dem Laufen naß machen, dann kühlt es den Kopf. (4) Mit einem weißen oder grell leuchtenden, oder noch besser mit einem flouriszierenden Band, werden Sie bei Dunkelheit von Auto- und Radfahrern besser gesehen. Wenn es Ihnen obenherum zu kalt wird, dann sollten Sie (auf Ihre Mutter hören und) eine Mütze aufsetzen, damit nicht zuviel Körperwärme über den Kopf verloren geht. Scheint dagegen die Sonne, dann sollten Sie die Kopfhaut mit einer Kappe vor der ultravioletten Strahlung schützen.

Die Hände nicht vergessen

Nicht nur für den Winter kann man dünne Wollhandschuhe empfehlen. Wer selbst bei kühler Witterung gern mit nackten Armen läuft, der wird mit leichten Handschuhen nicht so schnell frösteln, weil so Körperwärme zurückgehalten wird.

Und schon sind wir bei Ihrem dritten Lauftag: Wenn Sie heute vom Laufen zurückgekommen sind, dann haben Sie bereits die ersten Hindernisse genommen und ein wichtiges Ziel erreicht – die erste

Etappe. Doch, doch, das ist ein Grund zum Feiern. Seien Sie guter Dinge und freuen Sie sich über das bisher Erreichte.

Haben Sie unterwegs mal daran gedacht, den Rhythmus Ihrer Ahhs und Ohhs an den Takt Ihrer Schritte anzupassen? Probieren Sie das lieber nicht aus, denn beides hat nichts miteinander zu tun. Sie dürfen auf keinen Fall Ihrer Atmung eine Zwangsjacke verpassen, weil Sie sonst rasch ein Gefühl der Beklemmung bekommen. Unabhängig davon, was Ihre Beine machen, konzentrieren Sie sich nur auf die fließenden Ahhs und Ohhs. Dabei achten Sie jedoch hauptsächlich auf das tiefe Ausatmen. Ab heute sollten Sie noch auf etwas anderes achten: auf das, was Ihnen von Woche zu Woche mitteilen wird, daß Sie immer leistungsfähiger werden. Was das ist, wird Ihnen das folgende Kapitel verraten.

5. Der Puls – Ihr Herz spricht zu Ihnen

Immer, wenn eine Blutwelle, ausgelöst durch den Herzschlag, an den Gefäßwänden anschlägt, können Sie diesen Schlag spüren, beispielsweise am inneren Handgelenk – das ist Ihr Puls. Durch ihn erfahren Sie, wie schnell Ihr Herz schlägt. Nun ist das aber nichts Neues – jeder kennt das. Ein Maßstab für die Leistungsfähigkeit eines Herzens ist der sogenannte Ruhepuls. Er zeigt die Herzfrequenz bei nahezu körperlicher Ruhe an. Um das Herz auf Dauer zu schonen ist ein Ruhepuls von 40 bis 50 erstrebenswert. Allerdings haben nicht sehr viele Menschen einen so niedrigen Puls, wie wir noch sehen werden.

Erstaunt und erschüttert zugleich habe ich aus Gesprächen erfahren, daß es eine Reihe von Menschen gibt, die nichts, aber auch gar nichts über das wissen, was sie am Leben erhält: das Herz. Eine junge Frau erzählte mir, daß sie nicht zum Bergwandern ginge, weil sie Angst um ihr Herz hat: „Wenn es bergauf geht, dann schlägt es immer so doll. Irgend etwas scheint mit meinem Herzen nicht in Ordnung zu sein, also muß ich es schonen". Ojemine – das arme Herz, das geradezu kaputt geschont wird! Und diese Dame war nicht die einzige, die mich mit dieser Aussage sprachlos machte. Die Antwort auf die Frage, warum diese Herzen nicht geschont sondern außerordentlich belastet werden, müssen wir noch ein wenig zurückstellen. Woran es liegt, daß eine derart falsche und gefährliche Meinung entstehen kann, ist eines jener Rätsel, die ich nicht lösen konnte. Umfassende Aufklärung, beispielsweise die Kampagne „Trimming 130" seit 1983, gibt es genügend. Vielleicht liegt's daran, daß sich viele Menschen einen Ersatzkörper, ein zweites „Ich" zugelegt haben; einen erweiterten Hüllenleib, in den man vernarrt ist, den man umsorgt, penibel pflegt und regelmäßig prüfen läßt. Warum sonst identifizieren sich so viele in geradezu lächerlicher Weise mit ... – na, mit was wohl? Mein Kotflügel ist verbeult. Ich muß meine Stoßdämpfer erneuern lassen. Meine Bremsen sind kaputt. Ich habe einen neuen Auspuff. Mein Motor ist in Ordnung, ich habe den Kolbendruck prüfen lassen. Du lieber Himmel! Für sein Auto macht man Kopfstände; ein kleiner Kratzer bringt viele auf die Palme – aber den Hausarzt mal um ein Belastungs-EKG zu bitten, um zu sehen, wie munter oder kaputt die Blutpumpe ist, auf diese Idee kommen nur wenige. Daß das Herz ein Muskel ist, ein ganz wunderbarer Motor, das haben ein paar Menschen unter uns bereits vergessen – scheint mir. Und daß ein Muskel nur dann in Schuß bleibt, wenn er regelmäßig belastet wird – wer weiß das schon?

Ich saß mal vor einer Krankenschwester, die nach der Blutdruckmessung noch meinen Puls maß. Und sie fühlte..., legte ihre Stirn in Falten, fühlte nochmals... großes Schweigen. Nervös rutschte sie hin und her, und ich konnte in ihren Augen zwei dicke Fragezeichen erkennen. Mein Ruhepuls ist durch mein Ausdauertraining sehr niedrig – Gott sei Dank. Er pendelt zwischen 40 und 45 Schlägen pro Minute. Diese Krankenschwester war es offensichtlich gewohnt, Pulsschläge zu fühlen, die weit über meinem liegen, anders kann ich mir ihre Bemerkung nicht erklären: „Ihr Puls ist gefährlich niedrig". Meine Antwort war: Mein Puls ist hervorragend, aber ihre medizinischen Grundkenntnisse sind gefährlich niedrig. Beinahe hatte ich die Befürchtung, daß sie einem Arzt die Mitteilung macht, er solle mir einen Herzschrittmacher einpflanzen. Spaß beiseite, aber so abwegig ist dieser Gedanke nicht, wenn man bedenkt, daß ältere Menschen ein solches Ding bekommen, wenn der Puls auf unter 30 absinkt – aber aus ganz anderen Gründen! Übrigens, einen so extrem niedrigen Puls haben auch eine Handvoll Ausdauerathleten der Spitzenklasse.

Ja nun, denkt der Laie – zu hoher Puls, zu niedriger Puls; was denn nun, bitteschön? Ich komme gleich darauf zurück, haben Sie noch etwas Geduld. Jetzt erstmal zum Stichwort „Ruhepuls": Wenn Sie morgen früh aufwachen, dann messen Sie bitte noch im Liegen Ihren Puls und notieren ihn hier: (Messen Sie nicht, wenn Sie gerade einen Infekt haben, weil das Herz dabei schneller schlägt).

Mein Ruhepuls, gemessen gleich nach dem Aufwachen, lag heute bei .... Schlägen pro Minute. Datum: ....

An diesem festgehaltenen Wert können Sie bald messen, wie sich von Monat zu Monat die Belastungsfähigkeit Ihres Herzens durchs Laufen verbessert hat. Vielleicht stutzen Sie jetzt, weil Sie über das Wort Belastung gestolpert sind? Belasten, Last, Bürde – „Wozu soll es gut sein, wenn ich mein Herz belaste? Es soll doch möglichst lange schlagen, also muß ich es schonen!"

64

Was passiert, wenn Sie Ihr Herz schonen?
Alle zwei Jahre lasse ich ein Belastungs-Elektrokardiogramm machen. Dazu steige ich bei meinem Hausarzt auf ein Fahrradergome-
ter, also auf den Drahtesel, wo man wie verrückt strampelt, aber keinen Meter vorwärts kommt. Ich sitze fest im Sattel und los geht's:
Die Arzthelferin stellt den Widerstand, gemessen in Watt, relativ
niedrig ein; für mich eher zu niedrig, aber sie muß sich an eine vor-
gegebene Tabelle halten. Darauf trägt sie ab einer bestimmten Pulsfrequenz verschiedene Werte ein und startet das Meßgerät. Damit
lassen sich elektrische Ströme, die im Herzmuskel ablaufen, erfassen
und grafisch darstellen. Wir wollen jetzt aber nicht darauf eingehen,
was dem Arzt die Zickzacklinien in den Spalten auf dem Ausdruck
sagen, ob also das Herz okay ist oder nicht – ich will auf etwas anderes hinaus. Da ich gut trainiert bin, dauert es zwanzig Minuten, bis
mein Herzschlag so hoch ist, daß die Arzthelferin mit dem Messen
beginnen kann. Ich bin immer schon abgekämpft, denn die Strampe-
lei in einem Zimmer geht mir auf den Wecker, bevor das Messen der
Herzströme losgehen kann. Im Zehnerschritt wird nach und nach
die Wattzahl in die Höhe geschraubt, und jedesmal vergeht für mich
eine halbe Ewigkeit, bis der Puls so weit ansteigt, daß eine Stufe
höher gedreht werden kann. Und endlich, kaum sitzt und strampelt
man da eine Dreiviertelstunde, sind alle Daten erfaßt. So lästig für
mich diese Prozedur auch ist, das Ergebnis hat mich noch immer riesig erfreut: Ich bin topfit, und Unregelmäßigkeiten in der Zickzack-
kurve hat man bisher auch keine feststellen können – klopf, klopf
aufs Holz, mein Herz ist pumperlgesund!
    Ein Herz ist also, salopp gesagt, dann belastbar, wenn man bei kör-
perlicher Anstrengung nicht gleich außer Puste kommt, und der Puls
keine Saltos schlägt – also dann, wenn man beim Treppensteigen oder
Bergwandern noch alle Töne pfeifen kann und nicht nur den aus dem
letzten Loch. Wie ist das aber bei jenen Menschen, die beim Bergwandern oder Treppensteigen einen weit überhöhten Puls von 150
oder 170 haben? Setzen wir mal einen von denen auf das Fahrrad-
ergometer, und schauen wir, was passiert. Auch bei ihm wird ein geringer Widerstand eingestellt, gegen den er anradeln muß. Oh, ver-
flixt! Rasch schießt der Puls nach oben, und die Arzthelferin kommt
mit dem Schreiben und Knöpfchendrücken kaum mit. Da strampelt

und keucht er auf dem Rad und freut sich, weil er nach 10 Minuten wieder runter darf – nur: zur Freude bestand leider nicht der geringste Grund.

Warum nun schlägt das Herz eines Ausdauertrainierten im Ruhezustand nur 40 bis 60 mal, und beim Treppensteigen etwa 80mal? Und warum hat ein untrainierter Mensch bereits 80 Schläge beim Nichtstun und kommt bei kleineren Belastungen schnell auf 150, 170 oder gar 180 Schläge? Gehen wir davon aus, daß beide gleich alt sind und dieselbe Treppe hochsteigen. Um diese Frage beantworten zu können machen wir jetzt einen kleinen Ausflug. Wir besuchen ein Herz in seiner Werkstatt und sehen dabei zu, was es dort den lieben langen Tag treibt. Dazu habe ich das Herz eines Büromenschen ausgewählt, der fleißig seinen Job macht, aber in der freien Zeit eher zu den Faulpelzen gehört.

Das Herz und seine 168-Stunden-Woche

Da sitzt es nun, das Herz, und macht emsig seine Klappen auf und zu. Unablässig sorgt es dafür, daß Gehirn, Organe, Muskeln, Haut und so weiter über die Herzkranzgefäße, Arterien und äußeren Blutgefäße mit ausreichend Sauerstoff versorgt werden. Dazu pumpt und pumpt es, und nie darf es sich eine kleine Pause gönnen. Denn ohne Sauerstoff kann ein Mensch nicht länger als wenige Minuten überleben. Da werkelt es, das Herz, ein Leben lang dazu verdonnert, Sauerstoff zu verteilen. Dabei hilft dem Herz ein Assistent, das Blut. Im Blut wird Sauerstoff von einem Molekül, dem Hämoglobin, durch ein System von großen und winzig kleinen Kanälen in alle Körperteile gebracht. Hämoglobin ist der rote Farbstoff in den roten Blutkörperchen. Soviel in knapper Form der theoretische Hintergrund, der bekannt ist. Beobachten wir jetzt das Herz, wenn der Büromensch arbeitet. Tagsüber langweilt es sich die meiste Zeit, denn für das Herz befindet sich dieser Mensch in ziemlicher Ruhe. Dabei spielt es keine Rolle, ob er Beamter ist oder nicht – bei einer sitzenden Tätigkeit braucht der Organismus gerade mal 6,7 Liter Blut in der Minute. Den Löwenanteil von 52 Prozent pumpt das Herz in die inneren Organe – dazu schlägt es zwischen 70 und 80 mal in der Minute. Und in der Nacht, wenn sich der Mensch zum Schlafen legt, darf das Herz ein bißchen leiser treten, es sei denn, der Bauch wurde nach 19 Uhr nochmal vollgeschlagen; dann muß der Magen noch lange Zeit durchblutet werden. Und wenn das geschafft ist, dann kann sich das Herz noch immer nicht richtig entspannen und etwas ausruhen, denn der Ruhepuls dieses Faulpelzes ist nachts sehr hoch. Das arme Herz – es ist ihm nicht gegönnt, ein wenig Erholung dann zu finden, wenn's an der Zeit wäre – in der Nacht. Und das Herz ist traurig, weil der vergangene Tag wieder voller Routinejobs war und keinerlei Leistung gefordert wurde. Zwar mußte es ein paar mal heftig pumpen, weil Streßsituationen zu bewältigen waren – einmal tobte der Chef des Büromenschen, zum anderen klingelte ein paar mal das Telefon, als der Kopf gerade konzentriert beschäftigt war. Aber diese plötzlichen Reaktionen mag das Herz nicht sonderlich, weil sie immer so unvorbereitet kommen. Dieser Tag brachte somit nichts, was dem Herzen Spaß gemacht hätte. Schön fad war's wieder, denkt es sich, und: sooo alt werde ich in diesem Job nicht. Tag für Tag, Monat für Monat – immerzu derselbe Trott. Heißa, wie wär das schön, wenn ich öfters Leistung zeigen dürfte, und wenn's nur für 'ne halbe oder eine Stunde am Tag wäre. Wenn ich 18 Liter Blut oder mehr in der Minute pumpen dürfte, statt dieser lausigen 6,7 Liter. Ob mein Chef eigentlich weiß, so grübelt das Herz weiter, daß ich unter maximaler Belastung sogar 24 Liter Blut pumpen kann? Bestimmt nicht, er ist ja schon immer ganz fertig, wenn er keinen Fahrstuhl gefunden hatte und die Treppen hoch mußte. Und weil er so selten treppensteigt und weil dies immer nur wenige Minuten dauert, muß auch ich mich jedesmal überwinden, so faul bin ich schon geworden, die dabei benötigten 12 Liter zu pumpen; der Schlendrian sitzt schon tief und ich arbeite im Vergleich zu meinen jungen Jahren völlig unrationell: Mit hoher Schlagzahl pumpe ich nur noch eine kleine Menge Blut. „Sie wollen es genauer wissen?" – fragt uns das Herz, und wir sagen ja. „Also gut: Weil ich nicht mehr sehr leistungsfähig bin, kann ich pro Klappenschlag nur noch 90 Milliliter (ml) Blut pumpen. Um die fürs Treppensteigen notwendigen 12 Liter in der Minute zu schaffen, muß ich folglich 133 mal schlagen."

Manchmal träumt das Herz vor sich hin, daß es groß und stark wird: „Dann wäre ich leistungsfähig und könnte statt der popeligen 90 ml stolze 120 oder gar 160 ml Blut pro Schlag verteilen; so, wie es das Herz eines gut trainierten Ausdauersportlers kann. Und für die geforderten 12 Liter beim Treppensteigen müßte ich nur noch halb so oft schlagen wie derzeit. Und wie herrlich wären dann erst die Ruhezeiten? Die notwendigen 6,7 Liter Blut würde ich locker mit 49 Schlägen in der Minute schaffen, weil ich pro Klappenschlag 120 ml in den Kreislauf pumpen würde. Bei dieser leichten Tätigkeit könnte ich mich ausspannen und erholen – seufz! –; dann lohnte sich auch ein langes Herzleben. Und wenn mein Chef Streß hat, dann könnte er den viel lockerer bewältigen und cool bleiben – ich pumpte ja weniger heftig. Vieles wäre im Leben leichter für uns beide. So einfache Belastungen, wie die Treppen hoch – haha, da lach' ich doch, daß machte ich dann mit links, das sind ja nur die 75 Schläge, die ich jetzt schon im Dauereinsatz bringen muß." Und so träumt das Herz auch davon, daß sich dieser faule Sack endlich aufrafft, seine Siebensachen packt und wenigstens dreimal in der Woche zum Joggen geht.

Lassen wir dieses hilfsbedürftige und freudlose Herz wieder allein und fassen zusammen: Wir wissen jetzt, daß ein Herz nicht durchs Schonen gesund und leistungsfähig wird, sondern durch wiederkehrende kleine Belastungsphasen. Wird es täglich 30 bis 60 Minuten gefordert, dann wird es auf Dauer effektiver arbeiten. Und bald ist das trainierte Leistungsherz fähig, bei jedem Schlag eine etwa doppelt so große Blutmenge in die Aorta auszuwerfen als im untrainierten Zustand.[3] Das heißt auch: Wenn Sie Ihr Herz täglich eine Stunde belasten, dann wird es die restlichen 23 Stunden weniger, viel weniger oft als derzeit schlagen – und genau das ist die Erholung, die sich viele Herzen so herbeisehnen. Jedes gesunde Herz und der dazugehörende Kreislauf passen sich den jeweils neuen, höheren Belastungsreizen an. Aber nur dann, wenn man regelmäßig aktiv ist und nicht nur, wenn die Sonne scheint. Weil sich Ihr Motor nur langsam an diese Belastung gewöhnen kann, müssen Sie das Training langsam aufbauen. Schon bald werden Sie schneller und länger laufen können – und auch an diese neue Belastung gewöhnt sich Ihr Herz. Wieder macht es einen erfreulichen Fortschritt. Diese Anpassung erfolgt automatisch – Schritt für Schritt; und nicht, wie manche vermuten: ruck, zuck – von heute auf morgen. Nur wenn's sachte vorangeht, werden die Ahhs und Ohhs in der Aufbauphase nicht heftiger und

---

[3] vgl. Markworth, Peter; „Sportmedizin"; 1983, S. 177 ff.

schneller. Denn auch die Sauerstoffaufnahme kann sich nur langsam anpassen und verbessern. Es wird aber nicht lange dauern und Sie kommen an den Punkt, wo Sie locker und leicht eine volle Stunde laufen können. Ihr Herz wird sich dabei wohl fühlen – es wird etwa 130 bis 140mal in der Minute schlagen und vor Freude juchzen, weil es jetzt endlich die heiß ersehnten Belastungshäppchen bekommt, die das Herz auf lange Sicht schonen werden. Wenn Sie also regelmäßig laufen – und nur dann – wird Ihr Ruhepuls stetig sinken und das Herz entlastet. Dazu Adam Riese: Nehmen wir an, daß Ihr Ruhepuls von 70 auf 50 gesenkt werden konnte. Ihr Herz schlägt dann am Tag 72tausendmal und im Jahr 26millionenmal. Dazu im Vergleich Ihr derzeitiger Stand: Bei einem 70er Puls schlägt Ihr Herz im Jahr 37millionenmal; bereits nach unseren gemeinsamen sechs Monaten wird sich Ihr Herz 11 Millionen Schläge im Jahr sparen. Eben war oft von Anpassung die Rede – was dahinter steckt, das lassen wir uns jetzt von Ihrem Herzen erklären.

Wie funktioniert die Anpassung Ihres Herzens?

Was sich ein Herz denkt, wenn es nicht gefordert wird, wissen wir. Hören wir uns jetzt Ihr Herz an, worüber es grübelt, weil Sie aktiv geworden sind. Bei den ersten Läufen war es zunächst völlig verwirrt. „Hoppla, was is 'n nu' los? Warum plagt dieser Mensch mich und die anderen Muskeln plötzlich so? Jetzt, wo ich mich an die Eintönigkeit und Routine gewöhnt habe, soll ich so holterdiepolter Leistung bringen. Nee, nee, mein Lieber, das kannst du mit mir nicht machen, dazu bin ich viel zu träge geworden." Ein paar Lauftage später: „Na gut, ich gucke mir die Sache mal an, bestimmt hört er mit dem Laufen bald wieder auf, weil es ihm zu anstrengend wird, denn ich unterstütze ihn in keinster Weise." Und schelmisch reibt sich das Herz die Hände und denkt sich: „Hihi, wenn der wüßte, daß ich mich an die höhere Belastung durchaus gewöhnen könnte!" So wartet das Herz erstmal ab, was weiterhin passiert. „Vorerst", so beschließt es, „werde ich mich nicht ändern, und mache weiter wie bisher: mit hoher Schlagzahl pumpe ich nur jeweils kleine Mengen Blut." Das geht nun eine ganze Weile so, bis es dem Herz zu blöd wird. „Eiderdaus! So faul, wie ich ihn eingeschätzt habe, ist er gar nicht – jetzt joggt er schon in der dritten Woche. Und er läuft sogar regelmäßig und jedesmal etwas länger. Au weia! Der meint es tatsächlich ernst. Langsam muß ich was tun, sonst wird das alles zu stressig für mich. Warum soll ich mich weiterhin so plagen, wenn ich es leichter haben kann. Dazu wachse ich ein bißchen, und wenn dann meine Herzmuskelwand dicker und meine Herzinnenräume weiter geworden sind, dann kann ich die geforderte Menge Blut mit weniger Schlägen pumpen. Ich wäre ja bescheuert, wenn ich mich von dem zu lange triezen ließe. Da passe ich mich lieber an und arbeite ökonomisch, so wie ich es in meiner Jugend gemacht habe. Dann kann ich mich auch in den nächtlichen Ruhephasen besser erholen, und auch beim Treppensteigen hab' ich's leichter – juhu, ich glaube, ab jetzt habe ich ein schönes Herzleben vor mir!" Danke Herz, das haben wir verstanden! Nebenbei bemerkt: Die Anpassung des Herzens an eine höhere Belastung ist nur eine von vielen überaus vorteilhaften Anpassungsformen, die durchs Laufen entwickelt werden. Auch der Stoffwechsel, die Muskeln, die Sauerstoffverwertung und 'ne Menge mehr wird durch Ausdauertraining günstig beeinflußt. Über all das werden wir noch sprechen. Weil oft Falsches über das Sportherz erzählt wird, wollen wir jetzt mal den Mißdeutungen zu Leibe rücken.

Ist ein Sportherz gefährlich?
Früher hatte man tatsächlich befürchtet, daß eine durch Ausdauertraining bedingte Herzvergrößerung Nachteile mit sich bringt. Da man zu dieser Zeit vor allem Herzvergrößerungen kannte, die durch Erkrankungen verursacht waren, stand man dem Sportherz lange skeptisch gegenüber. Man nahm an, daß die dickeren Herzmuskelzellen nicht ausreichend mit Sauerstoff versorgt werden könnten. Heute weiß man es besser: Sportherzen sind völlig gesund und leistungsfähig. Nur jene Herzen, die beispielsweise durch einen Herzklappenfehler oder durch ständig erhöhten Blutdruck gewachsen sind, sind problematisch; aber auch nur dann, wenn sie schwerer als 500 Gramm sind. Und im Sport kann ein solch kritisches Herzgewicht nicht, auch nicht durch noch so intensives Ausdauertraining, erreicht werden. Deshalb spricht man heute nicht mehr von einem Sportherzen, sondern von einem Leistungsherzen.

So bekommen Sie ein leistungsfähiges Herz

Ein normales Herz wächst sehr langsam zu einer leistungsfähigen Größe heran. Das, was diese Herzen so überdurchschnittlich leistungsfähig macht ist, daß die Verdickung der Herzmuskelwand und die Erweiterung der Herzinnenräume in einem harmonischen physiologischen Verhältnis zueinander stehen – mit dem großen Vorteil, daß der Sauerstofftransport über das Blut bis auf das Doppelte gesteigert werden kann. Hierzu bietet sich der Vergleich mit dem Hubraum eines Automotors an: Wenn Ihr Herz durch genügend starke biologische Reize größer geworden ist, dann sind Sie nicht mehr mit einem Hubraum von 1300 ccm unterwegs, sondern mit kräftigen 2000 ccm – es können aber durchaus auch 3000 ccm werden, wenn Sie Ihre Leistungsfähigkeit noch weiter steigern wollen. Auf alle Fälle ist es für jeden Motor schonender, ob Herz oder Benzinmotor, mit großem Hubraum eine hohe Leistung zu erbringen, als unter Belastung hochtourig zu verschleißen – also runter mit dem Ruhepuls!

Sorgen Sie sich also nicht um das, was andere Ihnen über Sportherzen erzählen, sondern darum, wie Ihr Herz derzeit in Schuß ist. Daher empfiehlt es sich, möglichst bald einen Arzt aufzusuchen, um sich einer umfangreichen Untersuchung zu unterziehen – besonders dann, wenn Sie schon älter als 30 sind. Machen Sie vor allem ein Belastungs-EKG, damit Sie wissen, wie gesund Ihr Herz wirklich ist. Schon deswegen, weil es sich mit dem Wissen, daß alles okay ist, sorgenfrei trainieren läßt. Was man unter Training, insbesondere unter Ausdauertraining versteht, das schauen wir uns jetzt an. Vorab die trockene Definition: Training ist das planmäßig wiederholte Ausführen von Bewegungsabläufen mit dem Ziel, die körperliche Leistungsfähigkeit zu steigern oder über einen längeren Zeitraum zu erhalten. Verbessert wird immer jene Fähigkeit, die man trainiert. Wer in einem Fitnesstudio Krafttraining macht, erhöht seine Muskelkraft. Und gleich werden Sie Bauklötze staunen, wenn Sie erfahren, was Sie trainieren, wenn Sie Laufen. Beim Ausdauertraining verbessern Sie Ihre Widerstandsfähigkeit gegen Ermüdung – jawoll! Das dürfen Sie ruhig ein zweites Mal lesen und sich auf der Zunge zergehen lassen. Bereits ein tägliches zehnminütiges Training mit 50 bis 70 Prozent der maximalen Belasung führt bei untrainierten Personen schon nach einem Monat zu einer meßbaren Verbesserung der Widerstandsfähigkeit gegen Ermüdung. Darüber, wie man richtig trainiert, hat man sich schon Ende des letzten Jahrhunderts den Kopf zerbrochen und eine Antwort gefunden, die auch heute noch gilt: Geringe Reize bringen nichts, mittlere Reize nützen, große Reize schaden. Und bestimmt ist jetzt der Groschen gefallen, wo Sie wissen, daß Laufen munter und fit macht. Viele Menschen sagen von sich, daß sie eigentlich ganz fit sind. Fit, wirklich fit?, frage ich mich dann oft. Ich vermute, daß diese Menschen nur glauben, gesund zu sein – aber fit? Ich höre sie doch reihum jammern: „Bitte was? – nach der Arbeit noch laufen, dazu bin ich viel zu müde!", oder: „Abends bin ich immer völlig ausgelaugt und schlapp!" Dieselben Leute sagen mir aber im gleichen Atemzug, sie seien fit. Möglicherweise kommt es zu diesem Widerspruch, weil viele nicht wirklich wissen, was Fitneß bedeutet und welch' wohliges Gefühl es ist, in guter körperlicher Verfassung und gegen Ermüdung gefeit zu sein. Um gänzlich bei der Wahrheit zu bleiben: Widerstandsfähig gegen Ermüdung zu sein, heißt natürlich nicht, daß Sie fehlenden Schlaf durchs Laufen ausgleichen können – es heißt vielmehr, daß Sie die täglichen Belastungsphasen wie beispielsweise: Treppensteigen, zum Bus laufen, Einkaufstüten schleppen, aber auch sportliche Aktivitäten nicht atemlos mit hechelnder Zunge, sondern beweglich, wendig und fidel ausführen können. Kurz: Sie fühlen sich nicht mehr gerädert, wenn Sie von Ihrem Organismus Leistung fordern. Und wenn Sie nach der Arbeit heimgekommen und noch eine Runde gejoggt sind, dann werden Sie hinterher putzmunter sein und nicht gleich nach dem Bettzipfel schielen – das ist so gewiß wie das Amen in der Kirche. Denn der Kreislauf kam auf volle Touren und bleibt hinterher noch eine Weile aktiv. Aber nur der, der diese Veränderung, die das Ausdauertraining bringt, selbst erfahren konnte, wird wissen, wie gut man sich fühlt, wenn man fit ist. Wer diesen Vergleich nicht anstellen kann, der wird dies nie und nimmer erfahren – wieder so eine Binsenweisheit, die ins Schwarze trifft.

Nun zurück zum Leistungsherz. Um ein „normales" Herz wachsen zu lassen ist es ausreichend, es täglich nur zehn Minuten zu belasten. Aber: Unser gestecktes Ziel ist nicht, daß Sie nur ein kräftiges Herz bekommen, sondern daß Sie sich nach derzeitigem Kenntnisstand der Sportmediziner so belasten, daß diese Belastung „optimal gesundheitsfördernd" ist. Und dazu sollten Sie drei- bis viermal wöchentlich 45 bis 60 Minuten laufen. Und an dieses Ziel tasten wir uns langsam heran. Ein Punkt, den wir dabei nicht übersehen dürfen, ist der, daß am Anfang nicht die Intensität, also die Schnelligkeit, Ihre Leistungsfähigkeit verbessern kann, sondern ausschließlich die Laufdauer. Wenn Sie Ihr Tempo nur um 10 Prozent verringern, dann können Sie um 100 Prozent länger laufen. Und weil der Puls gerade bei Anfängern sehr rasch nach oben geht, müssen Sie darauf achten, daß Sie nicht außer Atem kommen – zum wiederholten Male der gutgemeinte Ratschlag: drosseln Sie dann bitte die Geschwindigkeit! Wenn Sie sich daran halten, dann fordern Sie Ihr Herz-Kreislauf-System richtig, also mit 50- bis 70prozentiger Belastung. Bitte aufgepaßt: Ich muß Ihnen nämlich auch sagen, daß Sie sich auch falsch anstrengen können und nichts, aber auch gar nichts erreichen: Ihr Herz wird dann nicht leistungsfähig, und Sie werden nicht fit, wenn Sie statt dreimal die Woche nur einmal laufen. Da nützte es auch nichts, wenn Sie das Versäumte auf diesen einen Lauftag draufpackten und statt einer halben Stunde dreimal so lang liefen. Später einmal, wenn Ihr Herz stark ist, dann können Sie durchaus einen langen Lauf am Wochenende machen, wenn Sie unter der Woche pausieren mußten – aber jetzt brächte es Sie leider keinen Schritt näher an Ihr Ziel – Sie bewegten sich auf der Stelle.

Und nun die Erklärung dafür, was es heißt, mit 50- oder 70prozentiger Belastung zu trainieren: Sportmediziner haben schon vor geraumer Zeit herausgefunden, daß es eine optimale Pulsfrequenz gibt, bei der das Herz effektiv gefordert wird. Ausgangspunkt dabei ist die maximale Herzfrequenz. Ihre persönliche maximale Herzfrequenz ermitteln Sie so:

Sie rechnen 220 minus Lebensalter. Ein 30jähriger hat demnach seinen maximalen Puls bei 190. Sie können hier Ihren Wert notieren:

Mein maximaler Puls liegt heute bei: 220 minus ...... = ...

Mit diesem Wert und dem weiter vorne notierten Ruhepuls können Sie jetzt ganz einfach Ihren **optimalen** Pulsschlag ermitteln: Links das Beispiel für den 30jährigen, der angenommene 60 Schläge in Ruhe hat; rechts können Sie Ihre Werte notieren.

max. Herzfrequenz	190	....
minus Ruhepuls	60	....
ergibt:	130	....
2/3 davon ist	87	....
87 plus 60 (Ruhepuls) =	147	= ....

147 ist für diesen 30jährigen der Wert, den er beim Laufen erreichen und möglichst gleichmäßig durchhalten sollte; demnach ist es der optimale Laufpuls.

Mein idealer Puls beim Laufen: ....

Wenn Sie also sogenanntes Gesundheitsjogging zwischen 45 und 60 Minuten betreiben wollen, dann wird dieser Wert im Laufe der Zeit niedriger werden, weil Ihr Ruhepuls langsam abnimmt. Diese Leistungsverbesserung spüren Sie nicht nur, Sie können Sie sogar messen – am Absinken des Ruhepulses. Wenn Sie diesen Fortschritt schwarz auf weiß festhalten wollen, dann tragen Sie hier die Werte ein:

Mein Ruhepuls:

nach der ersten Woche:	....
nach dem ersten Monat:	....
nach dem zweiten Monat:	....
nach dem dritten Monat:	....
nach dem vierten Monat:	....
nach dem fünften Monat:	....
nach dem sechsten Monat:	....

Nach nur 6 Monaten haben Sie dann das erfreuliche Ergebnis: Durchs Laufen konnte ich meinen Ruhepuls von ..... auf ..... Schläge senken – mein Herz spart sich pro Stunde ..... Schläge!

74

Ihr Ziel in der 2. Woche

Schon ohne Muskelkater, aber weiterhin mit Enthusiasmus werden Sie wieder dreimal laufen:

4. Tag: 10 Minuten, langsam
5. Tag: 15 Minuten, langsam
6. Tag: 15 Minuten, langsam

Natürlich müssen Sie sich nochmal anstrengen, und je älter Sie sind und je länger Sie Ihr Herz-Kreislauf-System vernachlässigt haben, desto mehr müssen Sie sich plagen, um den Sand im Getriebe loszuwerden. Aber Ihre Geduld wird bald reich belohnt werden. Sie können dann nicht nur über Ihren Puls hören, wie fröhlich Ihr Herz ist, nein, Sie werden auch die Stimme der Natur hören, denn als Sportler werden Sie sich mehr und mehr mit den Vorgängen in Ihrem Körper beschäftigen. Dazu werden 'ne Menge Fragen zur Sportmedizin, Biologie und Ernährung auftauchen, von denen die wichtigsten umfassend in diesem Buch beantwortet werden. Sie hätten da gleich eine Frage – bitte, schießen Sie los! Sie haben beim letzten Lauf Seitenstiche bekommen und möchten wissen, woher die kommen und vor allem, wie sie wieder verschwinden? Nun, möglicherweise haben Sie innerhalb der letzten zwei Stunden vor dem Laufen noch eine Kleinigkeit gegessen? Denkbar ist auch, daß Sie drei bis vier Stunden vorher eine üppig ausgefallene Mahlzeit zu sich genommen haben. Schauen wir uns mal an, was dann im Bauch alles passiert.

Seitenstiche – so vermeiden Sie diese Sticheleien

Sie vermeiden diese Stiche in die Seiten vor allem dadurch, daß Sie zwei Stunden vor dem Training überhaupt nichts essen; und nach jeder Völlerei sollten Sie wenigstens vier Stunden verstreichen lassen. Wenn dann trotzdem noch Seitenstiche auftauchen, dann brauchen Sie keine Angst zu haben – Seitenstechen ist keine Verletzung, sondern nur ein lästiges Piesacken. Lassen Sie Ihren Ahhs und Ohhs freien Lauf, und zwingen Sie ihnen keinen eckigen Rhythmus auf. Über die Ursachen des Seitenstechens hat die Sportmedizin neue Erkenntnisse gewonnen. Lange dachte man, daß die Milz die Übeltäterin für diese Sticheleien sei – ist sie aber nicht, denn auch Menschen ohne Milz können Seitenstechen bekommen. Also mußte man sie freisprechen und weiterfahnden. Da man wußte, daß der wahre Täter sich nur im näheren Umfeld des Tatorts befinden kann, spürte man ihn schnell auf. Geduckt versteckt sich der Übeltäter an der Öffnung des knöchernen Brustkorbs: es ist unser größter Atemmuskel, das Zwerchfell. Wenn dieser Muskel vorübergehend zu wenig Sauerstoff erhält, kann es passieren, daß er mit diesen lästigen Sticheleien anfängt, um auf diese Unterversorgung aufmerksam zu machen. Untrainierte sind davon eher betroffen, weil bei ihnen der Sauerstoff noch nicht so flott verteilt werden kann, wenn sie sich belasten. Auch hier gilt wieder: der Organismus hat sich noch nicht an die höheren Anforderungen angepaßt. Da also unser Zwerchfell beim Laufen sehr viel mehr Leistung erbringen muß als beim Nichtstun, benötigt es mehr Sauerstoff und damit mehr Blut. Wenn dieser Mehrbedarf nicht vollständig gedeckt wird, weil ein hoher Anteil Blut erstmal in die kraftvoll arbeitende Beinmuskulatur fließt, dann können diese Beschwerden auftreten. Ähnlich verhält es sich, wenn nach einer Nahrungsaufnahme Blut für die Verdauung in den Magen abgezogen wird. Das Seitenstechen verschwindet meist rasch wieder, wenn Sie mit ruhigem und gleichmäßigem Atem langsam weiterlaufen. Weil wir schon beim Zwerchfell sind, machen wir gleich mit der Atmung weiter.

6. Die Atmung – was passiert zwischen den Ahhs und Ohhs?

Unterschiedliche Druckverhältnisse bringen die Atemluft zum Strömen. Beim Einatmen vergrößert sich der Lungenraum, und der Druck wird gesenkt; beim Ausatmen wird der Lungenraum kleiner, und der Druck steigt über den der Umgebung an. Weil die Lunge selbst keine Muskeln besitzt, muß die Atemarbeit von bestimmten Muskelgruppen übernommen werden – von unseren Atemmuskeln. Um das Lungenvolumen beim Einatmen zu vergrößern, gibt es zwei unterschiedliche Möglichkeiten. Bei der ersten wird der Brustraum erweitert, indem die Rippen angehoben werden. Diese Aufgabe übernehmen die Zwischenrippenmuskeln, und wir atmen mit der Brust. Beim Ausatmen verkleinert sich der Brustraum allein dadurch, daß die Rippen durch ihr Gewicht in die Ausgangslage zurückfallen.

Eine gänzlich andere Atemtechnik ist die, die wir mit unserem Hauptatemmuskel, dem Zwerchfell ausführen. Im schlaffen Zustand wölbt sich dieser Muskel von unten mit zwei Höckern nach oben in den Brustkorb hinein – wir haben ausgeatmet. Wenn wir jetzt einatmen, dann werden diese beiden Höcker durch Muskelarbeit flachgezogen und der Brustraum vergrößert sich. Durch die Drucksenkung strömt Luft in die Lungen. Ohne unser Dazutun erschlafft dieser Muskel gleich darauf, die Höcker wölben sich wieder in den Brustraum und wir atmen aus – jetzt haben wir mit dem Bauch geatmet. Egal, welcher Weg beschritten wird: nur die Einatmung erfolgt durch willentliche Muskelkontraktion, ausgelöst durch den Einatemreiz. Die Ausatmung geht automatisch vor sich, indem die Muskeln nach Anspannung erschlaffen – daher ist es auch nicht notwendig, daß wir das Ausatmen beim Laufen unterstützen.

Brust- oder Bauchatmung – was ist nützlicher?
Wir brauchen also nur zum Einatmen Muskelkraft. Wenn wir uns dabei auf das unter der Lunge sitzende Zwerchfell konzentrieren, atmen wir mit dem Bauch. Steuern wir dagegen willentlich den oberen Bereich und lassen die Rippen durch die Zwischenrippenmuskulatur anheben, atmen wir mit der Brust. Im Ruhezustand können diese beiden Muskelgruppen die Atemarbeit allein verrichten. Für höhere

Anforderungen an die Atmung, beispielsweise beim Laufen, haben wir noch eine Atemhilfsmuskelgruppe. Sie wird besonders dann aktiv, wenn nach einem schnellen Lauf oder einem Endspurt die beiden anderen Muskelgruppen überfordert sind, die jetzt notwendige Riesenmenge Luft in die beiden Lungenflügel zu bekommen. Von allen Seiten wird nun die Atemarbeit unterstützt. Alle Muskeln, die in der Lage sind, die Rippen anzuheben, werden jetzt aktiv. Da packt der große und kleine Brustmuskel genauso an wie einige Halsmuskeln; tätig ist auch noch der sogenannte Sägemuskel. Bestimmt kennen Sie die typische Haltung von Athleten nach dem Ziel: Der Oberkörper ist nach vorn gebeugt und die Hände stützen sich auf die Oberschenkel. In dieser Haltung sind diese Hilfsmuskeln fixiert, und so können sie die Rippen zugkräftig anheben. Dabei wird der Kopf nach hinten überstreckt, um leichter atmen zu können. Nach körperlicher Belastung kann die Ausatmung willentlich noch dadurch unterstützt und beschleunigt werden, indem wir den Lendenmuskel und die vorderen Bauchmuskeln aktivieren. Bei der sogenannten Bauchpresse, also beim Anspannen der Bauchmuskeln, werden die Rippen nach unten gezogen. Dabei werden die Eingeweide und das schlaffe Zwerchfell in den Brustraum gedrückt.

Wie nun die Atmung durchs Laufen vereinfacht werden kann, das verrät Ihnen das nächste Kapitel.

Die Sauerstoffaufnahme – vom Viertelliter wird nur die Neige genutzt

Wenn Sie sich in Ruhe befinden, wenn Sie sich also normal bewegen und den Körper nicht belasten, dann nehmen Sie mit einem Atemzug ungefähr einen Viertelliter Umgebungsluft auf. Diese enthält 21 Prozent Sauerstoff und 78 Prozent Stickstoff – der Rest sind Edelgase und Kohlendioxid. Schauen wir uns nun den ersten Atemkreislauf, die äußere Atmung, an. Durch die Nase kommt diese Gasmischung zunächst in unsere Filteranlage – in die oberen Atemwege. Hier bleiben Staubteilchen und Krankheitserreger hängen. Gleichzeitig wird die Atemluft auf Körpertemperatur erwärmt und angefeuchtet. Der Vorteil bei der Atmung durch die Nase ist, daß selbst eisig kalte Umgebungsluft im Nu durch den Kontakt mit dem Blut erwärmt wird. Bereits im Rachenraum hat sie die notwendigen 37 °C erreicht. Bei der Mundatmung dagegen erfolgt die Erwärmung erst im weiteren Verlauf. Egal, ob Sie mit der Nase oder durch den Mund atmen, immer kommt die Luft mit Körpertemperatur in die Lungenbläschen. Damit diese nicht austrocknen, wird die Atemluft mit Wasserdampf gesättigt. Wenn ein Jogger oder Skilangläufer bei frostigen –20 °C unterwegs ist, dann geben die Schleimdrüsen 250 ml Wasser in der Stunde an die etwa 100 Liter umgewälzte Luft ab.

Bevor jedoch diese klitzekleinen Lungenbläschen (Alveolen) erreicht werden, muß die Luft in die unteren Atemwege. Also erstmal durch die Luftröhre hindurch und dann hinein in die beiden Äste der Hauptbronchien; von hier geht's weiter in die linke und rechte Lunge, bis ganz am Ende der kleiner und enger werdenden Verästelungen unser Gasaustauscher erreicht wird: die unzähligen, winzigen Lungenbläschen, die im Kapillarsystem der Lunge eingebettet liegen. Kapillare sind die feinsten Verzweigungen der Blutgefäße – und das Kapillarsystem der Lunge ist ein Netzgewölbe, das die Lungenflügel umhüllt. Hier trifft die Atemluft, getrennt durch eine hauchdünne Membran, auf das sauerstoffarme venöse Blut. Betrachten wir jetzt ein solches Lungenbläschen aus allernächster Nähe: Eng schmiegt es sich an die Blutgefäßwand, und immer wenn sauerstoffarmes Blut vorbeifließt, huschen Sauerstoffmoleküle durch die dünne Membran hinüber in das Blutplasma. Die treibende Kraft, die diese Moleküle durch diese Gewebebarriere schiebt, ist die sogenannte Diffusion. Ab dem Moment, wo der Sauerstoff von der Lunge ins Blut diffundiert, spricht man von der inneren Atmung, weil ab hier der Sauerstoff im Blutplasma transportiert wird. Im Plasma selbst wandert der Sauerstoff hinein in die noch dunkelroten Blutkörperchen, die sich erst jetzt langsam hellrot färben. Und diese roten Blutkörperchen, auch Hämoglobin genannt, tragen den Sauerstoff in die Körperzellen.

Nicht vergessen habe ich die Erklärung für „diffundieren" – hier ist sie: Stellen Sie sich vor, die Moleküle sind Tanzpaare. Diffusion ist eine treibende Kraft, die diese Tanzpaare auf dem Parkett dorthin bewegt, wo wenig andere Paare sind. Nach der „Braunschen Molekularbewegung" mögen es die tanzenden Moleküle nicht so gern, wenn sie im Gewimmel dauernd mit anderen zusammenstoßen. Deshalb bewegen sich die Teilchen durch eigene Kraft weg von Orten hoher Konzentration und tanzen dorthin, wo mehr Platz ist. Das machen sie solange, bis sie sich in dem vorhandenen Raum gleichmäßig verteilt haben. In den Lungenbläschen tummeln sich viele Sauerstoffteilchen. Fließt nun sauerstoffarmes Blut im Kapillarnetz vorbei, dann schlüpfen einige Teilchen durch die Membran hindurch und kommen auf die freie Tanzfläche im Blut. Auf umgekehrtem Weg tanzen (oder diffundieren) die Kohlendioxidteilchen aus dem Blut hinüber in die Lungenbläschen. Weil diese Moleküle eine bessere Löslichkeit haben als Sauerstoff, können sie das zwanzigmal schneller. Das Kohlendioxid wird dann nach oben befördert und ausgeatmet – die äußere Atmung ist vollzogen. Weil also nicht alle Sauerstoffteilchen ins Blut diffundieren, nützen wir von der eingeatmeten Luft nur 4 Prozent Sauerstoff – beim Einatmen ist der Sauerstoffanteil 21 Prozent, beim Ausatmen 17 Prozent. Der Stickstoff und die Edelgase werden nur hin und her bewegt. Die Luftmenge, die wir bei einmaligem Ein- und Ausatmen umwälzen, entspricht 0,5 Liter – 0,25 rein, 0,25 raus – also jeweils ein Viertelliter. Jetzt läßt es sich leicht ermitteln, daß wir mit einem Atemzug nur 10 ml Sauerstoff ins Blut bekommen – beim „Viertel Wein" entspräche das gerade mal der Neige.

Jetzt kommen wir zu zwei Begriffserläuterungen, die uns Aufschluß darüber geben werden, warum Laufanfänger schon bei langsamer Geschwindigkeiten rasch wie wild atmen müssen, während alte Hasen bei hohem Tempo ein Liedchen pfeifen können. Wenn wir in Ruhe ein- und ausatmen, dann wird ein Luftvolumen von 0,5 Liter bewegt – das ist unser *Atemzugsvolumen* in Ruhe. Ein Erwachsener atmet in der Minute 12 bis 16 mal – das ist die *Atemfrequenz* in Ruhe. Diese zwei Werte verraten uns, daß wir pro Minute zwischen sechs und acht Liter Luft benötigen, wenn wir den Organismus nicht belasten. Stellen wir uns jetzt die Frage, wie das bei Ihnen sein wird, wenn Sie Fortschritte gemacht haben und schneller laufen können? Ihre Muskeln brauchen dann erheblich mehr Sauerstoff. Was denken Sie – brauchen Sie doppelt soviel Atemluft? Oder fünfmal mehr; gar zehnmal soviel? Lassen wir die Katze aus dem Sack: Statt der 6 bis 8 Liter brauchen Sie bis zu 150 Liter und mehr Atemluft – also bis zum 25fachen! Dabei erhöht sich die Luftaufnahme von 0,25 Liter auf 3 bis 5 Liter; bei Marathonläufern können es sogar 6 Liter werden.

Halten wir fest: Auch wenn Sie jetzt am Anfang noch nicht die

25fache Menge benötigen, deutlich mehr Sauerstoff brauchen auch Sie, damit Ihre Muskeln arbeiten können. Dieses „Mehr" reguliert ein Trainierter durch die Steigerung des *Atemzugsvolumens*, also über die Menge – hastig schnaufen muß er dabei nicht. Seine Atmung arbeitet bereits wirtschaftlich: er atmet tiefer, und bei der Diffusion wandern mehr Sauerstoffmoleküle ins Blut. Ein Laufanfänger dagegen kann dieses „Mehr" erstmal nur über die *Atemfrequenz* ausgleichen – er muß also heftiger atmen; das ist biologisch vorgegeben und nicht etwas Angeborenes, womit nur Sie sich herumschlagen müssen, während andere davor verschont geblieben sind – nein, nein, da mußte jeder durch! Die höhere Sauerstoffmenge gleichen Sie also derzeit noch durch schnelleres Atmen aus, und auch dadurch, daß Ihr Herz schneller Blut pumpt – und wenn Sie zu schnell laufen, dann... na, Sie kennen das Ende vom Lied. Als Aspirant kommt man natürlich schon ins Grübeln, wenn man zum x-ten Male von zwei Läufern mit hohem Tempo überholt wird, die scheinbar nichts Wichtigeres zu tun haben, als über Gott und die Welt zu quatschen, während man selbst mit Ächzen und Krächzen über die Runden kommt. Und wieder lauert da die Gefahr, daß man vorschnell zu der falschen Meinung kommt, daß man das nie und nimmer schaffen wird. Von wegen! Und auch hier ist die Erklärung wieder einfach, wenn man sich mit der Anpassung vertraut macht: Durch chemische Veränderungen über die Nerven stellt das Atemzentrum bald fest, daß es auf Dauer unwirtschaftlich ist, bei Belastung immer sehr heftig atmen zu müssen. Und langsam wird von der heftigen kurzen Atmung zur ruhigen und tiefen übergegangen. Also: Lassen Sie sich nicht bluffen! – es wird nicht lange dauern, und Sie gehören zu denen, die durch den Wald joggen und nebenbei plaudern können. Aber noch etwas anderes wird sich ändern, und auch das hat mit der Atmung zu tun – mit der inneren Atmung. Dazu müssen wir dort anknüpfen, wo die Sauerstoffmoleküle ins Blut getanzt sind, denn hier endet die äußere Atmung und die innere fängt an.

Wohin schafft das rote Blutkörperchen den Sauerstoff?

Nun, das Blutkörperchen oder Hämoglobin schafft den Sauerstoff dorthin, wo er dringend zur Energiegewinnung benötigt wird: in die Zellen unserer Muskulatur. Immerhin müssen 430 Skelettmuskeln versorgt werden. Also alle Muskeln, mit denen wir unsere Gliedmaßen bewegen, und die auch dafür sorgen, daß wir aufrecht gehen, lachen und die Stirn runzeln können. Knapp die Hälfte unserer Gesamtkörpermasse besteht aus Muskeln. Und diese können nur arbeiten, wenn sie Treib- und Sauerstoff erhalten. Wie beim Automotor wird der Treibstoff mit Hilfe des Sauerstoffs verbrannt, wodurch Energie für Belastung, also Muskelarbeit, frei wird. Beim Automotor findet diese Verbrennung im Zylinder statt. Ein Gemisch aus Benzin und Luft wird durch den Funken der Zündkerze zur Explosion gebracht. Ohne Sauerstoff könnte diese Explosion nicht stattfinden, daher muß über den Vergaser ständig Sauerstoff angesaugt werden. In unseren Muskeln findet diese Verbrennung innerhalb der Zelle, genauer in den Mitochondrien statt. Mitochondrien sind winzig kleine Kraftwerke im Innersten einer Muskelzelle. Nun ist da in einer Zelle nicht nur ein Kraftwerk, nein, da stecken Hunderte solcher Kraftwerke drin; ein Herzmuskel hat sogar zehntausend. Und dahinein, in diese Kraftwerke, muß der Sauerstoff gebracht werden.

Vom Pförtner zu den Kraftwerken – der Transport innerhalb der Zelle

Das rote Blutkörperchen kann den Sauerstoff nur bis zur Pforte der Muskelzelle bringen. Von dort übernimmt das Myoglobin den Transport zu den Kraftwerken. Myoglobin ist der rote Farbstoff der Muskelzellen. Arbeiten die Kraftwerke nur mit halber Kapazität, weil wir diesen Muskel kaum belasten, dann findet die Übergabe des Sauerstoffs langsam und bürokratisch statt. Wird aber der Muskel durch Belastung warm, dann fallen alle bürokratischen Hemmnisse weg, und die Übergabe flutscht nur so; sonst könnten die Kraftwerke nicht volle Pulle arbeiten – beispielsweise beim Joggen. Steigt also die Bluttemperatur an, dann gibt das Blutkörperchen den Sauerstoff rasch an das Myoglobin weiter, und dieses bringt ihn im Sauseschritt in die unter Hochdruck arbeitenden Kraftwerke. Solange nun genügend Sauerstoff geliefert werden kann, findet die Verbrennung mit ausreichend Sauerstoff statt, also aerob; da haben wir das Wörtchen wieder, das für uns Läufer so bedeutungsvoll ist. Und was mit Sauerstoff verbrannt wird, das kennen wir – Fettsäure und Glucose. Die bei der Verbrennung anfallenden Abfallstoffe sind uns auch bekannt – Wasser und Kohlendioxid. Weil Kohlendioxid im Gegensatz zum Sauerstoff gut wasserlöslich ist, benötigt es kein eigenes Transportmittel, um von der Zelle in die Lunge zu gelangen. Es diffundiert direkt aus der Zelle in das Kapillarblut; hier verbindet es sich mit dem Wasser des Blutplasmas, das es weiter zu den Lungenbläschen transportiert. Ist das Kohlendioxid dort angelangt, wird es durch die Lunge abgeatmet. Das bei der Verbrennung anfallende Wasser verbleibt vorerst im Körper, es sei denn, daß der Körper vor Überhitzung geschützt werden muß – dann schwitzen wir es aus.

Es wäre jammerschade, gingen wir so husch, husch an den imposanten Mitochondrien vorbei. Deshalb machen wir jetzt eine Betriebsbesichtigung. Die lohnt sich schon deshalb, weil Sie dabei entdecken werden, wie man im Stoffwechsel vorteilhaft Fett verbrennen kann. Und daß Sie beim Laufen so ganz nebenbei den Fettstoffwechsel mittrainieren können, wird Sie vor allem dann freuen, wenn Sie am Po, um die Hüfte oder an Oberschenkeln ein paar Fettröllchen zuviel haben. Bevor ich Ihnen mehr verrate, geht's erstmal in die dritte Woche:

Ihr Ziel in der 3. Woche
Diese Woche werden Sie insgesamt 50 Minuten laufen – auf die drei Tage verteilt sieht das so aus:

7. Tag: 15 Minuten, langsam laufen
8. Tag: 15 Minuten, langsam laufen
9. Tag: 20 Minuten, langsam laufen

7. Die Energie – wo nehmen wir bloß die Kraft her?

Dazu erstmal ein bißchen Energielehre vorweg: Unter Energie versteht man die Fähigkeit, Arbeit zu verrichten. Sie mögen jetzt vielleicht denken, Sie wüßten nun, was Ihrem Mann fehlt. Na, na! Also bitte, das gehört jetzt nicht hierher. Diese Fähigkeit, Arbeit zu verrichten, kann auf mechanischem, elektrischem oder chemischem Weg umgesetzt werden. Unabhängig von diesen drei Formen kann Energie aber auch gespeichert sein (potentielle Energie) oder aktiv arbeiten (kinetische Energie). Gespeicherte Energie ist beispielsweise die Wasserenergie in einem Stausee. Öffnen sich die Schleusentore, dann wird die gespeicherte Energie in arbeitende Energie umgewandelt. Jetzt aber zu einem viel reizvolleren Thema, auf das Sie schon neugierig warten. Außerdem ist es viel spannender, über Fettzellen zu lesen als über langweilige Stauseen.

Dicke sind enorm energiebeladen

Gespeicherte Energie in chemischer Form steckt auch in den Fettspeichern unserer Gewebezellen, die bei vielen Frauen und Männern zu prall sind und als ungeliebte Fettpolster sichtbar werden. Wie man nun die Schleusentore der Fettspeicher öffnen kann, das verrate ich jetzt. Schauen wir uns dazu an, wie der Brennstoff aus der Nahrung im Körper verteilt wird. Der Mensch, von dem wir jetzt sprechen, hat vor einigen Stunden am Mittagstisch ordentlich zugelangt. Die Nahrung, die ihre Energie von der Sonne erhalten hat, wurde bereits im Magen zerlegt, und der Brennstoff befindet sich in der Leber. Und weil sich dieser Mensch jetzt am späten Nachmittag nicht sonderlich bewegt, arbeiten die Muskelkraftwerke nur mit 20 bis 30prozentiger Auslastung. Im Dreischichtbetrieb pendeln Lkw-Konvois zwischen der Leber und den Muskelzellen – der eine Konvoi hat Fettsäure geladen, der andere Glucose. Kommen nun diese hochbeladenen Lkws zu den Kraftwerken in der Zelle und wollen abladen, dann stehen sie vor verschlossenen Türen. Der Werksleiter sagt nur lapidar, es täte ihm leid, er könne jetzt nicht so viel Brennmaterial abnehmen, da der Mensch seine Muskeln derzeit nur normal beansprucht. Dennoch läßt der Werksleiter ein paar Lkws das

Tor passieren, aber nur solche, die Glucose geladen haben. Diese dirigiert er zu einer speziellen Lagerstätte innerhalb des Werkgeländes der Zelle, wo nun Glucose zwischengelagert werden kann. Diese Lagerstätten heißen Glykogenspeicher und sind für Ausdauersportler enorm wichtig. In diesen Speichern werden also nur die verdauten Kohlenhydrate, beispielsweise aus Nudeln oder Kartoffeln, in Form von Glucose gelagert. (Wenn ich hier von Zucker oder Glucose spreche, dann ist nicht Industriezucker gemeint, sondern nur ein ganz bestimmtes Zuckermolekül, nämlich Traubenzucker, das nach der Verdauung aus der vielgliedrigen Molekülkette der Vielfachzucker – eben Nudeln, Kartoffeln – herausgelöst wurde. Genaueres erfahren Sie im Kapitel über die Ernährung). Die Natur hat diese Glykogenspeicher deshalb innerhalb der Muskelzellen eingerichtet, weil Kohlenhydrate beziehungsweise Glucose das eigentliche Muskelbenzin sind. Fette sind zwar auch wichtige Energielieferanten, aber mehr in der Funktion von bevorrateter Energie. Daher müssen auch die Lkw-Fahrer, die Fett geladen haben, am Zelltor umkehren und gucken, wo sich ein Abladeplatz im Gewebe finden läßt. Und fündig werden sie schnell – an den uns bekannten Körperpartien. Hier werden die Fette solange zwischengelagert, bis … ja, bis eines Tages der Werksleiter diese gespeicherten Depotfette anfordert. Dazu müssen aber die Kraftwerke erstmal 100prozentig ausgelastet sein. Ein Verdauungsspaziergang genügt dazu nicht – damit sind die Fettzellen nicht klein zu kriegen. Daß Fette im Organismus viele nützliche Funktionen erfüllen, das wollte ich noch erwähnt haben. Sie helfen beispielsweise beim Aufbau der Zellmembran; und das Unterhautfettgewebe isoliert vor Kälte und Wärme. Selbst schlanke Menschen haben immer ausreichend Energiereserven in den Fettdepots; mästen muß man die Fettzellen dazu also nicht. Demnach schleppen Dicke eine stattliche Menge an gespeicherter Energie in ihren Fettröllchen mit sich herum – sie sind also enorm energiebeladen.

So werden die Fettdepots angezapft

Dazu vorab unterhaltsame Chemie, auch wenn ein wenig der typische Mief aus dem Chemieunterricht zurückkehrt. 1 Gramm Körperfett hat eine gespeicherte chemische Energie von 7 Kilokalorien, oder kurz 7 Kalorien (kcal.). Im Vergleich dazu hat 1 Gramm Glucose nur 4 Kalorien. Energie, ob aus Fett oder Glucose, wird immer dann für Belastungen frei, wenn die Moleküle in ihre Einzelteile zerlegt werden. Anders gesagt: Energie wird frei, wenn die energie*reichen* Molekülverbindungen in ihre energie*armen* Grundbausteine zerlegt werden – und genau das passiert in den Kraftwerken mit Hilfe des Sauerstoffs. Und schon wissen wir, wo wir die Kraft zum Laufen herbekommen. Schauen wir uns jetzt an, wie die Verbindungen von Glucose und Palmitinsäure, eine ganz bestimmte Fettsäure, aussehen: Glucose ist $C_6H_{12}O_8$, und Palmitinsäure ist $C_{15}H_{31}COOH$. Weil mir das, um ehrlich zu sein, überhaupt nichts sagt, und weil Sie möglicherweise von diesen Hieroglyphen auch nicht alles deuten können, machen wir jetzt etwas, was wir in der Schule nie durften: Wir streichen alles, was uns unsympathisch ist und verwirrt, also alle Ziffern sowie alle doppeltgemoppelten Buchstaben; und schon ist es übersichtlich und wir können etwas damit anfangen: übrig bleiben C, H und O, also Kohlenstoff, Wasserstoff und Sauerstoff – und dreimal „-stoff" ist der Stoff, der uns Kraft gibt: Brennstoff. Sie sehen auch, daß die Bausteine der beiden Hauptenergielieferanten, Fett und Glucose, identisch sind: C,H,O. Unterschiedlich sind nur die Strukturen ihrer Nährstoffmoleküle, die bei der Verdauung aus den Nahrungsmitteln herausgelöst werden. Halten wir kurz fest: Grundsätzlich wäre es Ihrem Körper egal, ob er Glucose oder Fett als Energienahrung erhält.

Ich kann mir denken, wo Sie jetzt der Schuh drückt – Sie wollen endlich wissen, ob beim Laufen bevorzugt Fett verbrannt wird, um abnehmen zu können, oder ob die Kraftwerke lieber Glucose nehmen, was das Abspecken schwer macht. Um diese Frage beantworten zu können, muß man etwas ausholen. Ohne Sauerstoff können Fette im Stoffwechsel nicht verbrannt werden. Dagegen verbrennt Glucose mit und ohne Sauerstoff. Solange daher ausreichend Sauerstoff in die Verbrennungsöfen gelangt, solange greifen die Kraftwerke lieber zu den freien Fettsäuren, die sie sich normalerweise aus dem zirkulierenden Blut holen. Für diese Vorliebe der Fettverbrennung gibt es einen Grund, denn unsere Muskelzellen haben ein kluges Köpfchen; sie wissen ganz genau, daß im Falle eines plötzlich geforderten zusätzlichen Energiebedarfs – bei hohem Lauftempo – die Kraftwerke nicht mehr ausreichend mit Sauerstoff versorgt werden können, weil dem Menschen, wenn er zu schnell läuft, die Puste ausgeht. Fehlt jetzt Sauerstoff, dann kann nur noch Glucose verbrannt werden. Und weil die Zelle auch weiß, daß Glucose in den Glykogenspeichern nur begrenzt verfügbar ist, schont sie diese Reserven für den möglichen „Notfall" einer höheren, anaeroben Belastung. Vielleicht haben Sie schon davon gehört, daß Triathleten und Marathonläufer am Tag vor dem Wettkampf sich den Bauch bis oben hin mit Nudeln vollstopfen? Das machen sie deshalb, weil sie ihre Glykogenspeicher bis oben hin auffüllen wollen, um genügend Energiereserven für die vielen kleinen „Notfälle" zu haben, weil sie immer an der Grenze von der aeroben zur anaeroben Verbrennung laufen und diese Grenze immer wieder kurz überschreiten. Als Anfänger überschreiten Sie die meiste Zeit diese Grenze; infolgedessen schalten Sie oft auf den „Notfall" um – und schon werden die Glykogenspeicher geplündert und die Fettzellen geschont. Flottes Gehen beispielsweise wäre bei Ihnen eine Belastung, bei der ausreichend Sauerstoff zur Verfügung steht, und bei der ausschließlich Fette verbrannt werden. Nur leider benötigen Sie dazu sehr wenig Energie in den Muskeln – abnehmen können Sie dabei kaum. Die Belastung „flottes Gehen" kennt also Ihr Organismus – unbekannt hingegen ist ihm noch die höhere Belastung „langsames Laufen". Erst wenn sich Ihr Organismus an diese Belastung angepaßt hat, sobald Ihnen also das Joggen so leicht fällt wie derzeit flottes Gehen, werden Sie mehr und mehr die Fähigkeit gewinnen, Fett zu verbrennen – und dann, endlich, werden auch die Fettdepots angezapft. Die Energiegewinnung durch Fettsäureverbrennung ist also nicht selbstverständlich; das ist auch wieder eine Anpassung, die nicht hoppla-hopp schon bei den ersten Lauftagen genutzt werden kann. Wer also noch immer glaubt, daß man schon nach wenigen Lauftagen einen Erfolg, einen sichtbaren Erfolg beim Gewichtsverlust erwarten kann, den muß ich enttäuschen – biologisch ist das einfach nicht drin!

Jetzt möchte ich noch kurz auf zwei weitere Anpassungsformen aufmerksam machen, die ebenfalls innerhalb der Muskelzellen stattfinden: Zum einen werden in den Zellen immer neue Kraftwerke errichtet und bestehende aufgestockt – Zahl und Volumen der Mitochondrien nehmen also zu. Diese Anpassung sichert den Muskeln eine hohe maximale Sauerstoffaufnahme, wodurch noch mehr Energie für die geforderte Mehrarbeit erzeugt werden kann. Zum anderen kann der Glykogengehalt, also der Inhalt der Vorratskammern für Zucker in der Zelle, verdoppelt werden. Dies ist eine wichtige Anpassung für Marathonläufer, denn mit einem doppelt so großen Treibstofftank können sie leichter und länger ein hohes Tempo laufen. Wenn für Sie das Abnehmen beim Laufen das wichtigste Nebenziel ist, dann sollten Sie erstmal diesen Satz verdauen: „Wenn ich regelmäßig laufe, und nur dann, wird die Fähigkeit besonders trainiert, daß die Zellen bevorzugt Fette als Treibstoff einsetzen." Was für ein Wurm von einem Satz, und doch so schmackhaft.

Immer heller und farbiger wird das Wort „trainieren". Bis zu dieser Stelle im Buch wissen Sie bereits, daß Sie nicht nur Ihr Herz-Kreislauf-System und eine wirtschaftlichere Atmung trainieren können, sondern auch die Fettverbrennung. Übrigens: Wundern Sie sich nicht, wenn Sie hören, daß sogar spindeldürre Marathonläufer und -läuferinnen diesen Fettstoffwechsel trainieren. Neben den Tempoläufen machen sie häufig einen langen 25- oder 30-Kilometer-Lauf. Den machen sie aber so langsam, daß sie ausschließlich Fett verbrennen. Abnehmen wollen diese Sportler natürlich nicht; für sie hat dieses Training einen anderen Grund: Marathonläufer wissen, daß bei den Wettbewerben, die immer mit größter Anstrengung gelaufen werden, die Glykogenspeicher noch vor dem Zieldurchlauf leer werden. Sind sie leer, dann schaltet der Körper automatisch auf Fettverbrennung um. Jeder Marathonläufer kennt diesen Moment des Umschaltens, der oft um den Kilometer 35 herum auftaucht. Weil nicht sofort die notwendige Menge Sauerstoff für eine komplette Fettverbrennung angeboten wird, zieht es dem Läufer fast die Beine weg, und es fällt ihm kurze Zeit schwer weiterzulaufen. Je öfter allerdings der Fettstoffwechsel trainiert wird, desto leichter kommt man über diesen Punkt. Was ich noch sagen wollte: Selbst der ausgemergeltste Langstreckenläufer hat reichlich Fettdepots, die er dazu anzapfen kann – machen Sie sich um ihn also keine Sorgen.

Einfach abnehmen ist gar nicht so einfach

Hier folgt in knappen Sätzen das, was uns die meisten Diätbücher berechnenderweise verschweigen – Abnehmen ohne Ausdauerbelastung geht fast nicht. Und wer Ihnen erzählt, daß Sie so ganz nebenbei beim

Spazierengehen oder Krafttraining im Fitneßstudio abnehmen können, der will Ihnen faulen Fisch andrehen. Vieles wird für unser Verständnis so einfach, wenn man sich biochemische Vorgänge im Körper stark vereinfacht und mit der Lupe vors Auge führt. Einfach, ganz einfach gesagt, ist des Pudels Kern beim Abnehmen: Wenn Sie weniger, vor allem energieärmer essen, dann fahren nur halbvolle Lkws zu den Kraftwerken. Wenn Sie noch dazu Sport treiben – Laufen ist besonders nutzbringend – dann müssen die Muskelkraftwerke unter Volldampf arbeiten. Weil aber jetzt nicht genügend Brennstoffe durch die Lkws von der Leber in die Zellen transportiert werden können, muß verstärkt auf die gespeicherten Energiequellen zurückgegriffen werden – die Fettdepots öffnen jetzt ihre Schleusentore, und gespeicherte Energie wird in arbeitende Energie umgesetzt. Und je öfter man den Kraftwerken durch ausdauernde Belastung so richtig einheizt und den Brennstoff dabei knapp hält, desto mehr Energie wird aus den Fettzellen herausgeholt. Nur: einfach gesagt ist noch lange nicht einfach getan. Erst wenn der Organismus durch entsprechendes Training gelernt hat, dieses schier unerschöpfliche Energiereservoir anzuzapfen, kann man die Fettfalten langsam, sehr langsam, wegbekommen. Gleichzeitig ist es auch immer notwendig, daß durch reduzierte Nahrungsaufnahme beziehungsweise durch fettarme Kost die täglich frische Fettzufuhr verringert wird, denn die Kraftwerke bedienen sich zuerst immer aus dem Angebot der freien Blutfette. Also: Lassen Sie Ihre Fettzellen am Hungertuch nagen, wenn Sie beim Laufen abnehmen wollen. Verstehen Sie mich bitte nicht falsch. Ich will Ihnen weder den Appetit verderben noch eine Ernährung aufdrängen, die nicht nach Ihrem Geschmack ist; und wenn Sie weiterhin lieber im Schlaraffenland schlemmen und nebenbei ein wenig joggen wollen, dann machen Sie das bitte. Ich möchte Ihnen lediglich sichtbar machen, daß natürliches Abnehmen nur langsam, wirklich langsam, möglich ist – und gesund obendrein. Für den Fall, daß Sie dies möchten, habe ich eine Rechnung aufgemacht: Ein Kilo Körperfett enthält etwa 7000 Kalorien Energie. Will man dieses Kilo weg haben, dann gibt es ein paar Möglichkeiten; zwei davon zeige ich Ihnen. Die erste ist eine theoretische Lösung, die nur helfen soll, die Sache zu erhellen: Dieses eine Kilo Körperfett kann man an nur einem Tag wegbekommen, wenn man gar nichts ißt und etwa 11 bis 12 Stunden ohne Unterbrechung joggt. Pro Stunde werden dabei 600 Kalorien aus den Fettdepots geholt, wenn mit 9 Stundenkilometern gelaufen wird. Logischerweise wäre dann nach 100 Kilometern dieses eine Kilo Fett weg – hat Ihnen das schon mal jemand so deutlich gesagt? Die zweite Möglichkeit dagegen ist machbar, wenn auch anstrengend genug. Unser Ziel hierbei: das Kilo soll in einer Woche runter. Pro Tag muß demnach ein Defizit von 1000 Kalorien erreicht werden. Die Hälfte davon könnte über den Kopf, durch eine bewußte Ernährung, eingespart werden, indem statt der durchschnittlichen 2500 Kalorien (beim Mann) nur 2000 aufgenommen werden – da nagen die Fettzellen bereits am Hungertuch, während man selbst noch genug zum Schmausen hat. Die restlichen 500 Kalorien holt man sich aus den Fettdepots, indem man 45 Minuten joggt und dabei etwa 9 Stundenkilometer schnell ist. Sie laufen dann mit 9 Stundenkilometern, wenn Sie jeden Kilometer in 6,7 Minuten zurücklegen – das ist relativ langsam. Das Problem ist also nicht das Tempo, sondern die Tatsache, daß Sie dies jeden Tag machen müßten. Auch dieses Beispiel ist daher jetzt noch eher theoretischer Natur. Mir ging es nur darum, Ihnen einen Fingerzeig dafür zu liefern, daß Sie, was das Abspecken betrifft, keine Wunder erwarten dürfen, obwohl... Obwohl joggen und etwas weniger essen die wohl einfachste Möglichkeit ist, Pfunde zu verlieren. Schweiß und Willenskraft müssen selbstverständlich investiert werden – und vor allem: Geduld, Geduld und nochmals Geduld.

Weitere Sportarten, bei denen Sie auch wirkungsvoll Gewicht reduzieren können sind: flottes Radfahren, flottes Schwimmen und flotter Skilanglauf. Diese Wiederholung von „flott" soll Mißverständnisse vermeiden helfen, denn ein bißchen Radeln oder hin und wieder Rutschen in der Loipe bringt nun mal fast nichts. Noch deutlicher wird's beim Schwimmen. Etwas Herumgeplantsche zapft noch lange keine Fettdepots an. Selbst wer es schafft, eine ganze Stunde zügig und ohne Unterbrechung zu schwimmen, dabei 1,5 Kilometer zurücklegt, der hat gerade mal 400 Kalorien verbraucht – wenig, gell! Das waren dann vielleicht die 100 Gramm Schinken vom Frühstück. Ich hoffe, Sie sehen das mit dem Abnehmen nicht bierernst. Am Anfang dieses Buches haben wir uns außerdem darauf geeinigt, daß unser Ziel „Laufen" heißt – also laufen Sie, und lassen Sie sich überraschen, was Ihnen der Spiegel in einem Jahr präsentiert.

Diese Tabelle zeigt Ihnen, wieviel Kalorien pro Stunde bei unterschiedlichen Laufgeschwindigkeiten verbraucht werden.

Laufdauer	gelaufene Kilometer	Zeit für einen Kilometer	verbrauchte Kalorien
1 Stunde	9	6,7 Minuten	600
1 Stunde	12	5,0 Minuten	700
1 Stunde	15	4,0 Minuten	900

Ihr Ziel in der 4. Woche
In dieser Woche laufen Sie dreimal 20 Minuten locker und langsam:

10. Tag: 20 Minuten, langsam
11. Tag: 20 Minuten, langsam
12. Tag: 20 Minuten, langsam

Hurra! – bald haben Sie den ersten Monat hinter sich gebracht; nur noch dreimal laufen. Ihr Herz erkennt jetzt, daß Sie es mit dem Laufen ernst meinen – es paßt sich dieser Belastung langsam an. Die Sauerstoffverteilung wird auch schon besser, und die ersten Fettzellen haben schon die Hosen gestrichen voll, weil sie erkannt haben, daß es ihnen an den Kragen geht.

Jetzt etwas ganz anderes: Hat jemand Trophologie studiert und mit der Promotion abgeschlossen, dann darf er oder sie sich Dr.oec.troph. nennen. Das Schöne an dieser Wissenschaft ist, daß es keine brotlose Kunst ist – im Gegenteil. Es ist wohl das einzige Studium, das einen richtig ernähren kann. Kein Wunder, denn die Trophologie ist die Wissenschaft der Ernährung – und aus dieser Schatztruhe bedienen wir uns jetzt ein wenig.

8. Die Ernährung – sich richtig ernähren ist kein Honigschlecken

Vielleicht denken Sie gerade: „Wie kann man daraus eine Wissenschaft machen? Mir reicht es, wenn das Essen lecker ist, und einen Ernährungsberater, der mir sagt, was ich essen soll, den brauche ich nicht – ein paar Kochbücher genügen mir voll und ganz". Trophologie – was war das noch? So ist das mit dieser jungen Wissenschaft, die neues Wissen schafft – kaum einer kennt sie, und niemand interessiert sich dafür. Niemand?? Unaufhaltsam dringt sie in viele Bereiche vor. Demnächst dürfen sich endlich Medizinstudenten damit befassen, und größtes Interesse findet die Trophologie im Spitzensport – schneller, höher, weiter, das geht heute nur noch mit einer völlig umgekrempelten Ernährung. Hat man vor zwanzig Jahren noch im dunklen getappt und das ein oder andere Nahrungsmittel als Geheimtip gehandelt, beispielsweise die fünf Steaks am Tag für Kraftsportler, so hat sich in den 80er Jahren ein radikaler Wandel vollzogen: Nie zuvor hat man die Ernährung so intensiv durchleuchtet und auf ihre leistungssteigernde Wirkung untersucht – mit tollen Ergebnissen. Aber nicht nur im Sport ist die Ernährungswissenschaft gefragt. Vor kurzem las ich ein Stellenangebot eines großen Versicherungskonzerns: „Für unsere Mitarbeiter suchen wir eine Trophologin". Im weiteren Anzeigentext gab es nur versteckte Hinweise auf die konkrete Aufgabe. Weil ich mehr wissen wollte, griff ich zum Telefon. Die Antwort aus der Personalabteilung überraschte mich: „Unsere Mitarbeiter sind bei Seminaren nach dem Mittagessen geistig nicht mehr voll bei der Sache. Was nützen uns diese teuren Veranstaltungen, wenn die Teilnehmer nachmittags einschlafen. Zukünftig soll uns eine Trophologin helfen, unsere Mitarbeiter nach dem Essen aufnahmefähig zu halten." Eine lobenswerte Einstellung, finde ich.

Die Entwicklung in der Nahrungsmittelforschung verlief so rasant, daß der Gesetzgeber nicht mitkam. Dazu ein Beispiel: Schon lange weiß man, daß beim Schwitzen auch die Spurenelemente Zink und Eisen verloren gehen. Versuchen Sie mal, ein Sportgetränk zu finden, das diese Spurenelemente enthält – Sie werden es nicht finden, weil der Gesetzgeber es nicht erlaubt, solche Mineralstoffe Getränken beizugeben. Oder: Was wissen wir wirklich über Selen. Dieses Spurenelement benötigt unser Körper zwar nur in äußerst geringen Mengen, aber es ist unentbehrlich für einen reibungslosen Ablauf von verschiedenen Körper- und Stoffwechselfunktionen. Wird Selen nicht täglich zugeführt, können Mangelerscheinungen und Krankheiten auftreten. Bis 1973 stufte man Selen als giftig ein. Erst in jüngerer Zeit erforschte man intensiv die biochemischen Zusammenhänge im Organismus. Heute ist bekannt, daß bestimmte Herzmuskelerkrankungen mit Selen heilbar sind; und auf dem Gebiet der Krebsforschung steckt man riesengroße Hoffnungen in dieses Spurenelement. Derzeitige Untersuchungen deuten darauf hin, daß sich Selen als eine der zentralen Regel- und Steuersubstanzen entpuppen wird. Fest steht bereits, daß der Intelligenzquotient mit einer optimalen Selenversorgung in Verbindung steht. Die wichtigste Aufgabe von Selen für alle, die Sport treiben oder auch nur Wandern ist, daß es gegen die oxidative Zerstörung in der Zelle wirkt. Was heißt das? Dazu müssen wir zurück zum Thema Atmung. Schon beim Wandern, vor allem aber beim Radfahren oder Laufen, also bei allen Ausdauerbelastungen, wird die Austauschfläche in den Lungen und im Muskelgewebe vergrößert; immer mehr Sauerstoff diffundiert in die Zellen. Je mehr Sauerstoff hier im Stoffwechsel umgesetzt und verändert wird, desto größer ist die Anzahl der dabei entstehenden gefährlichen freien Radikale. Diese können viele Entzündungen und Alterungsprozesse hervorrufen und beschleunigen. Daher müssen diese freien Radikale gleich bei ihrer Entstehung in der Zelle vernichtet werden. Die Schutzengel, die diese Zellteufel dort sofort abfangen, nennt man Antioxidantien. Vielleicht kennen Sie schon die bekannteren Zell-Schutzengel? Es sind die drei Vitamine A, C und E. Während das Vitamin E in den fetthaltigen Teilen der Zelle gegen die freien Radikale vorgeht, übernehmen das Vitamin C und Selen in den wasserhaltigen Zellräumen diese entgiftende Aufgabe. Und das Vitamin A legt sich schützend an die Zelloberfläche und wehrt so von außen eindringende freie Radikale ab.

Sie sehen schon: Obwohl ich mit dem eigentlichen Thema Ernährung noch nicht angefangen habe, könnte man versucht sein, sich in tausend Details zu verlieren. Aber über Spurenelemente und Vitamine kommt später noch sehr umfassende Information, deshalb zurück zum Essen. Was war es doch gleich, was ich sagen wollte? Ach ja! Etwas Leckeres essen, ist was anderes, als das Richtige zu sich nehmen. Natürlich soll zwischen beidem keine Trennlinie verlaufen – es sollte sich vielmehr ergänzen. Kerngesundes zu essen wird vor allem dann notwendig, wenn der Organismus durch Sport fit gemacht wird oder wenn man vor hat, seine Leistung zu steigern – egal in welchem Bereich. Und warum sollte nicht jeder, der die Schwachstellen in seiner Ernährung kennt, die Chance ab sofort nutzen und eine Umstellung in der Ernährung gleich mitlaufen lassen?

Sie mögen kein Müsli – basta!

Bevor wir uns Hals über Kopf ins Thema Ernährung stürzen, noch eine Vorbemerkung: Es fiel mir leicht, die letzten Kapitel über die Sportmedizin so aufzubereiten, daß es hoffentlich geschmeckt hat. Jetzt, bei der Zubereitung dieses Themas, könnte es zu Mißverständnissen kommen, weil ich möglicherweise bei den Zutaten ab und zu daneben greife und mehr an den eigenen Geschmack denke statt an Ihren. Aber ein Miesmacher Ihrer Eßleidenschaften will ich auf keinen Fall sein. Auf der anderen Seite wäre ein Buch übers Laufen ohne Ernährungshinweise keine vollwertige Informationskost. Deshalb mache ich Ihnen einen Vorschlag: Essen Sie einfach weiterhin das, was Ihnen schmeckt, und naschen Sie gelegentlich von dem, was ich Ihnen anbiete. Wenn Ihnen das eine oder andere nicht mundet, dann lassen Sie's einfach liegen, vielleicht nimmt es sich ein anderer. Wenn Sie gerne Fleisch essen, obwohl da kaum etwas drinnen ist, was von anderen Lebensmitteln nicht auch angeboten wird, dann will ich Ihnen Fleisch nicht dadurch ausreden, wenn ich Ihnen sage, daß ich Vegetarier bin (Allerdings einer von der harmlosen Sorte, da ich Fisch und Milchprodukte esse). Und wenn Sie partout kein Müsli mögen, dann werden Sie es wahrscheinlich auch dann nicht essen, wenn ich es in den Himmel lobe und behaupte, daß es ganz toll schmeckt, wenn man eine Banane, einen halben Apfel und etwas Zitronensaft dazu gibt. Auch werden Sie sich kein Müsli anmachen, falls Müsli Sie nicht mal dann anmachen kann, wenn ich Ihnen verrate, daß die enthaltenen Energielieferanten für Ihre Kraftwerke von bester Qualität sind. Und Sie werden es selbst dann nicht löffeln, wenn Ernährungswissenschaftler sagen, daß man mit Müsli leichter abnehmen kann, weil das Hungergefühl über längere Zeit lahmgelegt wird. Denn die enthaltenen Kohlenhydrate sind so komplex, daß sie nur sehr langsam in Glucose abgebaut werden; und in dieser Zeit hat man keinen Hunger. Nun, Sie werden es nicht essen, denn: Sie mögen halt einfach kein Müsli – basta! Prima! Ich wußte es doch, daß Sie mich beim Wort nehmen – und recht haben Sie; warum sollten Sie etwas essen, was dem Autor schmeckt, aber nicht Ihnen?

Welche Nahrung braucht Ihr Erfolg?

Gerade jetzt, wo sich Ihr Organismus umstellt, müssen die biochemischen Abläufe so funktionieren, daß es nirgendwo kratzt und knirscht. Deshalb sollten Sie die Zusammenstellung des Essens nicht allein dem Zufall überlassen. Erschrecken Sie bitte nicht gleich, denn wahrscheinlich wird sich soviel in Ihrer Küche nicht ändern. Und ausgetüftelte Ernährungspläne oder Kochrezepte dürfen Sie von mir sowieso nicht erwarten; da gibt es dutzendweise Bücher am Markt. Den größeren Nutzen haben Sie dann, wenn wir zunächst jeden Winkel in der Ernährung hell erleuchten, so daß Sie dann selbst Ihr bester Ratgeber sein können; damit wird auch Ihr Blick dafür geschärft, was in den Nahrungsmitteln drinsteckt. Der springende Punkt bei diesem Thema ist nämlich, daß man Eß-Leidenschaften beibehalten kann, wenn man im Ausgleich dazu Eß-Gewohnheiten ändert. Denn gerade bei den Gewohnheiten, also auch beim unüberlegten Griff zu einem Gaumenkitzel, fällt es leicht, den einen oder anderen Ernährungsfehler auszumerzen. Und genau das ist beim Essen Ihre dicke Chance, langfristig die Pfunde wegzubekommen – aber vor allem: dauerhaft von ihnen Abstand halten zu können. Denn nichts ist für die Figur schlimmer, als wenn sich die Pfunde eines Tages auf den Weg zurück begeben und Sie sie dann wieder am Hals haben; dummerweise bringen wiederkehrende Pfunde im Schlepptau weitere fette Pfunde mit, und schnell ist man dicker als zuvor.

Bald wissen Sie also Genaueres; und das Feine bei all dem ist, daß Sie dann als Ihr eigener Berater sämtliche Bücher über Hokuspokus-Verschwindibus-Diäten in hohem Bogen auf den Müll werfen – oder noch besser, der Wiederverwertung zuführen können (für hoffentlich „gescheite" Bücher). Einige wenige Diätratgeber müssen aber entsorgt werden, denn deren Inhalt ist für uns Menschen reinstes Gift!

Es ist immer wieder faszinierend, was man allein aufgrund genauer Beobachtungen feststellen kann. Wer, glauben Sie, weiß wohl am besten, welche Nährstoffe Sie brauchen? Schauen wir uns dazu ein konkretes Beispiel an: Neunzig holländische Kleinkinder nahmen an folgender Untersuchung teil: Innerhalb von drei Monaten durften sie essen, was und wie sie wollten. Ohne sie auch nur in irgendeiner Weise zu beeinflussen, konnten diese Kinder selbst entscheiden: was sie essen, wann sie essen, wieviel sie essen – und natürlich konnten sie ebenso die Getränke frei aussuchen. Dazu standen ohne Unterbrechung alle nur erdenklichen Speisen und Getränke zur Verfügung – Fast-Food-Gerichte ebenso wie vollwertige Kost. Hier die faszinierenden Ergebnisse. Erstens: Die Kinder aßen sieben- bis elfmal kleine Portionen. Daher ist es sicherlich falsch, wenn wir Erwachsenen den Kindern dreimal täglich zu essen geben. Und ist es für uns selbst nicht ebenso falsch, wenn wir dreimal täglich große Portionen zu uns nehmen? Zum zweiten Ergebnis: Die aufgenommenen Kalorien waren von Tag zu Tag überaus unterschiedlich: an einem Tag wurde kaum etwas gegessen, an anderen Tagen dafür das Dreifache des Tagesbedarfs. Aber: Erstaunlicherweise entsprach der durchschnittliche Wert vieler Tage exakt der Kalorienmenge, die ein Kleinkind täglich braucht. Die Abweichung betrug gerade mal 10 (!) Kalorien. Und drittens: Nicht die Fast-Food-Speisen waren die großen Renner, häufiger griffen die Kinder zu den gesunden vollwertigen Nahrungsmitteln.

Welche Erkenntnisse können wir nun aus diesen Informationen gewinnen? Zunächst einmal läßt sich die eingangs gestellte Frage beantworten. Unser Körper ist es, der am besten weiß, was er braucht. Und wenn wir wissen, daß Kleinkinder die Fähigkeiten haben, ihr Essen so zusammenzustellen, daß es genau dem entspricht, was ihr Körper benötigt, dann müssen wir uns doch fragen, ob wir das nicht auch können? Denkbar ist jedoch, daß wir verlernt haben, diese innere Stimme zu hören, weil wir uns allzuoft nur nach dem Geschmack richten und nicht danach, was wir notwendig brauchen. Wenn wir es verlernt haben sollten, dann könnten wir versuchen, diese Fähigkeit zurückzugewinnen. Oder aber, wir gehen die Nahrungsauswahl vom Kopf her an und überlegen vor dem Essen, was unserem Körper abgehen könnte, was er also nötig braucht. Soweit diese wunderbaren Erkenntnisse, die hier allein dadurch gewonnen wurden, weil man beobachtet hat. Nun zurück zu Ihnen, und bleiben wir gleich beim Beobachten.

Sie laufen jetzt schon eine ganze Weile; da könnte es sein, daß sich bereits jetzt schon eine kleine Veränderung bei Ihrer Auswahl an Nahrungsmitteln ergeben hat. Wenn Sie das interessiert, dann notieren Sie doch einfach mal auf einen Zettel, was Sie nach dem Joggen jeweils gegessen haben und ob Sie mehr oder weniger als früher auf dem Teller hatten. Weil auch Ihr Organismus am besten weiß, welche Nährstoffe ihm gerade fehlen, wird es Ihnen auch sagen. Horchen Sie also vor allem nach dem Laufen genau in sich hinein, und Sie werden erfahren, was Ihr Körper jetzt von Ihnen haben will. Je öfter Sie trainiert haben, vor allem, je länger Sie gelaufen sind, desto deutlicher werden Sie die Signale hören. Ein Beispiel: Sie wollen sich nach einer halben Stunde Joggen ein Stückchen Fleisch braten, weil Sie es gewohnt sind, abends Fleisch zu essen. Aber halt! Etwas im Bauch signalisiert Ihnen: Nee, bitte nicht, bloß kein Fleisch. Halten Sie doch dann einfach mal kurz inne und überlegen Sie, was die Natur sonst noch an Köstlichkeiten anbietet: Obst, Gemüse, Milch, Getreide und anderes Vollwertiges. Statt dem Fleisch könnten Sie einen Rohkostsalat essen oder ein Vollkornbrot mit Käse; dazu ein Glas Fruchtsaft. Gehen Sie in Gedanken einfach mal die bunte Liste des Nahrungsangebots durch, und machen Sie immer dann halt, wenn Sie etwas davon anspricht. Auf diese Weise kommt das Richtige auf den Teller. Natürlich drängeln sich auch hier die süßen Verführer ins Wort, aber die haben Sie ja zum Glück im Griff. Denen schieben Sie einfach einen Riegel vor. Nein, keinen Schokoriegel. Allerdings ist diese Methode nur ein Kompaß, der die Richtung aufzeigen kann. Ein Mangel an lebenswichtigen Vitaminen und Mineralstoffen ist so nicht aufzudecken. Dafür wird schon eher das richtige Verhältnis der drei Grundnahrungsmittel Kohlenhydrate, Eiweiß und Fette getroffen – und das ist schon ein gewaltiger Schritt vorwärts in die richtige Richtung. Das In-sich-Hineinhören hilft Ihnen also, die größten Sünden in der Ernährung zu vermeiden: zu süß, zu fett, zu viel. Das sind bei uns in Deutschland die Ursachen dafür, daß 35 Prozent der

Männer und 47 Prozent der Frauen übergewichtig sind. Ob Sie dazu gehören, das kann Ihnen niemand besser verraten als ein intimer Berater, vor dem Sie nichts verbergen müssen. Er ist weder bestechlich noch ein Lügner; es sei denn, Sie lügen ihn an. Was man an ihm besonders schätzt, ist seine absolute Verschwiegenheit. Wenn Sie also wissen wollen, ob Sie übergewichtig sind, dann sollten Sie ihn konsultieren. Entkleiden Sie sich, und schauen Sie dann bei ihm rein – er ist immer in Ihrer Nähe: der Spiegel. Stellen Sie sich also davor und entdecken Sie bewußt Ihren Körper. Halten Sie nicht die Luft an oder schummeln Sie sonstwie – bleiben Sie ehrlich zu sich selbst. Und jetzt ist es ganz allein Ihre Entscheidung, ob das, was Sie sehen, so bleiben soll oder nicht.

Wenn sie schon ein Verhältnis haben, dann richtig

Nein, ich spreche nicht von Ihnen, sonst hätte ich ja auch „Sie" geschrieben. Es geht hier um das richtige Verhältnis der Grundnährstoffe Kohlenhydrate, Eiweiß, Fett – ein enorm beachtenswerter Punkt in der gesunden Ernährung. Leider haben Mythen und vor allem Märchenerzähler Schuld daran, daß für uns Otto Normalverbraucher diesbezüglich alles viel zu verwirrend geworden ist. Dummerweise gibt es sogar schreibende Ärzte, die uns in ihren Büchern aus reiner Geldgier in den Dschungel der irreführenden und krankmachenden Diäten locken wollen. Sobald man aber in der Lage ist, diese Lügenwälder zu entlauben, dann wird man rasch feststellen, welcher Humbug da oft geschrieben wird. Daher werde ich jetzt auch nicht über eine Diät schimpfen, die den Anteil der Kohlenhydrate stark reduziert – Ihnen ist viel mehr geholfen, wenn ich Ihnen einen kleinen Einblick in die Ernährungswissenschaft verschaffe, damit Sie dann selbst beurteilen können, ob das, was in solch diversen Büchern geschrieben steht, dumm oder klug, richtig oder falsch ist. Sie können dann mit Ihrem Scharfsinn auch die oftmals intelligent verpackte Verarsche durchschauen, die hinter den meisten Diät-Empfehlungen steckt, insbesondere hinter den sogenannten Crash-Diäten. Bitte verzeihen Sie den derben Ausdruck von eben, aber er trifft nun mal den Nagel auf den Kopf. Jetzt noch ein Tip am Rande: Wenn es für Sie sehr wichtig ist, Gewicht zu verlieren, dann verschwenden Sie kein Geld mehr für Diätbücher, kaufen Sie lieber solche über Sporternährung. Da steht zwar nicht drinnen, wie Sie abnehmen, dafür aber, wie Sie sich gesund ernähren können – wie Sie das Angebot an Nahrungsmitteln so zusammenstellen können, daß es in etwa der Nachfrage Ihres Körpers entspricht. Oftmals reichte es schon aus, wenn man dieser Nachfrage wenigsten ein bißchen entgegenkäme, anstatt den Organismus immerzu mit falschen Verhältnissen zu sabotieren. Auf jeden Fall wird man bei gesunder Ernährung automatisch abnehmen, besonders dann, wenn man sich viel bewegt. Fein an solchen Büchern über Sporternährung ist auch, daß sie von Fachleuten geschrieben sind, die nicht die große Kohle damit machen wollen, indem Sie ihre Mitmenschen übers Ohr hauen, sondern uns ihr Wissen mitteilen wollen, damit wir Sportler davon einen Nutzen haben. Leider sind diese Bücher über weite Strecken sehr wissenschaftlich gehalten und dauernd stolpert man über Fremdwörter – aber: lieber kompliziert und richtig, als einfach und falsch. Sie können aber auch einfach mal hier weiterlesen, dann haben Sie die wichtigsten Informationen einfach und richtig.

Zurück zum Verhältnis der drei Nährstoffe. Ein großes Übel bei uns im Schlaraffenland liegt darin, daß beim Essen zu oft dieses Verhältnis verdreht ist und oftmals kopfsteht. Wer sich heute mit einem Anteil von 40 bis 45 Prozent Fett ernährt, der sollte wissen, daß er damit auch Geburtshelfer von vielen, enorm vielen, freien Radikalen ist, also von den Zellteufeln, die krebsfördernd sind. Heute gehen Wissenschaftler davon aus, daß zwei Drittel aller Krebserkrankungen durch zwei Faktoren ausgelöst beziehungsweise gefördert werden: durchs Rauchen (20–30 Prozent), und durch Fehler in der Ernährung (35 Prozent), insbesondere durch zu hohen Fettkonsum und zu geringe Aufnahme von Ballaststoffen. Fetthaltiges Essen begünstigt auch die Arterienverkalkung (Arteriosklerose), in deren Folge Staus in den Blutbahnen zum Herz oder Gehirn entstehen können. Ist nur einmal, ein einziges Mal, der Stau so dicht, daß die mit Sauerstoff angereicherten Blutkörperchen steckenbleiben, schlägt der Infarkt unbarmherzig zu – Herzmuskelgewebe oder Teilbereiche im Gehirn konnten nicht mehr mit Sauerstoff versorgt werden. Daß sich viele Menschen zu fettreich ernähren, ist wohlbekannt. Man muß sich fragen dürfen, ob die alle wissen, warum sie es tun? Denn hinterlistig ködert uns das geschmacklose Fett mit einem faulen aber dennoch erfolgreichen Trick: Erst im Fett entwickeln sich die Duft- und Geschmacksstoffe der Nahrungsmittel; Fett ist somit nichts anderes als ein Geschmacksträger. Geringe Mengen Fett in der Speise empfindet nur unser Gaumen als angenehm – nicht mehr und nicht weniger. Für diese kurzen Gaumenfreuden ein so hohes Risiko einzugehen – lohnt sich das? Ist das nicht auch wieder nur etwas, woran man sich gewöhnt hat? Ob es auch lohnend ist, über das Wörtchen „fettarm" nachzudenken und damit dem Köder auszuweichen, das muß jeder mit sich selbst ausmachen. Die eben genannten Risiken gering zu halten, dazu eine gute Figur machen – das könnte doch eine lohnende Sache sein?

Jetzt aber zum richtigen Verhältnis bei der Nahrungszusammenstellung:

Kohlenhydrate: 65 – 70 Prozent
Eiweiß: 10 – 15 Prozent
Fett: 25 Prozent

In unserer Zivilisationskost, also in der krankmachenden Ernährung, weichen zwei Werte erheblich ab:

Kohlenhydrate: 35 Prozent
Eiweiß: 13 Prozent
Fett: 42 Prozent

Sie haben sofort bemerkt, daß das keine 100 Prozent ergibt. Ach ja, 10 Prozent der zugeführten Energie ist bei uns in Deutschland reines Gift: Alkohol.

Die Zivilisationskost liegt also ordentlich daneben. Am besten, wir lassen sie dort liegen und tun uns das auf den Teller, was unseren Erfolg nährt – und worüber sich unsere Gesundheit freut. Denn Erfolg und Gesundheit gehören zusammen, und beides ist nun mal abhängig von dem, was wir in uns hineintun – Nahrungsmittel, die das enthalten, was unser Körper braucht und von uns fordert.

100

Was will er denn immer von mir?

Vollwertkost – ganz einfach! Oder doch nicht so einfach? Fast jeder kennt das Wort, nur leider ist es zur Worthülse verkommen; es ist schon so ausgehöhlt, daß es jeder mit dem füllt, was für ihn angenehm ist. Ebenso verhält es sich mit den essentiellen Nährstoffen. Wer ahnt denn schon, daß damit nichts anderes als „lebens-notwendig" gemeint ist und daß diese Nährstoffe nicht von unserem Körper selbst produziert werden können, sondern von uns täglich hineingegeben werden müssen? Wertvoll oder vollwertig ist unser Essen erst dann, wenn die Zufuhr aller lebensnotwendigen Nährstoffe sichergestellt ist. Damit sich unser Körper ein Leben lang freuen und austoben kann, müssen wir ihm täglich diese essentiellen Nährstoffe geben:

Wasser
alle Vitamine
alle Mineralstoffe
alle Spurenelemente
2fach ungesättigte Fettsäuren
10 essentielle Aminosäuren

Aminosäuren sind Eiweißbausteine. Die brauchen wir dafür, daß an allen Ecken und Enden neue Zellen in uns gebaut werden können. Dafür sorgt unser Bau-Stoffwechsel (Der Duden möge mir bitte verzeihen, daß ich dieses und manch andere noch folgende Komposita regelwidrig trenne; aber so wird es deutlicher und damit einprägsamer). Mit dem Eiweiß bauen wir also unsere Körpersubstanz auf und erhalten sie. Eiweiß brauchen wir aber auch für die Herstellung von Enzymen und Hormonen. Enzyme ermöglichen die Stoffwechselreaktionen und steuern deren Geschwindigkeit. Hormone sind, ähnlich wie Nerven, Informationsüberträger, die den Stoffwechsel regulieren – beispielsweise für den Blutzucker, das Wachstum und die Sexualfunktionen. Neben dem Bau-Stoffwechsel läuft der Energie-Stoffwechsel. Das ist der, der uns durchs Zerlegen der Fettsäuren und Glucose bewegungsfähig macht – den kennen Sie bereits; machen wir mit den Vitaminen weiter. Zusammen mit Wasser und Mineralstoffen übernehmen diese Bausteine eine verantwortungsvolle Aufgabe:

Sie steuern und regeln den Bau- und Energiestoffwechsel. Sie sehen bereits, ein Rädchen greift ins andere. Alle essentiellen Nährstoffe sind also von der Natur in bestimmungsvoller Weise in die reibungslosen und störungsfreien Stoffwechselfunktionen eingebunden. Liegt ein Mangel vor, dann können unsere Kraftwerke und Bautrupps nicht ordnungsgemäß arbeiten.

Kohlenhydrate – das Hauptgewicht im Hauptgericht

Mit der Sonnenenergie bilden Pflanzen und Mikroorganismen aus Wasser und Kohlendioxid den am meisten verbreiteten organischen Stoff auf unserem Globus: Kohlenhydrate. Pro Jahr werden 200 Milliarden Tonnen produziert; ein Quadratmeter Blattfläche schafft in der Stunde ein Gramm Zucker. Diese wertvolle Energie ist es, die wir hauptsächlich auf unseren Teller tun sollten. Damit Sie aber wegen dem Wort Zucker keine falschen Hoffnungen hegen, versuche ich, ein wenig Ordnung in die vielen Begriffe zu bringen, die mit Kohlenhydrate einhergehen – Zucker, Glucose, Glykogene und Saccharide, aber auch Nudeln, Kartoffeln, Reis, Brot und andere. Lassen wir uns bei der Erläuterung ein wenig helfen. Stellen Sie sich bitte vor, ein Kind sitzt vor einer verpackten Schachtel, die mit Bauklötzen gefüllt ist. Nehmen wir jetzt mal an, daß jeder einzelne Klotz in dieser Schachtel ein einzelnes Glucosemolekül ist (also jene Form, die bereits so klein ist, daß sie von unseren Zellkraftwerken verbrannt werden kann). Bevor nun das Kind an die Klötze kommt, muß es erstmal die Umverpackung und dann die Schachtel öffnen. So eine verpackte Schachtel ist nun vergleichbar mit einer Nudel, und der Magen hat die Aufgabe, diese Nudel auseinanderzunehmen, um an die einzelnen verwertbaren Moleküle zu gelangen. Zurück zum Kind, das immer noch auspackt. Weil mehrere Klötze zusätzlich gebündelt und extra verpackt sind, dauert das Auspacken eine geraume Zeit – und lange dauert es auch, bis die Nudel zerlegt ist. Halten wir fest: Ein Klotz ist ein Glucosemolekül, und die verpackte Schachtel mit Inhalt sind Kohlenhydrate in komplexer Form. Daraus wird ersichtlich, daß die Grundbausteine der Kohlenhydrate Einfachzucker (Monosaccharide) sind. Die zwei bekannten sind Fruchtzucker (Fructose) und Traubenzucker (Glucose). Wenn Sie diese Einfachzucker, die beispielsweise in Honig, Milch und Früchten enthalten sind, zu sich nehmen, dann müssen sie nicht weiter zerlegt werden und schießen sofort ins Blut. Einfachzucker sind somit schnell verfügbare Energielieferanten – allerdings mit dem Nachteil, daß sie nicht satt machen. Weil sie nicht verdaut werden müssen, haben sie keine lange Verweildauer im Magen. Verbinden sich zwei Einfachzucker, entsteht Zweifachzucker (Disaccharid). Und auch da kennen Sie die wichtigsten: Rohrzucker (Saccharose), Malzzucker (Maltose) und Milchzucker (Lactose). Künstlich hergestellten Zweifachzucker kennen Sie besonders gut; es ist der industriell hergestellte Haushaltszucker, der leider in zu großen Mengen in Limonaden, Marmeladen und Süßigkeiten steckt. Der Haushaltszucker besteht aus Fructose und Glucose. In dieser Doppelbindung kann Zucker allerdings nicht vom Organismus verwertet werden – erstmal muß sie mit Hilfe der entsprechenden Verdauungsenzyme in die Einfachzucker zerlegt werden. Und wieder kann ich Ihre Gedanken lesen: Ha! – denken Sie sich, so falsch liege ich mit meiner Vorliebe zum Süßen nicht, wenn der schreibt, daß ich zuckrige Leckereien auf den Teller legen soll. Halt, halt, halt! – Sie sind doch nicht der Willi aus dem Zeichentrickfilm „Biene Maja". Denn so sehr es den Willi freut, pausenlos Honigklößchen zu naschen, so unerfreulich kann sich das bei Ihnen auswirken. Das zeige ich Ihnen an einem Beispiel: Sie fahren mit dem Auto von München nach Hamburg. Nach zwei Stunden werden Sie ein bißchen müde und unkonzentriert. Sie halten an einer Raststätte und trinken eine coffeinhaltige Limonade. Der Zweifachzucker ist schnell zerlegt und schießt als Einfachzucker sofort ins Blut – die Müdigkeit verschwindet, und weil Glucose auch der Nährstoff fürs Gehirn ist, kommt auch die Konzentrationskraft zurück. Haben Sie einen nörgelnden Beifahrer neben sich, dann ertragen Sie ihn jetzt besser, da auch die Nerven, genauer gesagt das Rückenmark, mit Glucose versorgt wurden. Übrigens, der tägliche Glucosebedarf des zentralen Nervensystems, Gehirns und Rückenmarks, liegt bei ganzen 100 bis 150 g – und nicht bei einer ganzen Tafel Schokolade. Auf alle Fälle fühlen Sie sich nach diesem ersten Stop auf der Autobahn wieder fit – und weiter geht die Fahrt. Weil das Süße so toll geholfen hat, essen Sie bald darauf ein paar Stückchen Traubenzucker, und an einer weiteren Raststätte trinken Sie wieder Wunderwasser zum Wachwerden. Und tatsächlich: wieder sind Sie sofort hellwach, aber... aber nicht mehr lange, wenn Sie sonst nichts gegessen haben. Denn schon bald signalisieren erhöhte Blutzuckerwerte der Bauchspeicheldrüse, daß sie Insulin ausschütten soll. Langsam summierte sich der Zucker in Ihrem Körper, weil Sie Süßes im Übermaß zu sich genommen haben. Das Hormon Insulin hat die Aufgabe, den Zuckergehalt im Blut zu senken. Und diese Aufgabe kann es so gründlich erfüllen, daß es zu einer starken Absenkung des Blutzuckerwertes kommt – dann liegt er weit unter dem normalen Spiegel. Je häufiger Sie bei der Fahrt nach Hamburg reinen Zucker zu sich nehmen, desto höher wird die Insulinausschüttung, und desto tiefer kann der Zuckerspiegel fallen – Sie kommen in den sogenannten Unterzucker. Die Folgen sind fatal: Müdigkeit, Konzentrationsmangel, Leistungsabfall, Durst und Hunger – die letzten 100 bis 200 Kilometer der Tour nach Hamburg können dann zur Tortour werden. Vielleicht erinnern Sie sich an die Fernsehbilder des Frauenmarathons der Olympischen Spiele von 1984 in Los Angeles? Gabi Schieß, eine Läuferin aus der Schweiz, torkelte fast besinnungslos dem Ziel entgegen. Alle Kameras waren nur auf sie gerichtet. Auch wollte man sie stützen. Aber fremde Hilfe hätte zur Disqualifikation geführt, also weigerte sie sich, Hilfe anzunehmen. Bei jedem Nichtinformierten müssen diese Bilder eiskalten Schauer auf dem Rücken ausgelöst haben – so grausam also ist Marathon, mögen viele gedacht haben. Ihr Zustand aber war nicht sehr ernst – sie hatte „nur“ extremen Unterzucker. Schon nach einer halben Stunde stand sie wieder auf den Beinen. Schnelle Energie in Form von Traubenzucker hat sie wieder hoch gebracht. Ihr Unterzucker kann verschiedene Ursachen gehabt haben. Vielleicht war sie nur übertrainiert; das heißt, daß bei hohem Trainingspensum und ungenügender Aufnahme von Kohlenhydraten eine schleichende Auszehrung der Glykogenspeicher eintritt. Denkbar ist aber eher, daß sie auf der Strecke außerordentlich viel gesüßte isotonische Getränke zu sich genommen hatte – die Temperaturen waren an diesem Tag für einen Marathon viel zu hoch. Ein- und Zweifachzucker sind also eher in seltenen Fällen sinnvolle Energielieferanten. Wer zu Unterzucker neigt, der sollte über den Tag verteilt stückchenweise Obst essen, denn damit kommt ständig in winzigen Mengen Fruchtzucker ins Blut. Dadurch bleibt die Konzentrationsfähigkeit erhalten und man ermüdet nicht so schnell. Vor einer Prüfung ist ein kleines Stück Traubenzucker ausreichend. Weniger ist, wie so oft, auch hier mehr. Und auf der Fahrt nach Hamburg wäre der richtige Zeitpunkt für Traubenzucker oder eine Cola nach der halben Strecke – und dann nicht im Übermaß. Indes könnte man bereits vor der Abfahrt etwas essen, das die Konzentrationskraft auf lange Zeit stützt: eine Kost mit komplexen und daher wertvollen Kohlenhydraten. Das sind solche, die langsam über einen längeren Zeitraum im Magen abgebaut werden müssen. Diese schießen auch nicht sofort ins Blut – sie fließen langsam hinein und wirken somit lange. Ißt man zwischendurch immer wieder mal Obst, dann ist das Gehirn bestens versorgt. Schauen wir uns jetzt diese wertvollen Kohlenhydrate genau an. Wenn sich Einfachzucker zu einer Kette von 3– 10 Molekülen verbinden, dann entstehen Mehrfachzucker (Oligosaccharide). Sie kommen vor in Knäckebrot, Toast und Zwieback, aber auch in Sportgetränken. Es gibt aber noch längere Molekülketten, entsprechend sind es noch wertvollere Kohlenhydrate. Diese bestehen aus 10 bis 100.000 Einfachzuckern. Und das sind endlich jene, die das Hauptgewicht im Hauptgericht bilden sollten: die Vielfachzucker (Polysaccharide). Und diese kennen Sie besonders gut. Früher sagte man, diese Nahrungsmittel machen dick. Nun, früher wurde viel Falsches gesagt – man wußte es halt nicht besser. Aber mit Mythen muß ja irgendwann mal aufgeräumt werden. Lassen wir also Großmutter in ihrem Glauben. Wir tun uns zukünftig mehr von diesen Vielfachzuckern auf den Teller – aber nicht zusätzlich, sondern anstatt. Jetzt aber konkret: Für den, der Ausdauersport betreibt, ist es unerläßlich, daß die bekannten Vielfachzucker Kartoffeln, Teigwaren und Reis bei den warmen Speisen ein Hauptgewicht erhalten, weil durch den schleppenden und stufenweisen Abbau für eine gleichbleibende und langanhaltende Energiebereitstellung gesorgt wird. Kohlenhydratreiche Happen für Zwischendurch sind: Milchreis, Müsli-Mischungen, Vollkornhaferflocken, Cornflakes, Vollkornbrot, Bananen, Trockenfrüchte, Müsli-Riegel, Popcorn und frisches Obst. Das Schöne bei all diesen Nahrungsmitteln ist, daß verschiedene Vitamine, Spurenelemente und Mineralstoffe gleich mitgeliefert werden. Und obendrein ist der Fettgehalt äußerst gering und der Eiweißanteil ausgewogen. All das ist auch ein Grund dafür, daß man diese Nahrungsmittel als wertvolle Kalorien bezeichnet. Dagegen sind leere Kalorien beispielsweise Marmeladen, Torten, Bonbons – kurz, alle Süßigkeiten, die einen hohen Anteil an industriell gefertigtem Zucker enthalten. So können Sie sich den Unterschied leicht merken: Wertvolle Kalorien kommen direkt aus der Natur, beispielsweise Kartoffeln, Vollkornnudeln, ungeschälter Reis, Haferflocken – minderwertige oder leere Kalorien sind Nahrungsmittel, die technisch verpfuscht sind und ihrer Natur beraubt wurden; man nennt sie daher auch denaturiert. Wollen Sie wissen, was uns das Wörterbuch dazu verrät? – „denaturiert 1. (fachspr.) einem Stoff den natürlichen Zustand nehmen, ihn (durch Zusätze) verändern, umwandeln und ihn für bestimmte Zwecke unbrauchbar machen 2. (bildungsspr.) zu etwas entarten." So gesehen wird auf Wunsch vieler Konsumenten den Lebensmitteln das Leben genommen und mit hohem Energieaufwand und hohen Kosten entartet – oder sehen Sie das anders? Industriezucker, Weißmehl, Weißbrot, Semmeln oder Brötchen, Süßwaren, Limonaden, Cola-Getränke, Instant-Getränke und Obstkonserven gehören beispielsweise dazu, um nur ein paar verkorkste Nahrungsmittel zu nennen. Was natürlich nicht heißt, daß man sie unbedingt meiden muß, nein, wissen sollte man es, um darüber entscheiden zu können, wie oft man zu ihnen greift. Wenn Sie jedoch abnehmen wollen, dann greifen Sie lieber nicht oft zu zuckersüßen Leckereien, weil diese leeren Kalorien flugs dick machen. Zudem werden Sie nicht satt davon, weil leere Kalorien nicht verdaut werden müssen. – Ihr Bauch ist leer, der Hunger bleibt. Folglich fängt man dann erst richtig zu futtern an. Damit bekommt man genau jenen Energieüberschuß, den unsere Kraftwerke dankend ablehnen – das Ergebnis kennen wir. Wenn Sie unbedingt den Gelüsten nachgeben wollen und zwischendurch was Süßes brauchen, probieren Sie doch mal den jederzeit einsatzbereiten Rundumversorger – den Müsli-Riegel. Aber obacht? Riegel ist nicht gleich Riegel – erst die richtige Mischung macht's. Beim Kauf achten Sie bitte auf einen Kohlenhydratanteil von über 50 und auf einen Fettanteil von unter 30 Prozent. Leider finden Sie diese Angaben nicht auf allen Verpackungen. Dann hilft nur eins: Schauen Sie auf die Zutatenliste. An erster Stelle steht immer das, was mengenmäßig den größten Anteil ausmacht, an zweiter Stelle jenes, das am zweithäufigsten reingetan wurde und so weiter. Bei wertvollen Müsli-Riegeln stehen demzufolge die kohlenhydratreichen Getreidekörner oder

-flocken an erster Stelle. Die Trockenfrüchte folgen, und erst am Schluß steht Traubenzucker oder Honig. Ist Industriezucker enthalten, weil man auf unsere Kosten sparen will, dann wird oft hinterlistig „Saccharide" auf die Verpackung gedruckt. Somit ist ein Qualitäts-Müsli-Riegel der ideale Happen nach dem Laufen – oft ist der Hunger nicht groß, aber eine Kleinigkeit soll es doch sein; zudem müssen nach längeren Läufen die Glykogenspeicher wieder aufgefüllt werden. Durch diese Mischung aus kurz- und langkettigen Kohlenhydraten liefert ein Müsli-Riegel mit Traubenzucker, Honig oder Milchzucker schnelle Energie, und satt machen die Getreideprodukte und Trockenfrüchte in ihm.

Jetzt noch rasch ein paar Takte zu einem Stoff, der schlimmer als jeder Heiratsschwindler täuschen kann. Wenn jemand abnehmen will und gerade deshalb Süßstoff statt Zucker verwendet, dann streut er seinem Organismus Sand in die Augen. Sobald nämlich der Süßstoff im Körper ist, wird dem Stoffwechsel signalisiert, daß jetzt Zucker im Anmarsch ist. Und darauf bereitet der Körper sich vor. Aber: es kommt kein Zucker – nichts, weit und breit nicht der Hauch von Zucker, woher auch, wir haben ja keinen gegessen. Der Süßstoff hat den Stoffwechsel hereingelegt, weil er zwar zuckersüß, aber nun mal kein echter Zucker ist und somit auch anders verstoffwechselt wird. Und das ist der schlechte Witz an dieser gutgemeinten Einstellung. Denn: Im Organismus wird alles für eine Zuckerverwertung vorbereitet; der Stoffwechsel steht in den Startlöchern und will endlich tätig werden – und daher fordert er energisch Zucker an. Die unselige Folge: Das Verlangen nach echtem Zucker wird rasch zur drängenden Begierde. Alles Süße, was jetzt irgendwie greifbar ist, egal, ob Torte, Schokolade oder Bonbons, wird sofort im Handumdrehen vernascht – trotz der guten Vorsätze. Ich ziehe wirklich vor jedem meinen Hut, der da noch widerstehen kann, wenn der Körper wegen dieser Täuschung gierig nach Zucker wird. Also: Immer wenn Sie Süßstoff nehmen, dann wird es nicht lange dauern und die Gelüste nach Süßem werden unerträglich, weil der Organismus Zucker fordert. Wenn Sie dies in den Griff bekommen können, ist das okay. Wenn nicht, dann sollten Sie statt Süßstoff ehrlichen Trauben-, Kandis- oder notfalls sogar Industriezucker verwenden.

Fette – jeder bekommt sein Fett ab. Viele viel zuviel!

„Jemand bekommt sein Fett ab" heißt auch, er oder sie hat die verdiente Rüge oder Strafe erhalten. Daher sagt der Volksmund auch „er hat eine geschmiert bekommen", wenn jemand eine Ohrfeige erhalten hat. Ursprünglich wurde diese Redensart wortwörtlich genommen: Beim Schweineschlachten oder Buttermachen bekam früher jeder sein Fett ab; der Besitzer und der Schlachthelfer, je nach Mitarbeit oder Bedarf. Erst später wurde diese Wendung im ironischen Sinn üblich. Heute muß man nicht mehr beim Schlachten helfen, um sein Fett zu bekommen – essen genügt. Und das ist nichtmal ironisch gemeint, denn tatsächlich sind in der ungesunden Zivilisationskost die Fette mit 40–45 Prozent an der Energieversorgung beteiligt – Energie, die, wenn sie nicht durch Bewegung freiwerden kann, gespeichert wird. Denn ganze 5 Prozent Fett wären es, die unser Organismus tatsächlich benötigt, nämlich 6–8 Gramm essentielle, also lebensnotwendige Fettsäuren. Trotzdem darf die Energieaufnahme in einer gesunden Ernährung 20–25 Prozent Fett betragen. Immer müssen aber die 6–8 Gramm essentiellen Fettsäuren dabei sein, damit es zu keinen Mangelerscheinungen kommen kann. Woran liegt's, fragen Sie sich vielleicht, daß man fast die Hälfte der Energie durch Fett zu sich nehmen kann, obwohl man doch oft genau guckt, was auf den Teller kommt? Und das hat doch offensichtlich keine 45 Prozent Fett? Gute Frage – Sie haben recht! Das Vertrackte ist nämlich, daß zwei Drittel der Fette nicht „offen sichtlich" sind – die Fette spielen Versteck mit uns. Und wer nicht weiß, wo er suchen muß, der bekommt meist zuviel von den versteckten Fetten ab. Weil Sie als Läufer fettarm besser fahren, nein, besser laufen, will ich Ihnen beim Suchen der versteckten Fette helfen. Begeben wir uns dazu gleichmal in die industrielle Massenviehwirtschaft. Da gibt es ein kurzbeiniges Säugetier mit gedrungenem Körper, länglichem Kopf, rüsselartig verlängerter Schnauze und meist geringeltem Schwanz. Seine Haut ist mit Borsten bedeckt und seine Farben gehen von rosa bis schwarz. Es grunzt und quiekt – heutzutage leider nicht mehr aus Vergnügen sondern vor Qualen. Und weil es gern in aller Munde ist, kennen Sie es bestimmt. Eigentlich ist das Hausschwein gemeint, aber die Bezeichnung hätte in den meisten Fällen schon längst in Industrieschwein geändert werden müssen. Wie dem auch sei, eine Sau hat etwas Besonderes, worin es sich von den anderen Schlachttieren unterscheidet: In ihren Erbanlagen ist festgelegt, daß sie fett sein muß. Anders gesagt: ein Schwein hat kein mageres Fleisch, weil die meisten Zellen Fettzellen sind. Daß die heutzutage versaute Sau, die mit Pharmaka gefütterte Industriesau, durch Züchtung noch zusätzlich viel Wasser in den Zellen hat, ändert kaum etwas daran. Tut mir leid, gibt es nicht, wäre die ehrliche Antwort eines Metzgers, wenn Sie nach magerem Schweinefleisch verlangen. Er aber sagt: Nehmen Sie Halsgrat, das ist relativ mager. Und schon wurde sogar in der Sprache das Fett versteckt. Ehrlicher wäre gewesen, wenn er gesagt hätte, daß es relativ wenig Fett hat, denn Halsgrat enthält stolze 32 Gramm Fett in 100 Gramm eßbarem Anteil. Also Schluß mit dem Versteckspiel – hier sehen Sie die Hitliste der Nahrungsmittel, die versteckte Fette enthalten, und die, ganz klar, vom Schwein angeführt wird.

In 100 Gramm eßbarem Anteil verstecken sich die angegebenen Gramm Fett:

Schweinespeck	90 g	Schweine-Halsgrat	32 g
fettreiche Mayonnaise	83 g	Hammel-Kotelett	32 g
Walnüsse	63 g	Hühnereigelb	32 g
Mettwurst	53 g	Schlagrahm	32 g
Salami	50 g	Gans	31 g
geröstete Erdnüsse	50 g	Käse	28–31 g
Schweinebauch	42 g	(bei 45 bis 60% Fett)	
Leberwurst	41 g	Marzipan	25 g
Kartoffelchips	39 g	Aal	25 g
Schweineschinken		Schweine-Kotelett	25 g
roh oder geräuchert	33 g	Avocado	24 g
Milchschokolade	33 g	Rindfleisch (Brust)	21 g
Gelbwurst	33 g	Eiscreme	12 g
Schweinsbratwurst	32 g		

Soviel Fette hier auch enthalten sind, die, die wir brauchen, sind kaum dabei – die essentiellen Fettsäuren. Nicht nur in Fleisch, Wurst und Käse verstecken sich die Fette, sondern auch in Gebäck, Kuchen und Torten; in Soßen, Nüssen, panierten Speisen, Pfannkuchen, Pommes frites, Rohrnudeln, Milchspeisen – dummerweise also in vielen Dingen, die uns so gut schmecken. Und weil Genuß nunmal zum Leben gehört, wäre es geradezu töricht, entfernten wir solche fetthaltigen Lebensmittel aus unserem Speiseplan. Aber jetzt, wo die versteckten Fette enttarnt sind, kann man darüber nachdenken, wie oft man ihnen Schranken setzen kann. Das hilft uns, die Energieaufnahme in Form von Fetten auf 25 Prozent oder weniger zu senken – und dann ist ja alles wieder in Butter. Apropos „alles in Butter". Hinter dieser Redensart steht vermutlich der Konkurrenzkampf zwischen Butter und Margarine, der bereits vor gut hundert Jahren begann – seit 1869, um genau zu sein. Wer hätte das gedacht? Aufgrund eines Preisausschreibens von Napoleon III, wurde Margarine von einem französischem Forscher hergestellt. 1875 kam sie nach Deutschland. „Bei uns ist alles in Butter" hat ein selbstbewußter Gastwirt in Berlin entrüstet geantwortet, als ein Gast wissen wollte, ob man in dieser Küche auch billige Fette verwendet. Keine Bange, ich will mich nicht auch noch in die hitzig geführte Diskussion „Butter oder Margarine" einmischen. Aber über die tierischen und pflanzlichen Fette sowie über das Cholesterin möchte ich noch ein paar Sätze verlieren. Wie die Hitliste gezeigt hat, sind die versteckten Fette überwiegend tierische Fette. Aber gerade diese brauchen wir fast nicht – was unser Organismus notwendig benötigt, das sind die lebensnotwendigen Fette aus den Pflanzen. Und diese bekommen wir am schnellsten aus den pflanzlichen Ölen, die dann besonders hochwertig sind, wenn sie mehrfach ungesättigte Fettsäuren enthalten. Solche Öle sind: Distelöl (75 g je 100 g); Leinöl (72 g je 100 g); Sonnenblumenöl (63 g je 100 g) und Sojaöl (60 g je 100 g). In Margarine sind es immerhin noch 25 g je 100 g. Selbst in Butter finden wir diese essentiellen Fettsäuren, obwohl es tierisches Fett ist. Der Anteil ist jedoch gering: nur 2,7 g je 100 g.

Wann immer wir können und wollen, sollten wir auf die tierischen Fette verzichten. Wenn Sie das nur an den Tagen machen, an denen Sie laufen, ist schon viel gewonnen. Ein weiterer Grund, tierische Fette links liegen zu lassen, ist der oft erhebliche Anteil von Cholesterin darin. Über Cholesterin zu sprechen ist in Mode gekommen. Wer da nicht mitreden kann, ist medizinisch nicht „in". Aus diesem Grund kennt inzwischen jeder ganz genau den kritischen Gesamtcholesterinwert: 200, 220, 230, 250, 270, 290, 300 und darüber?! Und wo liegt gar der ideale Wert? Es ist schon erstaunlich, welche Zahlen genannt werden, wenn man sich umhört; wen wundert's, denn noch sind sich sogar die Forscher uneins, wenn es um diese Werte geht. Was lernen wir daraus? Das, was Karl Valentin schon vor 60 Jahren wußte: „Nichts Genaues weiß man nicht". Und mit der Gelassenheit eines Karl Valentin sollten wir uns mal ansehen, was es mit dem Cholesterin auf sich hat, denn vielleicht hilft uns dann der gesunde Menschenverstand ein wenig weiter. Cholesterin wird heute schon vielfach mit einem negativen Vorzeichen versehen, so, als wäre es giftig. Cholesterin ist aber grundsätzlich alles andere als eine gefährliche Substanz. Es ist also beileibe nicht so, daß wir Giftiges beispielsweise mit einem Hühnereidotter aufnehmen und Gefahr laufen, das Infarktrisiko allein dadurch zu erhöhen. Erhellen wir nun das oft in so düsteren Farben gezeichnete Cholesterin: Es ist ein besonderes Fett, das in allen tierischen und menschlichen Zellen vorkommt – wir brauchen also Cholesterin im Körper, da es sonst lebensnotwendige Funktionen nicht erfüllen kann, beispielsweise in der Zellmembran, im Blut und in einigen Organen. Einzelheiten wollen wir uns ersparen. Weil wir in unserem Körper, in der Leber und Darmwand, täglich 400–1200 mg Cholesterin produzieren, sind wir auf eine Zufuhr von außen nicht angewiesen. Selbst strenge Vegetarier, die nichtmal Fisch und Milchprodukte essen, leiden nicht an Cholesterinmangel. Wer weitestgehend auf tierische Fette verzichtet, der kann nicht nur sein Gewicht reduzieren, sondern auch rasch auf einen Cholesterinwert kommen, der um die 200 mg pendelt – und mit diesem durchschnittlichen Wert liegt man sicher nicht falsch, selbst wenn in den USA ein Richtwert von 150 mg genannt wird. Welche Zusammenhänge zwischen Cholesterin und Arteriosklerose tatsächlich bestehen, das erfahren Sie im weiteren Verlauf dieses Buches.

Schon immer hat es in der Menschheit gesunde Ernährungsformen gegeben, die den Vorteil haben, daß sie kaum Cholesterin, dafür aber viele Zellschutzengel, die Antioxidantien, enthalten. Beispielsweise gehört die sanfte vegetabile Kost dazu, also die, bei der Fisch und Milchprodukte gegessen werden. Auch fällt die vollwertige, möglichst naturbelassene Kost in diese Gruppe. Je mehr man sich mit seinen Ernährungsgewohnheiten diesen beiden Formen nähert, desto gesünder ißt man.

111

Folgende tierische Fette haben einen hohen Anteil an Cholesterin (in mg je 100 g eßbarem Anteil):

Kalbshirn	3140 mg
Hühnereigelb	1400 mg
Kalbsniere	310 mg
Kaviar	300 mg
Leber	250 mg
Butter	240 mg
Eierteigwaren	140 mg
Reh und Hase	110 mg
Sahne (30 % Fett)	109 mg

wenig Cholesterin ist in der Kuhmilch:

Milch (3,5 % Fett)	12 mg
Milch (1,5 % Fett)	5 mg
magerer Speisequark	4 mg

Eiweiße – 65 plus 35 ergibt 137
Ob ich ein Rechenkünstler bin, werde ich Ihnen nicht verraten; wie aber unser Körper das Kunststück fertigbringt, aus 65 und 35 diese 137 zu machen, das sage ich Ihnen gleich. Zuvor aber noch dies: Ohne Eiweiße ist kein Leben möglich. Sie sind nicht nur die Grundbausteine unseres Körpers, sie steuern auch den Stoffwechsel und übernehmen Transportaufgaben. Die alten Griechen nannten es Protein, abgeleitet von protos „erster, vorderster, wichtigster", wobei sie sich in ihrer Annahme irrten, daß alle Eiweißkörper auf nur einer Grundsubstanz aufgebaut sind. Richtig aber ist, daß Eiweiß mengenmäßig der wichtigste Baustein lebender Substanzen ist – Leber-, Nieren- und Muskelgewebe bestehen zu etwa 80 Prozent aus Eiweiß. Seine Zusammensetzung ist aber bei jedem Menschen individuell; deshalb ist es auch schwer, Organe, Gewebe oder Blut von einem Menschen auf den anderen zu übertragen. In jeder Zelle gibt es bis zu 5000 verschiedene Eiweißarten. Diese werden von nur 22 Grundbausteinen aufgebaut – wir kennen sie bereits, es sind die Aminosäuren, die die kaum vorstellbare Zahl von 10^{130} Verbindungen eingehen können. Von den 22 Aminosäuren gibt es wiederum 8, die

der menschliche Organismus nicht selbst herstellen kann – sie sind demnach essentiell und müssen täglich mit der Nahrung aufgenommen werden. Geschieht dies nicht in ausreichendem Maß, dann können Zellgebäude wackelig werden, weil die Verbundbausteine von mieser Qualität sind oder gar fehlen. Anders gesagt: Zellen sowie Gewebeteile können nicht mehr ordentlich und sauber repariert oder aufgebaut werden, weil dem Erhaltungs-Stoffwechsel nicht genügend Material geliefert wurde. Hält dieser Mangel längere Zeit an, dann geht das an unsere Körpersubstanz – vor allem werden die Muskeln wabbelig. Enzyme, die in den Zellen als Katalysator die Stoffwechselreaktionen steuern und die Geschwindigkeit festlegen, sind auch Eiweiße. Kommt es zu einem Ausfall oder zu einer Veränderung eines bestimmten Enzyms, wird der Energiegewinnungsprozeß in den Kraftwerken der Zellen gestört – dadurch kann eine verminderte körperliche oder geistige Leistungsfähigkeit auftreten. Eiweiß übernimmt auch verschiedene Transportaufgaben im Blut. Das Hämoglobin, das den Sauerstoff Huckepack nimmt, ist genauso Eiweiß wie das Plasmaprotein, das die Lieferung der Nährstoffe und den Abtransport der Stoffwechselausscheidungen übernimmt. Und noch eine wichtige Aufgabe hat das Eiweiß: Es baut die Antikörper zur Abwehr körperfremder Eindringlinge auf. Fehlen die 8 essentiellen Aminosäuren, kann die Infektabwehr empfindlich geschwächt werden.

Sie haben dazu eine Frage – bitte, schießen Sie los! „Ist die Zufuhr dieser acht Aminosäuren gewährleistet, wenn ich künftig nicht mehr jeden Tag Fleisch esse? Ich habe nämlich gehört, daß man Fleisch essen muß, weil man auf die tierischen Eiweiße nicht verzichten kann." Nun, der Ihnen das gesagt hat, der hörte zwar etwas läuten, weiß aber nicht, wo die Glocken hängen. Zunächst einmal wußte er, daß tierisches Eiweiß biologisch besonders hochwertig ist. Nur muß man dazu nicht unbedingt Fleisch essen – bekanntermaßen steckt tierisches Eiweiß beispielsweise auch im Hühnerei. Das ist es natürlich nicht, worauf ich hinaus will – also weiter, denn mit dem Eiweiß hat es etwas Außergewöhnliches auf sich. Dazu muß erstmal geklärt werden, was „biologisch hochwertig" bedeutet: Im Gegensatz zu den Kohlenhydraten und Fetten, die man nur mengenmäßig bewerten kann, kommt es bei der Aufnahme von Eiweiß noch auf etwas anderes an. Unser Organismus kann mit den 22 Aminosäuren selbst weiteres Körpereiweiß aufbauen. Neben der aufgenommenen Menge wird noch ein zusätzlicher Anteil obendrauf gepackt. Die biologische Wertigkeit von Eiweiß gibt nun an, wieviel Gramm Körper-Eiweiß durch 100 Gramm Nahrungs-Eiweiß hergestellt werden können. Folglich kommt es beim Eiweiß nicht nur auf die Menge, sondern vor allem auf die Qualität, also auf die biologische Wertigkeit, kurz b. W. an. Ein Hühnerei hat die b. W. von 100, das heißt, daß unser Körper aus 100 Gramm aufgenommenem Eiweiß auch nur 100 Gramm Körpereiweiß aufbauen kann. Was aber passiert, wenn Sie nicht nur tierisches, sondern zusätzlich pflanzliches Eiweiß aufnehmen? Essen Sie beispielsweise ein Hühnerei zusammen mit Kartoffeln, die pflanzliches Eiweiß enthalten, dann kann bei einem Verhältnis von 35 Prozent (Ei) und 65 Prozent (Kartoffel) Ihr Körper daraus 137 Prozent Körpereiweiß herstellen – ein stolzes Plus von 37 Prozent. Die biologische Wertigkeit von Ei/Kartoffel ist 137 – und damit ist das Rätsel um das Rechenkunststück aus der Überschrift gelöst.

Zurück zu Ihrer Frage. Weil tierisches Eiweiß von hoher biologischer Wertigkeit ist, glaubte man lange Zeit, daß gerade der höhere Eiweißbedarf eines Sportlers nur über den Verzehr von viel Fleisch gedeckt werden kann – und das, so weiß man heute, ist nicht nur falsch, sondern auch gefährlich, weil mit Fleisch viele Purine in den Körper gelangen. Auf diese Stoffe komme ich anschließend zu sprechen. Fleisch zu essen, weil's einem schmeckt, ist eine Seite; Fleisch nur deshalb zu wählen, um einem Eiweißmangel vorzubeugen, wäre falsch. Ein hoher Fleischkonsum ist wegen der Purine schädlich. Wer will, der kann sich demnach auch ohne Fleisch ausreichend mit hochwertigem Eiweiß versorgen. Die richtige Mischung aus tierischem und pflanzlichem Eiweiß übertrifft bei weitem das reine tierische Eiweiß, weil sich das gemischte Angebot an Aminosäuren gegenseitig ergänzt und aufwertet. Biologische Wertigkeiten, die deutlich über 100 liegen, haben Gerichte mit: Ei und Kartoffel; Ei und Milch; Milch und Getreide; Bohnen und Mais. Wer Nudeln mit Spiegelei; Vollkornbrot mit Käse oder einfach nur ein Müsli ißt, der nimmt biologisch hochwertiges Eiweiß zu sich – und das alles hat obendrein noch 'ne Menge bester Kohlenhydrate. Wenn Sie bei Ihrer

Ernährung darauf achten, daß Sie etwa 70 Prozent der Energiezufuhr durch Kohlenhydrate decken und zwischendurch zu Milchprodukten greifen, dann nehmen Sie stets ausreichend Proteine zu sich. Sie müssen nicht mal alles gleichzeitig essen, denn es dauert vier bis sechs Stunden, bis die Aminosäuren verknüpft sind.

Hier ein paar wichtige Eiweißlieferanten: Milch und Milchprodukte, Fisch, Eier, Kartoffeln, Reis, Teigwaren, Hülsenfrüchte, Getreide, Fleisch, Samen und Nüsse. Weil Milchprodukte frei von Purinen sind, sollte man diesen Nahrungsmitteln so oft wie möglich den Vorzug geben. Was verbirgt sich hinter den Purinen? Nahrungsmittel, die purinhaltig sind, liefern nach dem Stoffwechsel das Abfallprodukt Harnsäure – also das Zeug, das sich in den Nieren, Gelenken und Sehnen ablagert und zu Nierensteinen, Gicht oder erhöhter Anfälligkeit von Verletzungen der Sehnen führt. Nahrungsmittel mit einem Puringehalt von über 200 mg je 100 Gramm eßbarem Anteil sollte man möglichst ganz meiden. Vor allem sind das: Bries, Hirn, Leber, Niere, Fleischextrakt, Zunge, Heringe, Sardellen, Sardinen und Anchovis. Aber auch in Fleisch, Geflügel, Wild und Wurstwaren ist der Purinanteil erheblich.

Für alle, die Gewicht verlieren wollen, habe ich noch eine gute Information: Der ideale Eiweißanteil von 15 Prozent des Energiebedarfs fördert den Abbau der Fettdepots. Durch die Enzyme wird der Stoffwechsel angeregt und damit der Fettabbau erleichtert, zudem bleibt der Appetit klein. Vermeiden sollte man auf jeden Fall eine Eiweißmast. Weil Eiweiß im Körper keine eigenen Depots hat, wird überflüssiges Eiweiß in Fett und Zucker umgewandelt. Dadurch kann es wieder gespeichert werden – an Stellen, wo wir es nicht so gerne sehen. Als Faustregel für eine ausreichende Eiweißaufnahme gilt: Pro Kilogramm Körpergewicht sollte man ein Gramm Nahrungseiweiß zu sich nehmen.

Vitamine – Zündmeister und Zell-Schutzengel
Jeder weiß, daß Vitamine gesund sind. Nicht jeder weiß, daß der Organismus ins Schleudern kommt, wenn man einen Vitaminmangel hat – schauen wir uns an, warum das so ist. Schon der lateinische Wortteil vita, „Leben", verrät, daß die Vitamine lebensnotwendig sind. Das Wortanhängsel -mine kommt von dem Kunstwort Amine

und ist nur für Chemiker von Bedeutung. Vitamine sind Wirkstoffe, die nicht oder nur teilweise im menschlichen Organismus hergestellt werden können – auch sie müssen wir also mit der Nahrung aufnehmen. Daß ein Mangel an Vitamin A zu Störungen im Dunkelsehen (Nachtblindheit) führen kann, ist bekannt. Auch weiß man, daß ein Vitamin-C-Mangel zu erhöhter Infektanfälligkeit führt. Weniger bekannt ist, daß das Vitamin D nicht nur in der Nahrung steckt, sondern vor allem in der Haut durch Sonnenlicht aus körpereigenen Stoffen gebildet wird. Kinder, die zuwenig an die Sonne kommen, können rachitisch werden. Rachitis ist eine Knochendeformation, die besonders im Entwicklungsstadium von Kleinkindern vorkommt. Mit dieser Aufzählung ist oft schon das ganze Wissen über die Vitamine erschöpft. Wie spannend es ist, wenn man den Vitaminen dabei zuguckt, wie sie in uns rackern und schuften, das können Sie in diesem Kapitel erleben.

Erstmal stecken wir alle bekannteren Vitamine nach ihrer Löslichkeit in zwei Schubladen: In Fett lösen sich die Vitamine A, D, E und K auf; in Wasser dagegen C, B1, B2, B6, B12, Folsäure, Pantothensäure, Niacin und Biotin. Bleiben wir gleich bei den wasserlöslichen Vitaminen. Was sich in Wasser auflösen kann, das kann auch mit Schweiß und Urin verloren gehen. Weil Sportler viel schwitzen, verlieren sie entsprechend mehr von diesen Vitaminen – also müssen sie auch mehr als Nichtsportler darauf achten, daß diese Lebensstoffe nach Verlust schnell wieder ergänzt werden. Angst davor, daß man zuviel von den wasserlöslichen Vitaminen zu sich nehmen kann, muß man nicht haben, weil das Zuviel ausgeschieden wird. Auf der anderen Seite heißt das aber auch, daß es für die Vitamine C und B keine Speichermöglichkeit im Körper gibt – demnach sollten sie täglich in der erforderlichen Menge durch die Nahrung zugeführt werden. Eine rasche Aufnahme aus dem Darm ist jederzeit möglich, da immer ausreichend Wasser zum Lösen vorhanden ist. Anders ist das bei den fettlöslichen Vitaminen. Damit diese sich auflösen können, muß im Darm und Magen Fett vorhanden sein. Weil man Fett nicht ausschwitzen kann, was uns jedoch oft vorgegaukelt wird, bleiben die fettlöslichen Vitamine logischerweise im Körper. Hier können sie in der Leber und im Fettgewebe in begrenztem Umfang deponiert werden – das hat einen Vorteil, aber auch einen Nachteil. Zum Vorteil: Der Organismus kann sich bei Bedarf aus diesen Depots bedienen, daher ist ein Mangel an fettlöslichen Vitaminen eher selten. Der Nachteil: Bei den Vitaminen A und D können auch große Mengen gespeichert werden, was im Extremfall zu einer Vergiftung führen kann. Zu Ihrer Beruhigung sei gesagt, daß diese Gefahr so gut wie nie gegeben ist, es sei denn, Sie essen täglich Berge von Karotten oder entwickeln eine Vorliebe für Lebertran und trinken ihn literweise.

Ohne Zündmeister – keine Verbrennung. Die B-Vitamine

Daß unser Organismus immer genügend Kohlenhydrate, Fette und Eiweiß bekommt, dafür sorgt schon das Signal Hunger. Leider haben wir kein Lämpchen, das uns anzeigt, wenn das eine oder andere Vitamin knapp wird. Dennoch, Hinweise gibt uns der Körper auch hier – aber wer denkt schon daran, daß leichte Ermüdbarkeit, Konzentrationsmangel oder Koordinationsstörungen häufig von einem Vitaminmangel ausgelöst werden. So mancher Zeitgenosse fühlt sich nur wegen fehlender Vitamine schlapp und müde, schiebt's aber dem anstrengenden Tag in die Schuhe. Auch körperlicher Leistungsabfall im Sport ist nicht selten auf den Mangel eines ganz bestimmten Vitamins zurückzuführen. Ohne diesem kommt die Verbrennung der Glucose in den Zellkraftwerken der Muskulatur ins Stocken. Jetzt aber raus mit der Sprache: Das Vitamin B1 ist es, ohne dem in unseren Kraftwerken kaum etwas läuft. Da kann man Berge von Nudeln oder Reis essen – wenn der wichtigste Mann bei der Verbrennung fehlt, können diese Kohlenhydrate keine Energie liefern. Schauen wir jetzt in ein Kraftwerk hinein, wer da arbeitet, und vor allem, wer bei der Verbrennung den Ton angibt. Damit ein Kraftwerk arbeiten kann, braucht es bestimmte Enzyme, die als körpereigene Katalysatoren fungieren. Etwa zweitausend unterschiedliche Enzyme werkeln im Körper. Solche Katalysatoren haben nichts mit der Schadstoffreinigung eines Autos zu tun; in der Chemie sind das Stoffe, die chemische Reaktionen auslösen oder beeinflussen. Bei den unzähligen Reaktionen im Stoffwechsel, die allesamt ausgelöst werden müssen, spielen den Enzymen zugeordnete Vitamine den Zündmeister. Diese Vitamine stecken dann in den jeweiligen Enzymen drin, und im Team starten sie die Verbrennung. Tonangebend dabei ist der Oberzündmeister, das Vitamin B1. Es ist insbesondere zuständig für die Zündung des Kohlenhydratstoffwechsels, packt aber auch mit an, wenn die Endprodukte aus dem Eiweiß- und Fettstoffwechsel abgebaut werden müssen. Die Zündmeister bei diesen Verbrennungen sind die Vitamine B6, B2 und Niacin. Ein Bodybuilder wird seine geschädigten Muskelfasern (das ist nichts Schlimmes, nur so wachsen Muskeln) nicht reparieren können, wenn der Zündmeister durch Abwesenheit glänzt und dadurch der Eiweißstoffwechsel nicht angeworfen werden kann. Fassen wir kurz zusammen: Hauptsächlich sind es die Vitamine der B-Gruppe, die an den Stoffwechselfunktionen beteiligt sind. Direkten Einfluß haben auch die Vitamine A und E. Leider sind die Vitamine der B-Gruppe nicht populär, daher kümmern sich viele Menschen kaum um sie. Weitestgehend unbekannt sind die von der Natur ihnen auferlegten Pflichten und Aufgaben; unbekannt sind auch die Folgen, die bei Vitamin-B-Mangel entstehen. Schon lange wird in den Ernährungsberichten auf eine schleichende B1-Unterversorgung hingewiesen – wer aber liest schon solche Berichte? Ärzte vielleicht, sagen Sie? Dann hätten Sie einen tollen Arzt; mir jedenfalls hat das noch keiner gesagt – aus Büchern habe ich mir die Informationen herausgepickt, weil ich immerzu neugierig bin. Fairerweise muß man sagen, daß es natürlich nicht die Aufgabe eines Arztes ist, uns in Ernährungsfragen zu beraten – von den Kassen bekäme er für dieses Gespräch keinen Pfennig. Außerdem ist Medizin eine Lehre der Krankheiten und nicht die der Gesundheit. Folglich ist es die Aufgabe der Ärzte, kranken Menschen zu helfen. Das Unselige dabei ist nur, daß der Onkel Doktor bei bestimmten Diagnosen den Kranken auf Diät setzt, und im schlimmsten Fall greift er zum Rezeptblock und verschreibt Abführmittel, Appetitzügler oder sonstige chemische Schlankmacherkeulen. Sie sind also gut beraten, wenn Sie die gesunde Ernährung selbst in die Hand nehmen, um Krankheiten zu verhüten. Ein dicker Fehler wäre es demnach, wenn man glaubt, mit der eigenen Ernährung ist solange alles in bester Ordnung, bis einem der Arzt diesbezüglich auf die Zehen steigt. In einem Buch übers Laufen aber muß es deutlich und für alle hörbar gesagt werden – deshalb hänge ich es hiermit an die große Glocke, damit es weit ins Land tönt: Für Sportler, besonders für Ausdauersportler, ist das Vitamin B1 von allergrößter Nützlichkeit.

Ein Wille, der nichts zu essen bekommt, bleibt schwach – das Vitamin B1

Trainingsunlust, Müdigkeit, Muskelschmerzen – haben Sie damit schon Bekanntschaft gemacht? Sie müssen weder überarbeitet sein noch zu viel trainiert haben, auch ein Mangel an Vitamin B1 kann zu solch unliebsamen Zuständen führen. Weniger deutlich wahrnehmbar – und nicht ungefährlich – sind Störungen der Muskel- und Herzfunktionen – ebenfalls mögliche Folgen von zuwenig Vitamin B1. Und fehlt dem Gehirn dieser Oberzündmeister, kann dies zu Entscheidungsschwäche, Vergeßlichkeit und Trübseligkeit führen. Sie erinnern sich: Die Gehirnzellen brauchen zur Energiegewinnung Glucose. Fehlt jedoch das Vitamin B1, dann kann im Hirn Glucose nicht verwertet werden. Dadurch wird der Willensstärke die Nahrung vorenthalten, aber auch dem Nachdenken und sogar dem Hochgefühl. Gründe genug, so denke ich, daß wir wie Bluthunde hinter dem Vitamin B1 her sein sollten. Beim Schmökern von Wörterbüchern fiel mir auf, daß unter dem Stichwort Vitamine immer nur das Vitamin B erwähnt und sogar fettgedruckt hervorgehoben wird. Vielleicht deshalb, weil man weiß, daß es bei Kindern und Erwachsenen gerade bei dieser Vitamingruppe zu kritischen Versorgungslücken kommt – der Ölmeßstab beim Auto bliebe trocken, um einen bildhaften Vergleich zu bringen. Der Grund für diesen Mangel ist schnell gefunden: Es sind die veränderten Ernährungsgewohnheiten bei uns; die ungesunde Zivilisationskost füllt eben kaum Vitamin B in unsere Tanks. So manch' Wichtiges bei der Ernährung wird heute dem Zufall überlassen – und zufällig fehlen dann die essentiellen Nährstoffe. Lieber greift man zu blassem Weißbrot statt zu sonnigbraunem Vollkornbrot; im Weißmehl aber wurde das Vitamin B1 Opfer der Stahlwalzmühlen. Reis wird überwiegend geschält gegessen, das Fruchthäutchen verachten wir – schade, denn genau da drin steckt das Vitamin B1. Bei den Gemüsen, die B1 enthalten, Spargel, Bohnen, Spinat, Broccoli und Erbsen, wird dieses Vitamin meist herausgekocht. Und dann erst der Alkohol – er raubt nicht nur als Nerven- und Zellgift den Verstand, er raubt auch das letzte Quäntchen B1. Einen solchen Mangel kann sich aber niemand leisten – ein Ausdauersportler gleich zweimal nicht. Schwänzt der Oberzündmeister, dann fehlt uns die Energie – in den Beinen und im Kopf. Ein Nichtsportler benötigt jeden Tag 1,2 bis 1,8 mg Vitamin B1. Wird dieser Nichtsportler aber aktiv, dann erhöht sich die Menge auf das Vierfache (!), also auf 6 bis 8 mg. Erst jetzt wird der Treibstoff gezündet – die Muskeln laden sich mit Energie auf, der Wille wird stark und der Kopf steckt bald voller Lauflust.

Weil dieses wasserlösliche Vitamin mit dem Schweiß flöten geht, muß es immer wieder ersetzt werden. Eine stattliche Menge Vitamin B1 steckt in Weizenkeimen, Nüssen, Hülsenfrüchten und in allen unbearbeiteten Getreide- und Vollkornprodukten. Und wer kein Müsli mag? Verzweifeln Sie nicht, lieber Müsli-Verweigerer, ich habe einen Joker für Sie, und nicht nur für Sie. Da gibt es etwas in Pillenform – die einen sind rauh und rutschen schlecht, das sind Tabletten, die anderen sind glatt und rutschen leicht, das sind Dragees. Eines haben diese Pillen gemeinsam: sie sind bis oben hin vollgepackt mit allen Vitaminen der B-Gruppe. Dazu gesellen sich wichtige Mineralstoffe und Spurenelemente. Und was an diesen Pillen besonders fein ist: sie sind naturrein, haben kaum Fett, dafür aber viel Eiweiß und Kohlenhydrate. Das hört sich nach Astronautenfutter an, ist aber keins. Einen Nachteil haben diese Dinger aber auch: Kaut man sie, dann schmeckt's fürchterlich bis scheußlich. Aber zum Kauen sind diese Pillen nicht gedacht. Man nimmt sie in den Mund, und – schluckdiwupp – mit ein bißchen Flüssigkeit rutschen sie in den Magen – und die Geschmacksnerven ärgern sich, weil sie nicht wissen, was da an ihnen vorbeigerauscht ist. Nun, was war es? Natürlich wissen Sie's: Bierhefe war's. Neben Tabletten und Dragees gibt es sie auch in Flocken. Diese lassen sich ins Essen einrühren. Aber Vorsicht! Genießer behaupten, daß dies bereits an Körperverletzung grenze, so scheußlich schmeckt das Essen dann. Bierhefe gibt's preiswert in allen Lebensmittelläden. Je nachdem, ob Sie sonst noch viel Vollkornbrot oder Müsli essen, können Sie zur täglichen Ergänzung sechs bis zwölf Pillen – verteilt über den Tag – schlucken; und schon haben Sie alle B-Vitamine in sich – fast alle. Achten Sie auch darauf, daß das

Vitamin B12 nicht fehlt. Weil das B12 nicht vom Hefepilz, sondern von Mikroorganismen im Tier gebildet wird, muß es der Bierhefe beigemengt werden. Das machen aber nur manche Hersteller – auf der Packung steht dann auch B12.

Mit Vitamin-B-haltigen Grundnahrungsmitteln und Bierhefe sind Sie rundum gut versorgt und vor Mängeln geschützt. Was nun die einzelnen Vitamine aus der B-Gruppe, auch B-Komplex genannt, können, das lohnt sich anzuschauen. Zusammen mit den Enzymen sind alle B-Vitamine an Stoffwechselfunktionen beteiligt – das ist ihr gemeinsamer Nenner. Unterschiedlich sind ihre jeweiligen Besonderheiten.

Das Vitamin B2 brauchen wir für unser Zellwachstum. Ein Mangel kann zu Hautveränderungen führen, beispielsweise zu eingerissenen Mundwinkeln, Rötungen oder Schuppen. Brüchige Nägel sind oft ein Fingerzeig dafür, daß Vitamin B2 fehlt.

Vitamin B6 überträgt Reize im Nervensystem. Streßsituationen werden mit B6 besser gemeistert – wir sind nicht mehr so schnell überreizt und übernervös. Wer sich also Nerven wie Drahtseile wünscht, braucht Vitamin B6. Ein Mangel kann sich auch durch schlechten Schlaf, Alpträume und im Vergessen von Träumen äußern. Wer häufig unter Reisekrankheiten (Übelkeit) leidet, dem fehlt möglicherweise auch dieses Vitamin. Frauen sollten beachten, daß die Verhütungspille dem Körper das B6 entzieht – eine dadurch oft ausgelöste Bedrücktheit kann durch regelmäßige B6-Aufnahme vermieden werden.

Ein anhaltender B12-Mangel kann zu Sauerstoffarmut führen, weil ohne diesem Vitamin das Knochenmark nicht ausreichend erneuert werden kann und dann unfähig ist, genügend gesunde rote Blutkörperchen herzustellen. Ein Jucken und Prickeln in Armen und Beinen kann ein Hinweis auf B12-Mangel sein.

Folsäure brauchen wir für unsere Gehirnfunktionen. Zusammen mit dem Spurenelement Eisen ist Folsäure für die Bildung der roten Blutkörperchen unabdingbar. Leider werden die Vorratskammern der Folsäure schneller leer als bei allen anderen Vitaminen, weil Folsäure das Vitamin mit der höchsten Wasserlöslichkeit überhaupt ist. Folsäure wird nicht nur durch Schweiß entzogen, auch Verhütungspillen oder Alkohol nehmen es dem Organismus weg. Zudem können bereits kleine Störungen im Darm die Aufnahme der Folsäure verhindern. Ein Mangel kann sich zeigen durch: Unterzucker, Kopfschmerzen, Müdigkeit und Schleimhautveränderungen im Mund.

Die Pantothensäure, weniger bekannt als B3, ist in allen pflanzlichen und tierischen Zellen enthalten. Sie schützt unsere Schleimhaut vor Infektionen, bildet Antikörper und unterstützt die Leber beim Abbau von Giftstoffen. Pantothensäure wird bei Streß oder Verletzungen herangezogen. Bei Einnahme von Antibiotika wird dem Organismus dieses Vitamin genommen, ansonsten ist ein Mangel selten.

Das Niacin, oder Vitamin PP, gehört ebenfalls zum B-Komplex. Es schützt uns vor rauher Haut und Hautentzündungen; und bei Unterzucker greift es regelnd ein. Durchblutungsstörungen können auf einen Niacin-Mangel hinweisen.

Auch das Biotin hat einen Zweitnamen, Vitamin H. Ein gesunder Mensch kann seinen Biotinbedarf selbst decken; gebildet wird es in der Darmflora. Das Biotin ist noch wenig erforscht, der Tagesbedarf ist nicht bekannt. Jedoch weiß man, daß es am Auf- und Abbau der Fettsäuren beteiligt ist, und daß es aus dem Nahrungseiweiß die Aminosäuren herauslöst.

Fassen wir zusammen: Obgleich wir Läufer dem Vitamin B1 für die Energiegewinnung besonders hinterher sein müssen, auch die anderen Vitamine der B-Gruppe sind unerläßlich für ein starkes Nervengerüst, gute Durchblutung und eine reine und schöne Haut.

Hilfe bei verschmutzter Luft – das Beta-Carotin

Daß das Beta-Carotin irgendwie mit dem Vitamin A zu tun hat, ist bekannt. Werfen wir einen Blick auf den gewaltigen Unterschied: Das Beta-Carotin kommt ausschließlich in pflanzlichen Nahrungsmitteln vor, das Vitamin A in tierischen. Immer ist das Beta-Carotin die Vorstufe des Vitamin A – aus Beta-Carotin wird folglich das Vitamin A im Körper gebildet. Eine Reihe von Vorzügen spricht für das Carotin. Schauen wir uns dazu aber die Nachteile des A-Vitamins an: Eine übertriebene Aufnahme von Vitamin A kann zu bösen Vergiftungen führen – Nerven und Leber werden ernsthaft gefährdet. Auch wenn das Beispiel extrem ist, aber eine tägliche Dosis von 50 Gramm an Vitamin A, über Monate genommen, würde zum Tod führen. Da es als fettlösliches Vitamin nicht im Schweiß verloren geht, wird es gesammelt und gesammelt, solange, bis die Giftigkeit erreicht ist. Im Vergleich dazu müßte man ein Vielfaches von Beta-Carotin aufnehmen, um diese Gefährlichkeit zu erreichen. Um die Möglichkeit selbst einer kleinsten Vergiftung von vornherein auszuschließen, sollte das Beta-Carotin unbedingt bevorzugt werden. Die notwendige Menge von Vitamin A, das wir natürlich auch brauchen, holt sich unser Organismus auf intelligente Weise: er wandelt immer soviel Carotin in Vitamin A um, wie er benötigt. Dadurch laufen wir nicht Gefahr, einen Vitamin-A-Mangel zu bekommen. Ein solcher erschwerte das Sehen in der Dämmerung und kann zur Nachtblindheit führen, da das Vitamin A Bestandteil des Sehpigments ist. Auch können Bindehaut und Schleimhaut austrocknen. Weiterhin benötigen wir es für den Knochenaufbau und zur Festigung des Zahnschmelzes. Trockene und rauhe Haut, sprödes Haar, Schuppenbildung und brüchige Fingernägel deuten auch noch auf einen A-Mangel hin. So langsam stellt sich die Frage, wieviel Beta-Carotin wir aufnehmen müssen, damit der Organismus sowohl genügend A-Vitamine für die eben genannten Aufgaben umwandeln kann und trotzdem noch genügend Carotin für andere Aufgaben zurückbehält? Weil man dieses fettlösliche Vitamin nicht durch den Schweiß verlieren kann, benötigen wir Sportler dieselbe Menge wie Nichtsportler: täglich sollten zwischen 0,5 und 5 Gramm (oder 500 bis 5000 Internationale Einheiten, kurz I. E.) aufgenommen werden. Damit das Carotin gelöst werden kann, muß immer etwas Fett im Magen sein. Wer gerne Karottensaft trinkt, kann ein paar Tropfen Pflanzenöl dazu geben, ebenso, wer Karotten knabbert oder sie sich als Salat anmacht. Dazu ein Tip: Wenn man sich Karotten reibt, statt von ihnen abzubeißen, wird mehr Carotin vom Organismus aufgenommen, da die Oberfläche der geriebenen Teilchen größer ist.

Jetzt aber zu dem Vorteil des Beta-Carotins, der für uns wegen der Umweltverschmutzung immer wichtiger wird: Nur das Beta-Carotin ist ein hochwertiges Antioxidans – nicht dagegen das Vitamin A. Weil das Carotin für das Wachstum der Haut und Schleimhäute zuständig ist, spielt es beim Schutz vor Krebs in diesen Körperschichten eine herausragende Rolle. Als Kämpfer gegen die freien Radikale wird Carotin vor allem dann aktiv, wenn sich die Zellkiller bei verschmutzter Luft, beispielsweise bei Smog, bilden. Auch bekämpft es jene hochaktiven Bösewichte, die mit den UV-B-Sonnenstrahlen auf unsere Hautzellen treffen. Wie wir schon gehört haben, legt sich das Carotin schützend außen an die Zelloberfläche, so daß die freien Radikale nicht eindringen können.

Beste Carotin-Lieferanten sind Karotten, Spinat, Paprika, Grünkohl, Hagebutten und Aprikosen. Vitamin-A-Quellen sind Milch, Milchprodukte aber auch das fette und cholesterinhaltige Eigelb.

Zell-Schutzengel – die Vitamine E und C

Die *freien* Radikale haben wir schon kennengelernt. Radikale selbst haben in unserem Organismus eine schützende Aufgabe: sie beseitigen beispielsweise zerstörtes Gewebe nach Entzündungen. Werden jedoch mehr Radikale gebildet als notwendig, entstehen freie Radikale. Man weiß schon seit geraumer Zeit, daß dies Substanzen sind, die unsere Zellen angreifen und dadurch vorzeitig altern lassen oder sie gar verändern oder abtöten können – sie greifen also auch gesundes Gewebe an. Diese hochreaktiven Teilchen kann man pauschal in zwei Gruppen einteilen. Die eine dringt von außen auf uns ein, indem wir beispielsweise Zigarettenrauch inhalieren oder bestimmte Arzneimittel schlucken; aber auch durch Smog, der durch Abbau von Umweltgiften entsteht, oder mit UV-B-Strahlen fliegen uns diese Teilchen zu. Es ist für uns nicht mehr leicht, diesen Angriffen zu entkommen. Dennoch: man kann sich durch Verzicht auf Tabakkonsum, vor allem aber durch richtige Ernährung schützen. Neben diesen von außen auf uns eindringenden bösen Buben gibt es eine weitere Gruppe, die wir im Körper selbst produzieren – und mit diesen freien Radikalen werden wir uns jetzt beschäftigen. Dazu nehmen wir eine Lupe, denn es lohnt sich, ganz genau hinzugucken. Diese hausgemachten freien Radikale sind ein unerwünschtes Zwischenprodukt im Energiestoffwechsel. Genauer: Allein dadurch, daß wir atmen, kommen diese bösen Buben in den Kraftwerken der Muskelzellen auf die Welt. Je mehr wir unseren Körper belasten, desto mehr muß Energie gewonnen werden – und: um so mehr Sauerstoff wird in den Muskeln benötigt und umgesetzt. Und genau durch diesen höheren Sauerstoffumsatz werden auch vermehrt Radikale innerhalb der Zellen frei. Weil wir alle uns mehr oder weniger häufig belasten, sei es beim Radfahren, Bergwandern, Joggen oder Treppensteigen, läßt es sich nicht vermeiden, daß dabei eine Vielzahl zusätzlicher freier Radikale entstehen. Damit diese bösen Buben den Zellkern nicht verändern können, sollten wir uns über die Ernährung eine Heerschar von Zell-Schutzengeln zulegen, die diese Zellteufel möglichst am Ort der Entstehung abfangen. Wir kennen diese Zell-Schutzengel bereits – es sind die Antioxidantien. Mit dem Carotin haben wir schon einen wichtigen Vertreter kennengelernt. Nur kann uns dieses Vitamin beim Abfangen der freien Radikale in der Muskelzelle nach heutigem Wissensstand nicht helfen. Das macht aber nichts, denn dafür springen die Vitamine E und C in die Bresche. Im Kampf gegen die bösen Buben arbeiten beide Vitamine Hand in Hand; dabei ergänzen sie sich so gut, daß ihre Schlagkraft mehr als doppelt so stark ist – auf neudeutsch sagt man Synergieeffekt dazu. Das fettlösliche Vitamin E fängt die freien Radikale im Fettanteil der Zelle ab, und das wasserlösliche Vitamin C schnappt sie sich im Wasseranteil. Sobald die Zellteufel erfolgreich abgefangen sind, können sie keine schädigende Oxidation mit der Zelle eingehen – das erklärt auch den Namen Anti-Oxidantien.

Das Vitamin E schützt auch vor der häufigsten Todesursache

Wir wissen, daß ein Herzinfarkt durch einen Verschluß der Herzkranzgefäße ausgelöst wird. Dieser Verschluß kann zwei Ursachen haben: Entweder verstopft ein Blutgerinnsel die Blutbahnen zum Herz, oder die Wand dieser Blutbahnen wird an irgendeiner Stelle durch Kalkablagerungen immer enger. Letzteres ist die arteriosklerotische Veränderung der Gefäßwand, oder kurz Arteriosklerose. Die Folge des oft plötzlich und unverhofften Verschlusses durch diese Kalkablagerungen, der Herzinfarkt, ist allen bekannt. Nahezu unbekannt ist vielen Menschen, wie der Kalk dorthin kommt und was am Anfang – ganz am Anfang – diese Krankheit auslöst. Es wird höchste Zeit, daß Licht in diese Dunkelheit kommt – ich kann Ihnen versprechen, daß es jetzt spannend wird, denn alles beginnt mit einem Überfall: Durch die Nahrung aufgenommene Fette, die vom Magen hinüber in die Leber müssen, damit sie dort verstoffwechselt werden können, brauchen ein Transportmittel. Das wässrige Blut allein genügt nicht, da sich Fett in Wasser nicht löst; die Fettpartikel würden sich in der Blutbahn ablagern. Weil es also zu Fuß nicht geht, stehen Lieferwagen im Blut bereit, und je mehr Fett gegessen wurde, desto größer muß dieser Fuhrpark sein. So ein Transporter besteht aus winzigen Eiweißkügelchen, die die Fette huckepack nehmen und zu den Bestimmungsorten bringen. Die Beförderung dorthin ist jedoch gefährlich, denn wilde Banden freier Radikale warten darauf, diese Kügelchen mit der für sie kostbaren Fettladung zu überfallen. Ist niemand da, der die Angreifer abfangen kann, gelingt die Besitznahme durch die freien Radikale – sie verbinden sich mit dem Fett. Dieses ist nach der Eroberung durch Oxidation, also durch Verbindung mit Sauerstoff, ranzig geworden – zudem wurde der Lieferwagen bei dieser Attacke beschädigt. Sowohl die ranzige Ladung als auch der ramponierte Lieferwagen werden jetzt von unserem Immunsystem nicht mehr als körpereigene Stoffe, sondern als Eindringlinge bewertet; die Alarmsirenen schrillen, und die Freßzellen unserer Abwehr machen sich auf, diese Transportkügelchen mit der verdorbenen Ladung zu verschlingen. Dabei mampfen sie sich so voll, bis sie nicht mehr können – langsam verändern sie sich zu dicken Schaumzellen. Jetzt, wo diese ehemaligen Freßzellen prall und schaumig sind, wissen sie, daß sie in der Blutbahn den Weg versperren – also ziehen sie sich in die weichen Gefäßwände zurück und werden darin seßhaft. An ihrem neuen Platz legen diese Schaumzellen aber nicht die Hände in den Schoß – ganz im Gegenteil: leider geben sie in den Gefäßwänden Stoffe ab, die das Zellwachstum um sie herum anregen; und schon bilden sich kleine Polster, die langsam sklerosieren; sie verhärten sich durch Aufnahme von Kalk und Metallionen. Mit zunehmender Verhärtung wird die Gefäßwand unelastisch und verengt die Blutbahn – die Arteriosklerose hat ihren Anfang genommen. Die Gefahr, an ihr zu erkranken ist immer dann besonders groß, wenn dauernd viele, viele Fett-Lieferwagen im Einsatz sein müssen, weil durch die Nahrung zuviel Fett aufgenommen wurde. Daher nimmt auch bei Menschen, die sich zu viel Fett aufladen, das Risiko zu, an der Arteriosklerose zu erkranken. Weil die Belastung dieser Veränderung der Gefäßwände im Laufe der Jahre zunimmt, erhöht sich auch mit höherem Lebensalter das Risiko für einen Herzinfarkt. Übrigens, der Transporter hat einen Namen, den Sie bestimmt kennen; es ist das LDL-Cholesterin, das leichte Lipoprotein aus dem Gesamtcholesterin – auch schlechtes Cholesterin genannt, weil man es schon immer in Verdacht hatte, daß es ursächlich an der Gefäßverengung beteiligt ist. Heute weiß man, daß es nur indirekt durch seine Fettladung damit zutun hat – im Grunde genommen kann es nichts dafür, daß es oft so viel Fett transportieren muß und daß die freien Radikale auf diese Fette so gierig sind, weil sie sich mit ihnen verbinden können. Leider läßt sich die Produktion dieser Bösewichte nicht drosseln; etwa 10 Prozent des zur Energiegewinnung umgesetzten Sauerstoffs werden automatisch freie Radikale. Haben wir jedoch genügend Vitamin E und C aufgenommen, können die Zellkiller bei der Entstehung an Ort und Stelle abgefangen werden. Mit unseren hausgemachten bösen Buben werden wir bei ausreichender Zufuhr an Antioxidantien im großen und ganzen fertig. Das Risiko zu vermehrter Kalkablagerung steigt immer dann, wenn zwei Dinge dazu kommen: Zum ersten ist es eine fettreiche Ernährung, weil dann mehr Fett transportiert werden muß – man kann sich leicht ausrechnen, daß nun unzählige Überfälle gelingen. Zum anderen kommt bei manchen Menschen dazu, daß sie Myriaden von gefährlichen Banden Zutritt gewähren – es sind die Raucher. Sperrangelweit stehen bei ihnen Tür und Tor für diese Zellteufel offen. Wird nur ein einziges Mal an der Zigarette gezogen, kriechen Billionen (!!) freie Radikale hinein in den Körper. Fffhh – mit nur einem Zug! Diesem nie enden wollenden Massenangriff auf die Zellen steht auch das Vitamin E machtlos gegenüber; selbst dann, wenn die Vitamine A und C sowie weitere Zell-Schutzengel, bestimmte Mineralstoffe und Spurenelemente, zu Hilfe eilen. 200 Billionen Zellen können in diesem Fall nicht mehr geschützt werden, und ein gefahrloser Transport der Fette ist unmöglich. Woanders liest sich das so: Rauchen und fettreiche Ernährung sind Risikofaktoren, die zum Herzinfarkt führen können.

Jetzt aber zum zweiten Auslöser eines Infarkts, der direkt mit der Verengung der Gefäßwände zu tun hat. Kommt es an einer solchen Gefäß-Engstelle zu einer Auflagerung vieler klebriger Blutplättchen, bilden sie einen Pfropf, der die weitere Sauerstoffzufuhr zum Herz verhindert – diese Pfropfbildung an einer arteriosklerotischen Verengung ist die häufigste Ursache eines Herzinfarkts – sofort bleibt dem Herz die Luft weg. Wie kommt es nun zu so einem Pfropf? Verschiedene Voraussetzungen können die Blutplättchen klebrig und unelastisch machen – eine Ursache ist Bewegungsmangel. Ist das Blut dann zähflüssig, können sich diese klebrigen Plättchen an einer Gefäßverengung aneinander verkleben und einen Klumpen, das Blutgerinsel, bilden. Dies geschieht plötzlich und dauert nur wenige Minuten; unterstützt wird dieser Vorgang von gerinnungsfördernden Substanzen. Mit einem Mittel kann man indes all dem vorbeugen: mit regelmäßigem Laufen. Bei Ausdauertraining fließt das Blut nicht zäh, sondern flüssig durch unsere Gefäße. Und wenn das Blut unbeschwert fließen kann, dann muß sich auch das Herz nicht plagen und verbraucht dadurch weniger Sauerstoff. Nebenbei kümmert sich das Vitamin E darum, daß die Blutplättchen nicht kebrig werden. Damit löst ein Mittel aus der Natur, eben das Vitamin E, dieselbe Aufgabe wie ein künstlich hergestelltes Medikament aus Acetylsalicylsäure. Um das Blut dünnflüssig zu halten, ist es demnach nicht erforderlich, Nebenwirkungen in Kauf nehmen zu müssen. Beinahe hätte ich es vergessen: auch der Schlaganfall oder Hirninfarkt wird durch die Verstopfung der Blutgefäße ausgelöst; nur ist dann eine Arterie verstopft, die zum Gehirn führt.

So ist Joggen und Vitamin E nicht nur der sicherste, sondern sogar der natürlichste und einfachste Weg, sich vor der häufigsten Todesursache, der Arteriosklerose mit anschließendem Infarkt, zu schützen.

Läufer brauchen mehr Vitamin E

Gleich vorweg: Über die Nahrung allein werden wir Läufer nicht ausreichend mit Vitamin E versorgt. Ausdauersportler bilden durch den hohen Sauerstoffumsatz vermehrt freie Radikale. Wenn man ehrlich sein will, dann darf man ebenfalls nicht unter den Teppich kehren, daß bei einer gesunden Ernährung die pflanzlichen Öle einen Pferdefuß haben. So paradox es auch klingt, aber gerade die gesunden ungesättigten Fette sind es, die von den freien Radikalen bevorzugt überfallen werden. Obwohl Vitamin E den pflanzlichen Ölen zugegeben wird, um es vorm Ranzigwerden zu schützen, der kleine Anteil reicht bei weitem nicht aus, alle Bösewichte abzufangen. Auch über Vitamin-E-haltige Nahrungsmittel kann der hohe Bedarf nicht gedeckt werden, denn nur winzige Mengen stecken in Weizenkeimen, Eigelb (Cholesterin!), Sojabohnen, Hülsenfrüchten, Mandeln, Margarine und Vollkornprodukten – und das sind auch schon die Hauptlieferanten von Vitamin E. Die Menge, die wir täglich brauchen, liegt zwischen 200 und 300 Internationalen Einheiten (I. E.). I. E. ist die auf der Verpackung übliche Mengenangabe. Wir kommen nicht daran vorbei: wir sollten Vitamin E in Kapseln einnehmen. Dazu ein Tip: Schauen Sie beim Kauf aufs Geld! Dieses Vitamin ist relativ teuer. Dazu ein Vergleich, wie hier „relativ" auch verstanden werden kann: für den Gegenwert einer Flasche guten Cognacs oder Whiskys kann man sich ein halbes Jahr mit Vitamin E eindecken – so betrachtet, ist es also relativ geschenkt. Nun aber von der Ironie zum Geldsparen. Ein Preisvergleich über den Daumen ist nicht leicht, da sowohl die Stückzahlen in den verschiedenen Packungen als auch die jeweiligen Internationalen Einheiten in den Kapseln unterschiedlich groß sind. Vergleicht man die Preise, wenn man sie beispielsweise auf 100 I. E. umgerechnet hat, dann stellt sich heraus, daß die Unterschiede gewaltig sind. Statt in die Apotheke geht man besser in einen SB-Drogeriemarkt und nimmt sich einen Taschenrechner mit. Pro Packung können Sie dann den Preis für 100 I. E. ausrechnen; so finden Sie schnell heraus, welcher Hersteller die 100 I. E. am billigsten anbietet. Nicht vergessen: Ihr Tagesbedarf liegt bei 200 bis 300 I. E. Achten Sie bitte auch darauf, daß die Produktbezeichnung „Alpha Tokopherol" ist, da nur dieses aus der Gruppe der Tokopherole mit dem natürlichen Vitamin E identisch ist. Wer mehr über die herausragenden Leistungen des E-Vitamins wissen möchte, dem kann man aktuelle Bücher über dieses Vitamin empfehlen. Allerdings sollten diese nicht vor 1992 geschrieben sein, denn 1991 gab es viele Neuentdeckungen. Noch vor etwa drei Jahren verbreiteten manche Medien, daß der Kauf von Vitamin-E-Kapseln unsinnig sei, weil sie nichts bewirken. Konkret wurde geschrieben: Das einzige, was man über das Vitamin E weiß, ist, daß es bei Ratten einen erhöhten Geschlechtstrieb auslöst. Auch wenn schlampig recherchiert wurde, denn in Amerika wußte man damals schon erheblich mehr – so schnell ändern sich die Zeiten und Forschungsergebnisse. Jetzt machen wir einen Sprung hinüber zum Partner von Vitamin E, dem C-Vitamin.

Geben Sie dem Frühjahrsgähnen Saures – Vitamin C

Die Aufgaben als Kämpfer gegen die freien Radikale im wässrigen Teil unserer Zellen haben wir angesprochen. Das Vitamin C geht dabei genauso vor wie das E-Vitamin. Als Antioxidans beugt das Vitamin C aber noch bei weiteren Krebsgefahren vor, und das schauen wir uns genauer an: Man weiß, daß das Vitamin C am Aufbau des Kollagens beteiligt ist. Kollagen ist ein leimartiger Eiweißstoff, der unsere Zellen zusammenkittet. Bekannt ist auch, daß Krebszellen dieses Kollagen abbauen und dabei die gesunden Zellen schädigen können, was wiederum weitere Wucherungen beschleunigt. Wie nun allerdings das Vitamin C hier den Krebs zurückhalten kann, das ist noch nicht genau erforscht.

Als gesichert gilt indes, daß das C-Vitamin auch für die Verhütung von Magenkarzinomen bedeutend ist, weil es die Nitrosaminbildung im Magen verhindern kann. Befassen wir uns also mit dem Lebenslauf dieser hochgiftigen Stickstoffverbindung. Ihr Ursprung liegt bei den Nitraten. Das sind Salze der Salpetersäure, die unter anderem auch als Konservierungsmittel verwendet werden, beispielsweise beim Pökeln, um Nahrungsmittel vor Vergiftungen durch Bakterien zu schützen. Aber auch unser Körper produziert Nitrat. Größere Mengen als die, die wir über die Nahrung aufnehmen können, befinden sich in unserem Speichel. Nitrat ist bekannt geworden, weil es als Düngemittel eingesetzt wird und so zunehmend das auf solchen Äckern angebaute Gemüse und unser Trinkwasser versaut. Zwar ist Nitrat selbst noch nicht gefährlich – aber bei einer Verbindung mit bestimmten Mikroorganismen entsteht daraus Nitrit. Und wenn dieser Stoff nun im Magen-Darm-Trakt auf ebenfalls über die Nahrung aufgenommene Amine trifft, entstehen giftige Nitrosamine, die die Magenwand verändern können. Und weil das Vitamin C die letztgenannte Verbindung blockiert, schützt es uns vor möglichen Tumoren.

Jetzt zu weiteren nützlichen Aufgaben des C-Vitamins, durch die es volksbekannt geworden ist. Wird es draußen bitterkalt, dann werden verstärkt Vitamin-C-haltige Nahrungsmittel gegessen oder Ascorbinsäure in Tablettenform oder als Pulver genommen. Schenkt man jüngeren Forschungsergebnissen Glauben, dann nützt reine Ascorbinsäure solange nicht viel, bis ein klein wenig natürliches Vitamin C hinzutritt. Daher empfiehlt es sich, daß man der Ascorbinsäure aus der Dose beispielsweise ein paar Tropfen Zitronensaft beigibt. Und noch etwas hat man herausgefunden, das bereits 1987 in den USA in der medizinischen Fachpresse veröffentlicht wurde: Nicht Ascorbinsäure soll natürliches Vitamin C sein, sondern das Calcium-Polyascorbat. Da ich keine weiteren Informationen bei uns hierüber finden konnte, muß ich diese Zeile so stehen lassen. Sinnvoll ist wohl immer, daß wir möglichst oft Obst und Gemüse mit hohem C-Gehalt essen. Auch sollte das Vitamin C nicht nur im Herbst unsere Beachtung finden, sondern das ganze Jahr über. Neben der Infektabwehr und dem Zellschutz erfüllt es noch eine Menge weiterer Aufgaben, die hier nicht vollständig aufgezählt werden können. Die wichtigsten möchte ich dennoch nicht unter den Tisch fallen lassen. Das Vitamin C bildet die Streß- und Kreislauf-Hormone Adrenalin und Noradrenalin. Letzteres schützt uns vor dem großen Frühjahrsgähnen. Statt Kaffee öfter mal Sanddornsaft – das macht putzmunter! Leistungsabfall, Antriebsschwäche – puh, ich fühl' mich so schlapp! – oder Müdigkeit können auch durch einen Vitamin-C-Mangel ausgelöst werden. Sind wir dem Streß ausgesetzt, dann holen die Nebennieren dieses Vitamin zu sich, um damit Adrenalin zu produzieren. Weil diese Produktion erhebliche Mengen Vitamin C benötigt und sogar Vorrang vor anderen Aufgaben hat, kommen wir unter Streß rasch zu einem Mangel.

Welche Vitamin-C-Menge brauchen wir? Früher empfahl man, täglich etwa 10 mg aufzunehmen, um die Krankheit Skorbut – Zahnfleisch-, Magen- und Darmblutungen – zu vermeiden. Heute werden weit höhere Mengen empfohlen: Nichtsportler sollten 150 mg und Sportler gut das Doppelte, folglich 300–400 mg aufnehmen. Diese hohe Dosis ist erforderlich, da mit dem Schweiß viel Vitamin C verloren geht. Zu einer Anreicherung im Körper kann es nicht kommen, da überschüssiges Vitamin C mit dem Urin ausgeschieden wird.

Nach einer vor kurzem durch die Medien gegangenen Information haben US-Wissenschaftler herausgefunden, daß eine Einnahme von 300 bis 400 mg Vitamin C täglich das Leben von Männern um sechs, und das von Frauen um ein Jahr verlängern kann. Jetzt zu den Nahrungsmitteln, die uns mit Vitamin C versorgen – wie Sie sehen, die bekannten Zitrusfrüchte liegen nicht auf den ersten Plätzen. Angaben in Klammern: C-Gehalt in mg je 100 Gramm eßbarem Anteil:

Hagebutten (1200), Sanddornbeeren (450), Sanddornsaft (300), schwarze Johannisbeeren (177), Petersilie (170), rohe Paprika (140), roher Meerrettich (115), Kiwi (110), Grünkohl (105), Erdbeeren (65), Zitrone (55), Orange (50), Grapefruit (45), Wirsing (45), Mandarine (30), Rettich (30), Tomate (25), Ananas (20), Kartoffel (17).

Leider wird dieses wertvolle Vitamin durch Hitze und Sauerstoff zerstört. Vitamin-C-haltiges Gemüse sollten Sie daher möglichst roh essen. Wenn Sie es kochen, dann sollte nur wenig Wasser dazugegeben werden – noch besser ist, wenn Sie es dünsten.

Vitamin D – hilft bei der Herstellung der Knochenbaustoffe

Scheint die Sonne auf unsere Haut, dann wird durch die UV-Strahlen aus Provitamin D und Cholesterin das Vitamin D gebildet. Demzufolge muß im Winter mit Versorgungslücken gerechnet werden. Dieses Vitamin regelt im Darm die Aufnahme von Calcium und Phosphor – unsere Knochenbaustoffe. Damit Kleinkinder nicht an Rachitis erkranken, wird Säuglingen vorbeugend Vitamin D verabreicht. Rachitis ist eine durch D-Mangel ausgelöste Störung der Verkalkung von Knochen, weil die Baustoffe Calcium und Phosphor nicht ausreichend verstoffwechselt werden können. Bei extremer Störung verbiegen sich die Knochen, was zu Kleinwuchs führt. Zunehmend wird heute bei älteren Menschen ein Vitamin-D-Mangel beobachtet. Auf die Osteoporose, dem Knochenabbau durch Calciummangel, wird später noch eingegangen. Soviel vorab: Selbst bei ausreichender Calciumaufnahme über Nahrung oder Tabletten ist eine Einlagerung in die Knochen behindert, wenn man sich nicht ausreichend bei Sonnenlicht bewegt. Nicht verschwiegen sei, daß übermäßige Vitamin-D-Zufuhr zu einer Vergiftung führen kann. Sie ist relativ selten und äußert sich in nicht kontrollierbarem und übermäßigem Harndrang. Zusätzliche Zeichen sind Erbrechen, Durchfall und Übelkeit. Im Extremfall werden Phosphor und Calcium wieder aus den Knochen gelöst und in den Wänden der Blutgefäße, im Herzen, in der Niere und in den Bronchien abgelagert.

Vitamin-D-Lieferanten sind: Fisch, Lebertran, Kohl, Spinat, Eigelb, Milch, Käse und Butter.

Vitamin K – fördert die Blutgerinnung

Mit diesem Vitamin beenden wir den Reigen der Vitalstoffe. Das fettlösliche Vitamin K wird im Darm von Bakterien gebildet; unterstützt wird dieser Vorgang, wenn Bakterienstämme des Joghurts hinzutreten. Mangelerscheinungen sind eher selten. In der Medizin wird dieses Vitamin hauptsächlich zur Förderung der Blutgerinnung eingesetzt. Neugeborenen wird sofort nach der Geburt Vitamin K verabreicht, damit es nicht zu schlecht zu stillenden Blutungen oder zu einem Blutsturz kommt. Damit wird die Gefahr einer Gehirnblutung vermieden, die zur spastischen Lähmung führen kann. Das Vitamin K reguliert auch den Knochenstoffwechsel. Bei einem Mangel wird der Calciumabbau aus den Knochen gefördert. Zu einem Mangel kann es bei Leber- oder Darmerkrankungen kommen, aber auch, wenn über längere Zeit Antibiotika oder Acetylsalicylsäure eingenommen wird. Vitamin-K-Quellen sind: grünes Gemüse, Tomaten, Blumenkohl.

Zum Schluß noch ein paar Werte, die angeben, wieviel von den Vitaminen durch Hitze verloren gehen können. Vitamin C und Folsäure können durch zu langes Kochen vollständig vernichtet werden.

Vitamin C und Folsäure	100 Prozent
Vitamin B1 und B2	80 Prozent
Vitamin E und Biotin	60 Prozent
Pantothensäure	50 Prozent
Vitamin A, B6 und D	40 Prozent
Niacin	25 Prozent
Vitamin B12	10 Prozent

Mineralstoffe – die elektrisch geladenen Teilchen

Achten Sie bitte mal auf den unterschiedlichen Sprechrhythmus dieser beiden Wörter: Mineralwasser und Elektrolytgetränk. Das Staccato bei letzterem gibt schon was her – gell! Vor allem, wenn man an den Lebensstil mancher schwitzenden Aktiven denkt, egal, ob es Mountainbiker, Tenniscracks oder Windsurf- und Snowboardfreaks sind – grell, bunt und powermäßig geht's bei denen oft ab. Wer mag da noch einfaches Mineralwasser trinken, wenn sich diese Cracks ihre Power aus teuren Elektrolytdrinks holen, obwohl Elektrolyte nichts anderes als Mineralstoffe sind? Tatsache jedenfalls ist, daß der Markt für isotonische Getränke boomt. Überhaupt macht der Markt für Sporternährung riesige Sprünge vorwärts – mit zweistelligen Zuwachsraten. In Deutschland lag der Absatz 1987 noch bei 120 Millionen DM; inzwischen wurde die 200-Millionen-Hürde schon genommen. Marktstrategen haben wohlwissend einen verkaufswirksamen Begriff für die Mineralstoffe gefunden: Elektrolyte. Wer viel schwitzt, egal, ob bei Hitze, Anstrengung oder Saunabesuch, muß die mit dem Schweiß verlorengegangenen Mineralstoffe rasch ersetzen, damit die Biochemie im Körper keinen Knacks bekommt. Ob und wann Elektrolytgetränke sinnvoll sind, das erfahren Sie später; dazu Kapitel 9. Die für uns wichtigen Mineralstoffe sind: Natrium und Chlorid (Kochsalz), Kalium, Magnesium, Calcium, Phosphor und Silicium. Diese Mineralstoffe schauen wir uns gleich an, die Spurenelemente, beispielsweise Eisen und Selen, folgen später. Mineralstoffe sind im Gegensatz zu den organischen Vitaminen anorganische Stoffe. Sie gehören also zum unbelebten Teil der Natur und sind nicht durch Lebewesen entstanden. In unserem Körper werden sie weder produziert noch verbraucht – aber: wir können sie verlieren. Im Schweiß, Urin und Stuhl scheiden wir sie aus; besonders viel geht verloren, wenn man lange schwitzt oder wenn durch Erbrechen oder Durchfall schlagartig eine hohe Ausscheidung stattfindet. Sofort müssen die Mineralstoffe dann ersetzt werden, damit keine Unterbrechung bei wichtigen Aufgaben im Organismus eintritt. Beispielsweise halten sie die elektrische Stabilität der Zellmembranen aufrecht. Das können die Mineralstoffe deshalb, weil sie im Organismus meist als elektrisch geladene Teilchen vorkommen. Das ist auch der Grund dafür, warum sie in der Chemie Elektrolyte genannt werden – ein für mich, neutral betrachtet, unappetitlicher Ausdruck. Es war schon ein mutiger Schritt der Marketingleute, für ihre Produkte einen solchen Terminus zu wählen, um eine gezielte Abgrenzung zum Mineralwasser zu schaffen. Weitere Aufgaben der Mineralstoffe sind der Aufbau von Barrieren gegen Säuren und Basen sowie die Beteiligung an Enzymreaktionen bei verschiedenen Stoffwechselprozessen.

Schlechte Nachrichten für Müsli- und Körnerfreunde

Bis vor kurzem dachte man, daß es bei der Aufnahme von Mineralstoffen und Spurenelementen aus der Nahrung keinerlei Hemmnisse gibt. Dann entdeckten Wissenschaftler des Instituts für Ernährungsphysiologie der Bundesforschungsanstalt in Karlsruhe, daß es vor allem in Getreide und Hülsenfrüchten eine Säure gibt, die Magnesium, Calcium, Eisen und Zink so fest an sich bindet, daß unser Verdauungssystem keine Chance hat, sie aus diesen Nahrungsmitteln herauszulösen. Phytinsäure ist es, die sich hartnäckig weigert, uns diese lebensnotwendigen Mineralstoffe zur Verfügung zu stellen. Selbst durch Erhitzen oder langes Einweichen von naturbelassenen Körnern wie beispielsweise Haferflocken, Dinkel und Weizen läßt sich Phytinsäure nicht überlisten – sie bleibt hartnäckig und rückt die Mineralstoffe nicht heraus. Müsli- und Körneresser – seid auf der Hut! Ihr bekommt zwar wertvolle Kohlenhydrate mit diesen Nahrungsmitteln, nicht aber Magnesium, Calcium, Eisen und Zink. Ähnlich verhält es sich bei weißen Bohnen, Erbsen und Sojabohnen. Erst durch die Zugabe des Enzyms Pytase gelänge der Abbau der Phytinsäure. Dann könnte unser Körper diese Mineralstoffe aus Körnern verwerten. Mal sehen, ob den Müsli-Verpackern dazu etwas einfällt.

Auch wenn alle Mineralstoffe lebensnotwendig sind: Magnesium und Kalium sollten Ihnen ab heute besonders am Herzen liegen – denn beide spielen für Ihr Herz eine wichtige Rolle. Weil sie die Muskelerregbarkeit beeinflußen, kann ein Mangel zu Herzrhythmusstörungen oder Herzkranzgefäßschmerzen führen. Nebenbei bemerkt: Herzschmerzen, die in den linken Arm ausstrahlen, sollten

immer ernst genommen werden, da sie möglicherweise einen Herz-
schaden anzeigen, sie können aber auch nur ein Zeichen entleerter
Magnesium- und Kaliumdepots sein. Schenken Sie also diesen beiden Mineralstoffen das, was sie verdient haben: Ihre höchste Aufmerksamkeit bei der Ernährung.

Magnesium (Mg) – vermeidet Krämpfe und hilft bei Streß

Wir nehmen Magnesium vor allem mit pflanzlichen Nahrungsmitteln auf, da es ein Bestandteil des grünen Farbstoffs Chlorophyll ist.
Die Magnesiumforschung kam in diesem Jahrhundert erst in Bewegung, als man entdeckte, daß Infarktpatienten auffallend niedrige
Magnesiumwerte hatten. Den Zusammenhang zwischen der Infarkt-
gefahr und einem Mangel an diesem Mineral erklären sich Wissenschaftler so: Im Elektrolythaushalt ist Magnesium der direkte Ge-
genspieler des Calciums. Konkret bedeutet dies, daß das Magnesium
im Zellinneren verhindert, daß zuviel Calcium in die Zelle eindringen kann. Schauen wir uns an, was passiert, wenn mehr Calcium als
notwendig in die Zellen unseres Herzmuskels kommt: Der Cal-
ciumüberschuß nötigt unser Herz dazu, daß es sich bei jedem Schlag
verstärkt zusammenzieht – der Herzmuskel muß dadurch unnötige
Energie für diese Mehrarbeit aufbringen. Unter bestimmten Um-
ständen kann dies wiederum zu einer gefährlichen Sauerstoffunter-
versorgung im Herzmuskel führen. Soweit eine recht junge Erkenntnis der Forschung. Die Liste der Neuentdeckungen über das
Magnesium ist ellenlang. Obwohl Laufen unser Thema ist, denke
ich, daß der Rahmen dieses Buchs nicht gesprengt wird, wenn noch
ein paar fürs Laufen selbst nicht maßgebliche Vorzüge des Multi-
talents Magnesium angesprochen werden. Vorher aber noch ein paar
allgemeine Informationen. Erwachsene haben etwa 25 Gramm Magnesium im Körper; die Häfte davon ist zusammen mit Calcium und
Phosphor in den Knochen gebunden. Ein Prozent befindet sich im
Blut, die restlichen 10 bis 15 Gramm stecken innerhalb der Zellen,
hauptsächlich in den Muskelzellen. Hier hat Magnesium die Aufgabe, mehr als 300 Enzyme zu aktivieren, damit der Energiestoffwechsel gezündet werden kann. Wir Ausdauersportler sollten immer

hellwach sein, denn einigen Dieben gelingt es täglich, uns Magnesium zu stibitzen. Zwar können wir dies nicht verhindern, aber weil wir die Diebe und deren Arbeitsweise gleich kennenlernen werden, wissen wir, wann die ausgeraubten Depots wieder aufzufüllen sind. Unterlassen wir das, dann bekommen wir rasch Probleme mit unseren Muskeln: sie können sich nicht mehr richtig zusammenziehen, und eine ausdauernde Muskelarbeit, wie wir sie zum Laufen benötigen, kann nur noch eingeschränkt erbracht werden. Und immer wenn von Muskeln die Rede ist, müssen wir zuallererst an unser Herz denken. Beziehen wir das eben gesagte auf unseren Hohlmuskel, dann wird rasch klar, daß ein Magnesiummangel zu unregelmäßigen Herzschlägen führen kann. Das Dumme ist nur, daß wir diese zusätzlichen Herzschläge außerhalb des gleichmäßigen Rhythmus nicht wahrnehmen. Deshalb müssen wir andere Symptome als rote Lämpchen für geplünderte Vorratskammern beachten und ernst nehmen: Deutliche Zeichen sind Krämpfe und Zuckungen in der Waden-, Nacken- und Rückenmuskulatur. Selbst Magen- und Darmkrämpfe können sich bei Magnesiummangel einstellen. Und es gibt noch weitere Signale: Spüren wir ein „Ameisenkrabbeln" in den Fingern, Armen oder Beinen, dann nennt die Medizin das „Parästhesie der Extremitäten". Für uns ist das ein Zeichen, daß es höchste Eisenbahn wird, Magnesium zu uns zu nehmen. Allerdings sind die genannten Symptome nicht ausschließlich relevant bei Magnesiummangel, sie können auch organische oder psychosomatische Ursachen haben. Bedenken sollte man auch, daß ein Magnesiummangel oft mit anderen Mineralstoffstörungen einhergehen kann, vor allem mit einem Kaliummangel.

Jetzt noch ein weiteres rotes Lämpchen: unsere Nerven. Auch sie spielen nicht mehr richtig mit, wenn uns Magnesium geraubt wurde. In diesem Zusammenhang verrate ich Ihnen den ersten Dieb: es ist der Streß. Auch wenn wir ihn durchs Laufen besser in den Griff bekommen können, dazu Kapitel 10, er stibitzt uns eine Menge Magnesium, sobald er uns beherrscht. Bestimmt erinnern Sie sich, daß man bei Herzinfarktpatienten geringe Magnesiumwerte festgestellt hatte – ob da nicht zwischen Streß, Herzinfarkt und Magnesiummangel eine Beziehung besteht? Bekannt ist, daß bei Streß Adrenalin ausgeschüttet wird; und das ist der springende Punkt: Aus be-

stimmten adrenalinempfindlichen Zellen wird auch Magnesium frei-
gesetzt und gelangt ins Blut. Hier hat es die Aufgabe, der Gefäßverengung und dem erhöhten Blutdruck entgegenzuwirken – der Streß
wird dadurch gedämpft. Sobald die stressige Situation vorüber ist,
können wir dieses Magnesium abschreiben, da es über die Nieren
ausgeschieden wird. Wissenschaftler vermuten nun, daß bei langan-
haltendem Magnesiummangel diese Sonderaufgaben bei Streß in den
Blutgefäßen nicht mehr ausgeführt werden können. Die Folgen: Gefäßverengung und Bluthochdruck; beides ist bekanntermaßen ein
Risiko für unser Herz. Erhöhte Gereiztheit, Agressivität und nervöse Unruhe in Situationen unter Belastung sind also weitere deutliche Warnsignale bei Magnesiummangel. Auch Händezittern, Kopf-
druck, Schwindelgefühle, Migräne und Benommenheit gehören
noch dazu. Extremer Mangel kann sogar zu Depressionen und
Angstzuständen führen.

Nun zum zweiten Dieb, der sich auch auf das Klauen von großen
Mengen spezialisiert hat. Er ist immer dann aktiv, wenn wir uns über
einen längeren Zeitraum belasten, besonders wenn's draußen warm
ist. Natürlich, es ist der Schweiß; pro Liter nimmt er uns etwa 35 mg
Magnesium weg. Weil wir einerseits diesen Mineralstoff für unsere
Muskulatur so dringend benötigen, ihn andererseits beim Laufen
verlieren, sollten wir immer auf volle Vorratskammern achten. Wir
Ausdauersportler haben einen doppelt so hohen Bedarf an Magnesium wie Nichtsportler – täglich etwa 600 bis 700 mg. Diese Menge
wird über die feste Nahrung nur selten gedeckt; deshalb sollten wir
bei den Getränken auf einen hohen Magnesiumgehalt achten. Große
Mengen stecken in Apfel- und Organgensäften. Wie Sie Säfte mischen können, damit kein Durchfall folgt? Lassen Sie sich überraschen; dazu Kapitel 9. Auch die gelegentliche Zufuhr von Magnesium in Tablettenform ist nach schweißtreibenden Läufen eine
wirklich dicke Empfehlung.

Mit dem Diebesgesindel sind wir damit aber immer noch nicht
am Ende. Auch eine fett- und eiweißreiche Ernährung entzieht
uns Magnesium. Es wurde bereits erwähnt, daß das Magnesium
300 Enzyme aktiviert. Wird viel Eiweiß gegessen, müssen verstärkt
jene Enzyme angestupst werden, die den Eiweißstoffwechsel steuern – entsprechend mehr Magnesium wird benötigt. Etwas anders

ist das bei hohem Fettverzehr. Das Fett hemmt die Magnesiumaufnahme im Magen, dadurch wird dieser Mineralstoff, so frisch wie er reingekommen ist, gleich wieder über den Darm ausgeschieden. Beim Alkohol ist die Wirkung ähnlich: bei hohem Konsum, beispielsweise bei einer Flasche Wein, geht dem Organismus soviel Magnesium flöten, daß dieser Verlust erst nach Tagen (!) wieder ausgeglichen werden kann. Wie heißt das so schön abstrakt: Alkohol ist ein Risikofaktor. Und weiter geht's. Einige Medikamente, allen voran Antibiotika, aber auch die Diuretika, also stark entwässernde Medizin, sowie die chemischen Abführmittel rauben uns Magnesium.

Die Aufzählung war lang, dennoch, so hoffe ich, nicht langweilig für Sie. Falls ich zu laut war und Ihnen die Ohren weh tun, dann sollten Sie auch Magnesium nehmen, denn ein israelisch-deutsches Forscherteam hat herausgefunden, daß Magnesium eine positive Wirkung auf den Erhalt unserer Hörfähigkeit hat. Sollten Sie gar verschnupft sein, durch Blütenpollen, dann können Sie versuchen, mit Magnesium den lästigen Heuschnupfen zu besiegen. Umstritten ist jedoch noch immer, ob man auch zuviel Magnesium aufnehmen kann. Die eine Seite sagt, daß als schlimmste Folge ein leichter Durchfall auftreten kann. Andere sagen, daß man bei einer Überdosierung Lähmungen bekommen kann – ab welcher Menge, das verraten sie allerdings nicht. Sicher ist aber eins: 600 bis 700 mg reichen aus, um sich vor den nicht ungefährlichen Mangelerscheinungen zu schützen. Tatsache ist auch, daß allgemein durch die fehlerhafte Ernährung wenig, viel zu wenig Magnesium aufgenommen wird.

Bei der Aufzählung von Nahrungsmitteln mit hohem Magnesiumgehalt wird es schwierig, weil alle mir bekannten Quellen die aktuellen Forschungsergebnisse über die Phytinsäure noch nicht berücksichtigt haben. Daher kennzeichne ich solche mit einem Fragezeichen.

Überdurchschnittlich viel Magnesium steckt in: Weizenkleie (?), Kakaopulver, Weizenkeimen (?), Vollkornreis, Haferflocken (?), Sojabohnen (?), weißen Bohnen (?), Cashew-Nüssen, Erdnüssen, Weizenvollkornbrot (?) und Mandeln.

Weitere Magnesiumlieferanten sind: Bananen, Tomaten, Weißkohl, Spargel, Grünkohl, Buttermilch, Milch, Schnittbohnen, Blumenkohl, Kopfsalat, Feldsalat, Rettich, Himbeeren, Kiwi, Erdbeeren, Karotten, Fisch, Hühnerfleisch, Rind- und Schweinefleisch.

Das Kalium (K) – verscheucht die Unlust

Wir haben etwa 150 Gramm Kalium im Körper, 90 Prozent davon befinden sich in der Körperflüssigkeit. Hier hat es die Aufgabe, zusammen mit Natrium und Chlorid, bekannt als Kochsalz, den osmotischen Druck aufrechtzuerhalten. „Osmose" kommt aus dem Griechischen und bedeutet etwa Stoß oder Schubs. Und nur mit einem solchen Schubs kann unsere Körperflüssigkeit die feinporigen Zellwände durchdringen – auf diesem Weg gelangen die Nährstoffe in unsere Zellen. Kalium ist gemeinsam mit Magnesium und Calcium an den Muskelkontraktionen beteiligt, demnach auch an der störungsfreien Funktion unseres Herzens. Folglich kann ein erheblicher Kaliummangel Herzrhythmusstörungen verursachen. Und arbeitet unsere Laufmuskulatur bei einem Mangel nicht sauber, dann läuft es sich wie mit angezogener Handbremse. Ein Mangel kann bei dem, der viel schwitzt, schnell auftreten. Wieder ist unser Schweiß der Dieb, und beim Klauen geht er nicht zimperlich vor – bis zu 300 mg können pro Liter verloren gehen. Bei Sportlern kann sich das rasch zu einem Verlust von einem Viertel des gesamten Körperkaliums addieren; wenn beispielsweise bei höheren Temperaturen längere Zeit gelaufen wird. Geplünderte Kaliumdepots führen schlagartig zu einer Schwäche in den Arm- und Beinmuskeln – je mehr wir verlieren, desto träger wird unsere Muskulatur. Stellen sich gar Krämpfe oder ein Händezittern ein, dann ist das oft schon ein deutliches Warnsignal dafür, daß das Kalium knapp wird. Ein Mangel kann sich tagsüber in einem allgemeinen Unlustgefühl äußern, das bis zur Schläfrigkeit und Apathie führen kann. Dann wird es höchste Zeit, daß frisches Kalium getankt wird, um diese Unlust zu verscheuchen. Ganz anders äußert sich ein Kaliummangel in der Nacht. Waren wir tagsüber noch müde, dann leiden wir im Bett an Schlaflosigkeit und Nervosität. Rote Lämpchen ganz anderer Art sind Verstopfung, Akne und spröde Haut, auch trockene Schleimhaut. Diese erkennen wir daran, daß es im Mund zu zähen, fadenziehenden Absonderungen kommt.

Wissenswert für uns Läufer ist, daß das Kalium immer zusammen mit dem Glykogen von der Muskelzelle aufgenommen wird. Immerhin können so 10 bis 15 Gramm Kalium mit der maximalen Glykogenmenge von 750 Gramm gespeichert werden. Beim Essen lohnt es sich darauf zu achten, daß sich Kohlenhydrate und Kalium hinter dem Bauchnabel treffen – indem beispielsweise Tomaten auf einen Berg von Nudeln plumpsen. Nahrungsmittel mit herausragendem Kaliumgehalt sind: Steinpilze, Bierhefe, Kakao, getrocknete Pfirsiche und Aprikosen; Pistazien, Petersilie und Tomatenmark. Nicht ganz soviel Kalium liefern uns: Sultaninen, getrocknete Pflaumen und Feigen, Gartenkresse, Meerrettich, Vollkornbrot, Kartoffeln, Fisch, Bananen, Tomaten und Aprikosen. Bei den Getränken ist wiederum Apfelsaft ein feiner Kaliumversorger.

Am Rande möchte ich noch auf gemeine und gefährliche Kaliumräuber aufmerksam machen: die Abführmittel. Bei einer erzwungenen Darmleerung verliert man erhebliche Mengen Kalium. Dieses fehlt dann den Darmmuskeln, die den Brei kneten und befördern sollen. Nur: ohne Kalium schaffen sie das nicht mehr, denn sie sind schlaff. Arbeitsunfähige Darmmuskeln führen nun zur erneuten Verstopfung: wieder greift man zum Abführmittel – der Teufelskreis hat seinen Anfang genommen! Jetzt aber zu einem Mineralstoff, der für Sie, liebe Leserin, von größter, von allergrößter Wichtigkeit ist.

Das Calcium (Ca) – hält unsere Knochen stabil

Besonders Frauen sollten unbedingt darauf achten, daß sie immer – täglich! – genügend Calcium durch die Nahrung oder Tabletten aufnehmen, damit es der Organismus nicht aus den Knochen stibitzen muß. Denn langfristig führt dieses Stibitzen – hier ein wenig, dort ein wenig – zur bösen Osteoporose. (Oste-oporose: fügen Sie in Gedanken einen Bindestrich ein, dann spricht es sich einfacher). Hat dieser Knochenabbau schon begonnen, dann ist es bereits zu spät. Schon im jungen Alter von 45 Jahren können bis zu einem Drittel (!) der Knochenmasse verlorengegangen sein. Das Knochengerüst ist dann nicht mehr stabil, und schon bei kleinen Belastungen können Brüche auftreten. Und was sich in den USA schon seit geraumer Zeit zeigt, das zeichnet sich nun auch bei uns ab: Osteoporose breitet sich aus wie ein Flächenbrand. „Sich richtig ernähren ist kein Honigschlecken", so habe ich dieses große Thema überschrieben. Aber nicht deshalb, weil ein Kohlrabi-Apostel Ihnen den Appetit verderben will – du lieber Himmel, nein, – mir geht's einfach nur darum, ein paar Zusammenhänge der Biochemie unseres Organismus ans Tageslicht zu bringen, damit sie für uns sichtbar werden. Und die Osteoporose ist nunmal vor allem durch unbewußtes Essen verursacht; gut, bei Frauen hat es mit der Hormonumstellung in den Wechseljahren auch noch zu tun, aber vorher ist es allein eine Sache der Ernährung. Aus diesem Grund wiederhole ich einen Satz, der vor allem Frauen in Bezug auf das Calcium lieb und teuer sein sollte: Beim Essen überlasse ich nichts mehr dem Zufall. Denn allzuleicht werden oft zufällig keine Milchprodukte gegessen; und sie sind beste Calciumversorger.

Wir haben ungefähr 1 bis 1,5 Kilogramm Calcium im Körper. 99 Prozent davon stecken in den Knochen und Zähnen – und nur 1 Prozent bleibt jetzt noch übrig für viel, viel wichtigere Aufgaben. Weil Calcium zum einen für unser Herz von außerordentlicher Bedeutung ist, wird der Versorgung unseres Motors ein unumstößlicher Vorrang eingeräumt. Weil das so ist, haben die Knochen immer dann das Nachsehen, wenn wir zuwenig Calcium über die Nahrung zuführen. Was da nun genau passiert, das schauen wir uns an: Nimmt man zuwenig Calcium auf oder geht viel verloren, dann tritt ein Mangel ein. Dieser führt dazu, daß das Calcium aus den Knochen geholt und dorthin geschafft wird, wo es Leben erhalten muß: ins Herz. Das regelmäßige Ausdehnen und Zusammenziehen des Herzmuskels funktioniert nur mit der exakt richtigen Calciummenge. Aber auch alle anderen Muskeln brauchen es logischerweise für die Kontraktionen. Zudem ist Calcium unabdingbar für die Regulierung unserer Nerven, die Gerinnung von Blut und für die Aktivierung der Enzyme – alle diese Aufgaben sind weitaus wichtiger, als faul im Knochen herumzuhängen. Und das weiß zum Glück unser Organismus. Es bleibt ihm also nichts anderes übrig, als sich das Calcium zu besorgen, egal woher; und was liegt näher als der Knochen um die Ecke? Und das eben führt zur gefürchteten Osteoporose, zur Knochenentkalkung durch Calciummangel, die bei Frauen sechsmal häufiger auftritt als bei Männern.

Auch unsere Zähne sind bei einer Calciumunterversorgung gefährdet. Der Organismus bevorzugt bestimmte Knochen, denen er das Calcium entzieht. Am liebsten geht er zu denen, die die höchste Konzentration enthalten; und das sind unsere Kieferknochen. Fehlt dann längere Zeit der Nachschub, wird der Kiefer instabil und die Zähne verlieren ihren Halt.

Wie kommt es zu einem Calciummangel? Die zu geringe Aufnahme bei unbedachter Ernährung ist nur eine Seite. Ihr gegenüber steht der Verlust. Den Mineralstoffdieb Schweiß kennen Sie zur Genüge. Beim Calcium gesellt sich ein weiterer Kumpan dazu: das Eiweiß. Durch zuviel aufgenommenes Eiweiß wird Calcium täglich mit dem Urin ausgeschieden – je mehr Eiweiß gegessen wird, desto mehr Calcium verliert man. Der übermäßige Verzehr von Fleisch oder Fisch trägt also wesentlich dazu bei. Aber auch bei eiweißreichen Diätformen geht wertvolles Calcium den Bach runter. Und was da verlorengegangen ist, kann selbst durch Calciumtabletten nicht vollständig ersetzt werden, da sich der Eiweißgehalt im Körper nicht so schnell senkt. Und noch etwas ist beim Calcium wichtig, was nicht genug betont werden kann: wer glaubt, daß allein das Schlucken von Calciumtabletten ausreicht, einen Mangel auszuschließen, der unterliegt einem Irrtum. Ohne zusätzliche körperliche Aktivität läuft mit dem Calciumeinbau in die Knochen nicht viel. Bewegungsmangel führt nur dazu, daß der aufgenommene Mineralstoff über die Nieren, mit der Gefahr einer Nierensteinbildung, durch den Urin so schnell wieder draußen ist, wie er hereinkam. Herausgefunden hat man das bei Frauen, die körperlich nicht aktiv beziehungsweise bettlägerig waren. Auch bei Astronauten konnte man dies nachweisen. In allen Fällen konnte durch Calciumgaben der Abbau von Knochensubstanz nicht gestoppt werden. Hinzu kommt auch, Sie wissen es bereits, daß für die Calciumaufnahme aus dem Darm und den Einbau in die Knochen Vitamin D notwendig ist. Und dieses Vitamin wird gebildet, wenn wir uns im Freien aufhalten.

So, endlich sind wir an dem Punkt angelangt, zu dem ich mich Zeile für Zeile vorgearbeitet habe: „Laufen und der Erhalt unserer Knochen". Wie bedeutend Bewegung für eine gesunde Knochensubstanz besonders bei Frauen ist, liegt jetzt auf der Hand: Laufen im Freien erhält bei ausreichender Calciumaufnahme unsere Knochen und schützt somit vor Osteoporose. Noch eine Kleinigkeit zum

Schluß: Calcium wird leichter aus dem Magen aufgenommen, wenn es dabei vom Magnesium unterstützt wird. Es empfiehlt sich daher, daß Sie beim Essen darauf achten, daß beide Mineralstoffe enthalten sind. Wenn Sie als Läuferin zusätzlich zur Nahrung – sicher ist sicher – Magnesium und Calcium in Tablettenform einnehmen, dann sollten Sie darauf achten, daß das Verhältnis Calcium zu Magnesium 2:1 oder 3:1 ist. Weitere Helfer sind das Vitamin D, Phosphor und ein Enzym der Milch, Phosphatase. Leider wird dieses Enzym beim Pasteurisieren zerstört. Roh- oder Vorzugsmilch wären also die besseren Quellen, wenn man Milch trinken will – und kann, ohne Allergien zu bekommen.

Die Menge Calcium, die der Körper täglich benötigt, ist schon bei Nichtsportlern riesengroß. Heute werden bereits 1200 mg genannt. Die 800 mg, die man lange Zeit empfahl (und bei falscher Ernährung auch nur selten erreicht werden), sind schon wieder Schnee von gestern. Und: Ausdauersportler brauchen noch mehr. Die Literatur nennt uns 1800 bis 2000 mg. Calcium steckt vor allem in den weißen Nahrungsmitteln: in der Milch und in den Milchprodukten. Mit einem Liter Vollmilch hat man schon die 1000-mg-Marke erreicht. Wer keine Milch mag oder verträgt, der kommt nicht drumherum, Calcium-Tabletten einzunehmen. Wann immer Sie solche kaufen, denken Sie daran, daß sich Ihre Knochen und Zähne darüber freuen werden – da darf der Geldbeutel ruhig ein bißchen weinen. Weitere Nahrungsmittel mit hohem Calciumgehalt: Grünkohl, Kopfsalat, Sauerkraut, Weißkohl, Feldsalat, Schnittbohnen, Rettich, Karotten, Spargel und Himbeeren.

Das Natrium (Na) – zuviel wirkt giftig

Natrium in der Verbindung mit Chlorid ist Natriumchlorid, besser bekannt als Kochsalz. Ein Päckchen Salz mit einem Gewicht von 100 Gramm kann man sich gut vorstellen. Diese Menge Natrium steckt gebunden in unserem Körper. 60 Gramm befinden sich in der Körperflüssigkeit. Dort hat Natrium verschiedene Aufgaben; die wichtigste ist, daß es einen übermäßigen Wasserverlust verhindert, damit der Körper nicht austrocknet. Im Herzmuskel hat das Natrium eine Ausgleichsfunktion zwischen dem Calcium und Kalium, damit er gleichmäßig schlagen kann. Um alle Aufgaben im Organismus erfüllen zu können, muß der tägliche Verlust von etwa 1,5 bis 2,5 Gramm ausgeglichen werden. Das entspricht einer Kochsalzmenge von etwa 4,5 Gramm. Dieser Bedarf wird allein über die Nahrung bestens gedeckt, ohne daß man Salzen muß. Wir alle wissen, daß das Problem beim Natrium selten ein Mangel, sondern vielmehr ein hoher Überschuß ist. Weil Salz in fast allen Nahrungsmitteln steckt, ist jeder Griff zum Salzstreuer für die meisten von uns grundsätzlich überflüssig. Salz steckt sogar in der Milch – in einem Liter sind 0,15 Gramm Natrium enthalten.

In Europa liegt der durchschnittliche Salzverbrauch pro Kopf bei 15 Gramm täglich; das ist dreimal soviel wie notwendig. Weil das Zuviel giftig ist, beginnt der Körper es abzubauen – und bei dieser Tätigkeit steigt der Blutdruck. Daß zuviel Salz den Bluthochdruck fördert und daß das Salz damit oft genug zum Mörder wurde, wissen wir alle. Noch immer gilt der Bluthochdruck als Hauptursache für Herzversagen oder Schlaganfälle. Übrigens: Für alle, die an zu hohem Blutdruck leiden, habe ich eine gute Nachricht. Durch lockeres und leichtes Laufen kann der obere, der systolische Wert um bis zu 20 mmHG gesenkt werden. Wer also an Bluthochdruck leidet, der kann Joggen als „bluthochdrucksenkendes Medikament" einsetzen. Eine Untersuchung hat gezeigt, daß die besten Ergebnisse jene erzielen konnten, die am meisten gefährdet sind. Die Blutdruckreduzierung kann sogar gesteuert und beeinflußt werden. Bei dieser großangelegten Untersuchung zeigte sich, daß die größten Erfolge jene Aktiven hatten, die pro Woche eine Energie von 2000 Kilokalorien beim Laufen verbrannten. Also auch bei Bluthochdruck: drei- bis viermaliges lockeres Laufen gilt als empfehlenswert, weil so die Spitze, der obere Druckbereich, und damit das höchste Risiko dauerhaft reduziert werden kann.

Auch eine Warnung muß ich loswerden: Noch immer geistert unter einigen Sportlern, und nicht nur unter ihnen, der Satz herum, daß man bei hohem Schweißverlust unbedingt Salztabletten schlucken soll. Du liebe Güte – dieser Bart ist nicht nur alt, sondern auch gefährlich, deshalb schneiden wir ihn jetzt ab – schnipp: Wenn ein Untrainierter schwitzt, verliert er pro Liter Schweiß etwa 1,2 Gramm Natrium und 1 Gramm Chlorid. Sobald er aktiv geworden ist und häufig läuft, fängt sein Organismus an, darüber nachzudenken, wie er die zum Flüssigkeitsgleichgewicht notwendigen Salze daran hindern kann, daß sie mit dem Schweiß den Körper verlassen. Dabei erinnert sich der Organismus daran, daß die Schweißdrüsen bei häufigem und wiederholtem Schweißverlust fähig sind – also auch trainiert werden können –, das Natrium und Chlorid aus dem Schweiß herauszuholen und im Körper zurückzuhalten. Dieser Mechanismus klappt leider nur beim Kochsalz und nicht bei den anderen Mineralstoffen. Auch Sie werden mit der Zeit feststellen, daß Ihr Schweiß eine andere Qualität bekommen wird – er ist zukünftig nicht mehr so salzhaltig wie heute. Sobald man also trainiert ist, verliert man weniger Salz, als gemeinhin angenommen wird. Jetzt weiter mit den Salztabletten. Macht man den Fehler und nimmt sie während oder nach einer Aktivität ein, dann passiert folgendes: Jeder von uns hat fast immer zuviel Salz im Magen. Weil also kein Mangel besteht – der Schweiß als nennenswerter Dieb scheidet aus – kommt die Menge der Tablette noch dazu – die Salzkonzentration steigt an, und zwar rapide, weil wir ja gleichzeitig kaum Wasser im Magen haben. Das nun paßt unserem Verdauungsorgan ganz und gar nicht, also holt es sich Flüssigkeit zum Verdünnen aus dem Körper. Durch das Schwitzen ist jedoch eine große Menge Wasser verlorengegangen. Folglich muß der Magen sich auf die Suche begeben – er findet die Flüssigkeit ausgerechnet dort, wo sie bei körperlicher Anstrengung am nötigsten gebraucht wird: in den arbeitenden Muskelzellen. Von ihnen und aus anderen Körperteilen zieht der Magen nun solange Flüssigkeit zu sich, bis die Salzkonzentration so weit verdünnt ist, daß sie der Lösung im Blut entspricht. Im Extremfall wird dieses Stadium nicht erreicht. Eine gefährliche Salzkonzentration führt dann zu einer inneren Austrocknung mit schwerer Nierenerkrankung. Übrigens, hierin ist auch die Erklärung dafür zu sehen, daß ein Schiffbrüchiger schnell verdurstete, tränke er salzhaltiges Meerwasser – trocken gesagt: er dörrte innerlich aus. Also: Finger weg von Salztabletten!

Das Phosphor (P) – stärkt Knochen und Zähne

Phosphor ist wie Calcium und Magnesium für den Aufbau und Erhalt unserer Knochen notwendig. Diese drei Mineralstoffe verbinden sich mit Kohlenstoff zu einer festen Substanz. Etwa 880 Gramm

Phosphor stecken in unserem Körper. 80 Prozent lagern gebunden in den Knochen und sorgen dafür, daß diese gesund und stabil bleiben. Dieselbe Aufgabe übernimmt das Phosphor zusammen mit Calcium in den Zähnen. Zudem beeinflußt dieser Mineralstoff unsere Energiegewinnung; ohne Phosphor könnten wir nicht aktiv sein und die notwendige Wärme gewinnen.

Nur in seltenen Fällen kann es zu einem Phosphormangel kommen. Vom Organismus nicht richtig aufgenommen wird es dann, wenn ein Mangel an Magnesium gegeben ist. Wenn ich Ihnen jetzt sage, worin viel Phosphor enthalten ist, dann wissen Sie auch, warum wir nur selten einen Mangel haben: Es steckt in Schokolade und Sahne, aber auch in Cola-Getränken, weil diese mit Phosphorverbindungen haltbar gemacht werden. Die jeweiligen Mengen verrate ich Ihnen lieber nicht, sonst kommen Sie vielleicht auf dumme Gedanken. Es gibt gesündere Quellen für Phosphor, die ausreichen, uns mit dem täglichen Bedarf von 700 bis 1200 mg zu versorgen. In fast allen Lebensmitteln ist es enthalten. In einem Liter Milch steckt mehr als der Tagesbedarf. Entsprechend sind alle Michprodukte hervorragende Phosphorlieferanten. Wertvolle Quellen sind noch: Eier, Schmelzkäse, Erbsen, Linsen, Sojabohnen, Bohnen, Hefe, Haferflocken, Nüsse, Spargel, Blumenkohl, Karotten, Sellerie, Feigen, Ananas und Sultaninen. Letztere sind nicht die Frauen eines Sultans, sondern große, helle und kernlose Rosinen. Wegen dieser Eigenschaften nennt man sie die fürstlichen Rosinen oder einfach: Sultaninen, so wie die Frauen der Fürsten.

Das Silicium (Si) – hält das Bindegewebe jung

Offen gestanden, bis heute wußte ich nicht, was sich hinter diesem Namen verbirgt. Erstaunt war ich daher, als ich las, daß das Silicium nach dem Sauerstoff das zweithäufigste Element unserer Erde ist. Der Anteil in den Meeren, in der Luft und in der Erdkruste beträgt 27,5 Prozent (Sauerstoff 50,5). Die nächste Überraschung war, daß sich das Silicium als Kieselerde und Kieselsäure entpuppte. Leider weiß ich bis heute nicht, ob es gerade noch zu den Mineralstoffen oder schon zu den Spurenelementen gehört. In der Literatur über Sporternährung wird der tägliche Bedarf mit 100 mg angegeben, und dann gehörte es gerade noch zur Gruppe der Mineralstoffe; andere Quellen nennen 30 mg, und demnach müßte es den Spurenelementen zugeordnet werden. Wie auch immer, Silicium ist lebensnotwendig und muß durch die Nahrung zugeführt werden. Wir brauchen es in geringen Mengen, damit unsere Knochen, Zähne, Nägel und Haare wachsen und fest bleiben. Für aktive Menschen ist Silicium besonders wichtig, weil es die vorzeitige Alterung des Bindegewebes und der Knorpelsubstanz verhindert. Siliciummangel wird häufig bei älteren Menschen festgestellt. Dieser beschleunigt die Alterungsprozesse von Gelenken und Arterien. Auch bei Patienten mit Osteoporose entdeckten Ärzte erhebliche Mängel an Kieselsäure. Lungenerkrankungen, darunter auch Asthma, bringt man heute ebenfalls mit einem Mangel an Silicium in Verbindung. Brüchige Nägel, häufige Sehnenentzündungen und Verdauungsstörungen mit Verstopfung können Zeichen von Siliciummangel sein. In der Nahrung steckt dieser Mineralstoff vor allem in den Ballaststoffen wie Kleie und Pflanzenfasern. Auch Kartoffeln und alle Vollkornprodukte versorgen uns mit Kieselsäure.

Spurenelemente – bleiben Sie diesen Elementen auf der Spur
Auch Spurenelemente sind Mineralstoffe, weil sie aber im Organismus nur in winzigen Mengen vorkommen, grenzt man sie begrifflich ab. Mineralstoffe, von denen wir täglich weniger als 100 mg benötigen, nennt man Spurenelemente. Auch wenn wir nur stäubchengroße Mengen brauchen, lebensnotwendige und -verlängernde Aufgaben erfüllen sie trotzdem. Klitzeklein ist das Teilchen eines Spurenelements, wie es eine Körperzelle zum Überleben braucht: es wird in der kleinsten, nicht mehr zerlegbaren Einheit Atom gemessen. Was will ich damit sagen? Auch wenn der tägliche Bedarf nur stäubchengroß ist: werden Zellen nicht mit der notwendigen Anzahl von Atomen des jeweiligen Spurenelements versorgt, sterben sie ab – so sensibel ist die Natur. Schenken Sie also auch diesen kleinsten Elementen ihre Aufmerksamkeit und bleiben Sie ihnen auf der Spur. Leider fließen die Informationen über die herausragenden Leistungen einiger Spurenelemente nur spärlich. Auch wissenschaftliche Untersuchungen über Funktionen und Aufgaben einiger Exoten unter den Spurenelementen haben relativ spät begonnen. Um so inten-

siver sind aber heute rund um den Globus die Tüfteleien der Forscher; derzeitiges Lieblingskind ist jenes Spurenelement, von dem wir am wenigsten im Körper haben, das Selen.

Das Selen (Se) – ein Juwel für unseren Körper

Es ist noch gar nicht lange her, nur ein paar Jahrzehnte, da wurde Selen als hochgiftig eingestuft. Eine Untersuchung von elend gestorbenen Rindern in den USA ergab, daß sie durch hohe Selenaufnahme vergiftet waren. Schuld an diesem Massensterben war eine Pflanze, die in der Lage ist, aus Böden mit überhöhtem Selengehalt sehr hohe Konzentrationen aufzunehmen. Gerade diese Pflanzen sind aber eine Leibspeise von Kühen. Die hohe Selenaufnahme führte zunächst dazu, daß die Rinder ihr Fellhaar verloren. Nach Schädigung der Leber und einsetzenden Lähmungen gingen sie jämmerlich zugrunde. Noch bis vor 20 Jahren galt Selen in den USA als hochgiftig – für Tiere wohlgemerkt, der menschliche Organismus wurde zu dieser Zeit noch nicht auf Selen untersucht. Dann, Anfang der 70er Jahre, fand man etwas zunächst Verblüffendes heraus: das Lebergewebe bei Kühen, Schweinen und Pferden stirbt ab, wenn man den Tieren überhaupt kein Selen gibt. Sobald man jedoch kleinste Mengen ins Futter mischte, verschwand diese Krankheit sofort. Rasch gewann man kurze Zeit später die Erkenntnis: *Ein Zuviel ist genauso schädlich wie das völlige Fehlen.* Und dieser Satz gehörte dick und rot unterstrichen, denn er gilt nicht nur für Tiere, sondern vor allem für Menschen – und er gilt nicht nur für Selen, sondern für alle Spurenelemente.

Mit diesen neuen Erfahrungen rückte das Selen ins Blickfeld und damit in die Labors vieler Wissenschaftler. Und seit ein paar Jahren wird der Informationssuchende mit immer neuen Forschungsergebnissen überrascht, die allesamt hoffnungsfroh stimmen. So klitzeklein der tägliche Bedarf an Selen auch ist, der Nutzen für uns ist riesig: In der Abwehr der freien Radikale ist Selen ein 1000mal aktiveres Antioxidans als das Vitamin E, dessen Wirksamkeit schon hoch ist. Allerdings hat das Selen eine andere Aufgabe zu erfüllen: Zusammen mit Vitamin C liegt es im Wasseranteil der Zelle auf der Lauer, fängt direkt nach der Entstehung die sogenannten Wasserstoffperoxide (H_2O_2) ab und macht sie unschädlich. Somit ist Selen der dritte Zell-Schutzengel, der für uns Läufer von allergrößter Wichtigkeit ist, weil wir, wie schon gesagt, wesentlich mehr Sauerstoff aufnehmen und in den Muskelkraftwerken verstoffwechseln. Freie Radikale befinden sich aber nicht nur in den Muskelzellen. Man vermutet, daß diese Bösewichte, treiben sie erstmal im Körper ihr Unwesen, viele Infektionskrankheiten, aber auch Tumore, den grauen Star, rheumatische Erkrankungen und den Herzinfarkt unterstützen, wenn nicht sogar verursachen. Zumindest konnte ein nicht ausreichender Selengehalt bei diesen Krankheiten nachgewiesen werden. Gerade auf diesen Gebieten haben die Wissenschaftler noch einiges zu tun. Große Hoffnung in Selen setzt man heute schon bei der Bekämpfung von Krebs. Möglicherweise entpuppt sich dieses Spurenelement sogar als eine zentrale Steuersubstanz unseres Immunsystems.

Eine Untersuchung deutscher Wissenschaftler über die Selenzufuhr durch die Nahrung brachte ein niederschmetterndes Ergebnis zu Tage, das uns wie ein Paukenschlag wachrütteln müßte: 90 Prozent der Untersuchten erreichten nicht das absolute Minimum von 50 Mikrogramm (mμ) oder 0,000050 Gramm. Selbst dieser Wert ist nach heutigem Wissensstand bedeutender Selenforscher noch zu wenig – um einen ausreichenden Zellschutz zu gewährleisten, empfehlen sie 200 bis 300 Mikrogramm. Aber Achtung! Sie sollten jetzt nicht der Idee verfallen, noch größere Mengen zu nehmen getreu dem Motto: „Wenn wenig gut ist, dann ist mehr besser", denn zu schnell könnten Sie Gefahr laufen, an die kritische Schwelle zu gelangen. Und: noch immer ist eine extrem hohe Dosis giftig! Halten Sie's wie mit Juwelen; die wirken auch nur, wenn sie dezent getragen werden.

Daß heutzutage viele Menschen eine gravierende Unterdeckung im Selenspiegel haben, ist nicht nur auf die falsche Ernährung zurückzuführen. Selbst wer sich gesund ernährt, wird die 200 Mikrogramm am Tag nicht erhalten. Schuld daran sind unsere ausgelaugten und überdüngten Äcker. Selenverbindungen werden durch Pflanzen aus selenhaltigen Böden aufgenommen. Starke Regenfälle waschen jedoch vielerorts das Erdreich aus, und das Selen ist für uns verloren. Und weil auch die landwirtschaftlichen Böden immer intensiver genutzt, also mißbraucht werden, können Pflanzen aus der überdüngten Erde kaum Selen aufnehmen. Bodenuntersuchungen in Deutschland zeigten, daß fast kein Selen mehr in der Erde steckt. Vollkornprodukte, die normalerweise viel von diesem Spurenelement speichern können, geben dadurch in der Nahrungskette Pflanze–Tier–Mensch kaum noch Selen weiter. Fazit: Eine ausreichende Selenzufuhr über die Nahrung ist heute nicht mehr gewährleistet. Es sei denn, Sie backen sich Ihr Brot selbst mit aus Amerika eingeführten selenhaltigen Körnermischungen. Ausdauersportler, und nicht nur sie, kommen an einer zusätzlichen Aufnahme von Selen als Ergänzung nicht vorbei: Täglich sollten 100 bis 200 Mikrogramm, nicht mehr, zugeführt werden. Dazu gibt es Selenhefedragees oder -tabletten.

Selen ist ein Juwel der Natur, das bestimmt noch nicht alle Geheimnisse preisgegeben hat – und die großartige Hilfe, die es dennoch heute schon leistet, haben noch nicht viele Menschen für sich entdeckt. Ich bin jedoch felsenfest davon überzeugt, daß sich das schon bald ändern wird – in ein paar Jahren wird Selen in aller Munde sein. Hier ein paar Nahrungsmittel mit relativ hohem Selengehalt. Wegen der unterschiedlichen Böden können die Werte schwanken:

Selengehalt in Mikrogramm (µg) je 100 Gramm eßbarem Anteil:

Fisch	0,75
Hartweizen	0,35
Fleisch vom Rind, Schwein und Schaf (Muskelfleisch)	0,30
Hühnerei	0,20
Weizenmehl (Vollkorn)	0,15
Roggenbrot	0,15
Speisepilze	0,12
Haferflocken	0,10

Das Eisen (Fe) – macht vollblütig und munter

Vom Eisen haben wir 4 bis 5 Gramm im Körper. Etwa zwei Drittel davon sind im Blut, genauer im Hämoglobin und Myoglobin. Hämoglobin transportiert den Sauerstoff, und Myoglobin speichert ihn. Eine Aufgabe des Eisens ist es, die roten Blutkörperchen zu produzieren. Läuft diese Produktion bei großer Nachfrage nicht auf vollen Touren, weil der Rohstoff Eisen fehlt, dann kann im Blut nicht genügend Sauerstoff in die Kraftwerke unserer Muskelzellen transportiert werden – eine körperliche Schwäche ist die Folge. Rote Blutkörperchen haben eine Lebensdauer von etwa 120 Tagen. Nach dieser Zeit wird das noch in ihnen enthaltene Eisen recycelt – folglich zur Produktion neuer Blutkörperchen wiederverwendet. Der Eisenumsatz in diesem Kreislauf wird aber durch Verlust im Schweiß, Stuhl, Urin und Blut immer kleiner. Daher sind Frauen und Sportler am ehesten von einem Eisenmangel betroffen. Frauen vor allem deshalb, weil sie durch die Menstruation 30 bis 40 mg Eisen verlieren. Und bei Sportlern kommt neben dem Verlust über den Schweiß eine andere Eisenausscheidung hinzu: die mechanische Hämolyse. Was ist das? Durch Prellung der Gewebsoberflächen, beispielsweise beim Laufen, wenn der Fußballen zu hart auftritt, oder beim Handball, wenn man mit einem Gegner zusammenprallt, können rote Blutkörperchen platzen. Der Farbstoff, und mit ihm Eisen, tritt aus dem Gewebe aus. Dieses Eisen wird dann über den Urin ausgeschieden. Beim Laufen hilft ein gut gedämpfter Schuh vor dieser Hämolyse.

Frauen und Sportler sollten also darauf achten, daß solche Eisenverluste durch die Nahrung ersetzt werden. Denn: ein Mangel legt die Energie an die Kette – man wird antriebsschwach und schlapp. Teilnahmslosigkeit, Müdigkeit, Schwäche, Leistungsabfall, Kurzatmigkeit, Blässe, stärkeres Herzklopfen und eine verminderte Regenerationsfähigkeit des Herz-Kreislauf-Systems bremsen unseren Elan – eine doch recht logische Kette, wenn man bedenkt, daß bei Eisenmangel immer zuwenig Sauerstoff transportiert wird. Verwirrung darüber, wie verbreitet eine Eisenunterversorgung in Deutschland ist, stiftet das Bundesgesundheitsministerium: nannte es 1991 noch Zahlen von 50 bis 60 Prozent bei Mädchen und jungen Frauen, so haben heute plötzlich nur noch 6 Prozent der Frauen und 3 Prozent der Männer einen Eisenmangel (?!). Wie dem auch sei, stellen wir uns die Frage, warum relativ viele Frauen und Männer einen solchen Mangel haben, obwohl Berge von eisenhaltigem Fleisch verzehrt werden? Schauen wir uns dazu ein paar Zahlen an: In der Zivilisationskost, bei der Fleisch und Wurst einen wesentlichen Platz auf dem Teller einnehmen, liegt die tägliche Eisenaufnahme durchschnittlich bei etwa 6–10 mg. Der tägliche Bedarf aber liegt bei Frauen um die 15 mg – bei Schwangeren erhöht er sich um 100 Prozent auf 30 mg. Ältere

Frauen, Männer und Kinder brauchen täglich etwa 10 mg Eisen. Bei dem ein oder anderen unter uns könnte also bereits eine Versorgungslücke klaffen. Größer wird die Lücke dann, wenn man sportlich aktiv wird. Die Literatur über Sporternährung nennt hier relativ hohe Werte, die allerdings mit Vorsicht zu genießen sind, wie wir gleich sehen werden: aktive Frauen brauchen danach 30–40 mg Eisen täglich, aktive Männer 20–30 mg. Allzuleicht könnten Sie jetzt auf die Idee kommen und sagen: „Na gut, wenn die Lücke so groß ist, dann hole ich mir aus der Apotheke Eisenpräparate." Bitte tun Sie das nicht – *fassen Sie nicht dieses heiße Eisen an*! Eine Ergänzung sollte nur unter ärztlicher Kontrolle erfolgen, da Eisen schon bei einer relativ geringen Überdosis zu schweren gesundheitlichen Schäden führen kann. Eine Verstopfung wäre da noch ein harmloses Krankheitsbild. Vielmehr besteht die Gefahr einer schweren Leberschädigung mit möglicher Zirrhose. Auch die Bauchspeicheldrüse könnte angegriffen werden, wodurch eine Zuckerkrankheit entstehen kann. Zuviel Eisen gefährdet auch den Herzmuskel – bis hin zu ernsten Herzrhythmusstörungen. Lagert sich verstärkt Eisen in den Gelenkkapseln an, kann dies arthritische Beschwerden auslösen. Und ganz aktuell (Herbst 1992) wird unter Wissenschaftlern eine finnische Studie diskutiert, nach der ein zu hoher Eisengehalt ein wesentliches Infarktrisiko darstellen soll. Nach Auffassung des Forscherteams werden durch einen Eisenüberschuß vermehrt freie Radikale gebildet, die dann wiederum die Lkw-Transporter mit der Fettladung überfallen. Wie es dann weitergeht, das wissen wir bereits. Soweit die Gefahren eines Eisenüberschusses bei nicht kontrollierter Einnahme von Präparaten.

Kommen wir aber jetzt wieder zurück auf den Mangel. Was kann man tun, wenn man weiß, daß man stets ein großes Defizit an Eisen hat? Mineralwässer helfen uns hier nicht weiter; wegen des schlechten Geschmacks (!) wird aus fast allen heimischen Wässern das Eisen entzogen. Auf dem Etikett liest sich das so: enteisent. Und bei den Elektrolytgetränken verbietet der Gesetzgeber die Zugabe von Eisen. Wie kommen wir aus dieser Zwickmühle heraus? Wieder einmal führt der Ausweg über den Kopf, indem wir uns bewußtmachen, was wir essen – und: einen Trick müssen wir auch anwenden – hierzu gleich mehr. Wir wissen bereits, daß pflanzliche Nahrungsmittel we-

nig Eisen enthalten und daß es hieraus nur schlecht vom Körper aufgenommen werden kann. Wenn Sie nun glauben, den Braten bereits
zu riechen, dann muß ich Sie leider enttäuschen, denn: über das
Fleisch allein ist der Eisenbedarf nicht zu decken – Sie müßten Rie-
senmengen essen. Stichworte wie Gicht und Cholesterin sollten Ihnen zudem durch den Kopf gehen – eine Lösung ist der Braten allein
also nicht. So, langsam wird es spannend. Was auf der Welt ist es, das
uns mit Eisen versorgt? Kochen wie in Afrika, in rostigen Töpfen?
Nun, tatsächlich ist der Eisenmangel auf dem schwarzen Kontinent
dadurch erheblich geringer als bei uns. Aber diesen Vorschlag dürfen
Sie von mir nicht erwarten – es geht viel einfacher. Mit einem Trick
kann die Eisenaufnahme erleichtert und beschleunigt werden: Vitamin C fördert die Resorbtion aus pflanzlicher Nahrung bis zu
100 Prozent (!). Bei Aufnahme von 50 mg Vitamin C werden 30 Prozent mehr Eisen aufgenommen und bei 500 mg sind es 100 Prozent.
So genial hat die Natur das eingerichtet; und äßen wir immer eine
ausgewogene Kost, mit allen Vitaminen und Mineralstoffen, dann
gäbe es auch keinen Eisen- oder sonstigen Mangel. Darum also ist es
notwendig, daß wir bei den Hauptmahlzeiten Vitamin-C-haltige
Nahrungsmittel zu uns nehmen. Beispielsweise könnte das Salat-
dressing aus Zitronensaft gemacht sein. Und die Petersilie im Salat
sollte gegessen und nicht am Tellerrand liegengelassen werden. Auch
ein Orangensaft zum Essen hilft, das Eisen aufzunehmen. Überhaupt
ist Obst, auch als Salat, ein wertvoller Helfer. Ein Obstler hilft natürlich nicht, ebenso wie schwarzer Tee oder Kaffee hemmt er die
Eisenaufnahme.

Hier die Einkaufsliste für Nahrungsmittel mit hohem Eisengehalt in
mg je 100 Gramm eßbarem Anteil:

Bierhefe	17,8	weiße Bohnen	6,1
Kakaopulver	12,5	Pistazienkerne	7,3
Rettich	10,0	Sonnenblumenkerne	7,0
Hirsekörner	9,0	Sauerkraut	7,0
Sojabohnen	8,6	Linsen	6,9
Weizenkeime	8,0	Erdbeeren	6,9
Tomaten	7,6	Himbeeren	6,7

Johannisbeeren	5,5	Brunnenkresse	3,7
Haferflocken	4,6	getr. Feigen	3,3
getr. Aprikosen	4,5	Weizenkorn	3,3
Spinat	4,1	Roggenvollkorn	3,3
Mandeln	4,1	Schokolade	3,2
Haselnüsse	3,8		

Zum Vergleich die tierischen Nahrungsmittel:

Schweineleber	22,0	Rinderleber	7,1
Schweinenieren	10,0	Leberpastete	6,4
Kalbsleber	7,9	Rind- u. Kalbfleisch	3,0

Vielleicht sind Sie über den Wert von Spinat gestolpert und wundern sich, warum er unter „ferner liefen" rangiert? Fangen wir die Erklärung so an: Warum wohl sagen Babys immerzu bäh-bäh, urg – und schütteln sich vor Graus, wenn sie diesen giftgrünen Brei sehen; und warum verschließen sie ihr Mündchen, wenn besorgte Muttis ihnen Spinat vor die Nase halten? Na, ganz einfach – so ein Baby ist schon ein großer Pfiffikus; es weiß ganz genau, daß da kaum das drinnen ist, was noch viele Muttis glauben – nämlich Eisen. Hoho? – fragen Sie sich, warum sollen Babys schlauer sein als Erwachsene? Hihi – antwortet das Baby, weil wir noch nicht lesen können; und wer nicht lesen kann, der liest auch nicht die Fehler, die dann und wann auftauchen – so wie beim Spinat. Wir Babys verlassen uns halt lieber auf unsere Nase – dafür dürft Ihr uns weiterhin Naseweis nennen. Wie war das aber mit dem besagten Fehler? Nun, es ist schon ein paar Tage her, Anfang dieses Jahrhunderts war es, da machte der schweizer Wissenschaftler Gustav von Bunge einen kleinen Fehler, der große Wirkung zeigte: Er hatte übersehen, daß das Komma beim Eisengehalt von Spinat um eine Stelle nach rechts gerutscht war – so wurden aus 4,1 Milligramm stolze 41,0 mg. Und mit diesem falschen Wert führte der Spinat lange Zeit mit Abstand die Liste der eisenhaltigen Nahrungsmittel an. Und weil dieser Wert immer wieder abgeschrieben wurde, geistert er auch heute noch durch viele Tabellen. Deshalb, liebe Kinder, ihr habt schon den richtigen Riecher, wenn es um's Essen geht – wenn das die Muttis doch endlich einsehen wollten.

Spinat als bester Eisenversorger scheidet auch deshalb aus, weil er Oxalsäure enthält. Diese bindet das Eisen fest an sich, so daß es der Organismus kaum aufnehmen kann. Auch hier hilft Vitamin C – es lockert diese Bindung, wodurch die Eisenaufnahme aus Spinat wieder sichergestellt ist. Vegetarier unter Ihnen, besonders Frauen, die ihren Eisenwert nicht kennen, sollten ihn möglichst rasch kennenlernen. Denn jetzt, wo Sie laufen, ist es wahrscheinlich, daß Sie unter ärztlicher Kontrolle zumindest eine zeitlang Eisenpräparate nehmen müssen. Lassen Sie sich also Ihre Blutwerte geben – und vor allem, sagen Sie Ihrem Arzt, daß Sie mit dem Laufen begonnen haben.

Das Zink (Z) – hilft beim Muskelaufbau

Auch Zink ist ein wertvoller Zell-Schutzengel. Etwa 2,5 Gramm davon haben wir in uns. Zink ist ein Baustein jener Enzyme, die in den Leber-, Muskel- und Blutzellen für verschiedene chemische Reaktionen zuständig sind; andere Enzyme werden durch Zink aktiviert. Dieses Spurenelement steckt auch in den Knochen, in der Iris und Netzhaut sowie in der Bauchspeicheldrüse. Im Insulin, also dem Hormon, das den Blutzuckerspiegel reguliert, ist Zink ebenfalls enthalten. Darüber hinaus ist es notwendig für ein gesundes Wachstum von Haut und Haaren. Schon bei einem geringen Zinkmangel wird das Geschmacksempfinden beeinträchtigt. Auch können sich Appetitlosigkeit und schlechte Wundheilung einstellen. Ein unterdurchschnittliches Wachstum bei Kindern hängt oftmals auch mit einer zu geringen Zinkaufnahme zusammen. Ein erheblicher Mangel kann eine besondere Art der Blutarmut auslösen oder Zwergwuchs verursachen. Auch Hautunreinheiten wie Akne, Furunkel und Ekzeme sind nicht selten die Folgen einer Zinkknappheit im Organismus.

Für uns Ausdauersportler ist dieses Spurenelement schon deshalb wichtig, weil es die Muskelkraft durch gesicherten Eiweißumbau erhöht. Deshalb haben Sportler einen erhöhten täglichen Bedarf von ca. 20 mg anstatt der 15 mg von Nichtsportlern. Untersuchungen in Deutschland deckten auf, daß in weiten Teilen der Bevölkerung die Versorgung mit Zink nicht ausreichend ist. Das Defizit hat verschiedene Ursachen: Zum einen nimmt der Körper nur 40 Prozent des in der Nahrung enthaltenen Zinks auf – der Rest wird schnell wieder ausgeschieden, zum anderen verlieren wir erhebliche Mengen beim Schwitzen. Gravierender sind jedoch ernährungsbedingte Gewohnheiten. Vor allem bei rein vegetarischer Kost kommt es zu einem hohen Mangel, da der Organismus das Zink aus tierischen Quellen besser verwertet als aus pflanzlichen. Auch die gesunde kohlenhydratreiche Kost der Ausdauersportler enthält kaum Zink, mit einer Ausnahme, den Haferflocken. Und nun kommt der Punkt, der wohl das Hauptübel bei der Zinkversorgung darstellt. Alkoholaufnahme beeinträchtigt ganz erheblich die Verwertbarkeit dieses essentiellen Spurenelements.

Die Rolle von Zink im biochemischen Kochtopf unseres Körpers ist bedeutend. Zunehmend werden vor allem Sportler auf den oft erheblichen Mangel aufmerksam gemacht, weil ein Unterschreiten des Mindestwertes zu erheblichen Leistungseinschränkungen führt. Ein Zinkmangel läßt sich vermeiden, wenn man auf Alkohol verzichtet und beim Essen auf zinkreiche Nahrungsmittel achtet. Herausragende Zinkquellen sind: Meeresfrüchte, besonders Austern; Muskelfleisch von Rind und Kalb; Haferflocken und verschiedene Gewürze wie Knoblauch, Basilikum, Rosmarin, Paprika und Salbei.

Soweit das Zink. Und mit ihm, Eisen und Selen könnte ich dieses Kapitel über die Spurenelemente schon abhaken, weil die anderen Stoffe für uns Ausdauersportler keine spezielle Bedeutung haben – aber … es plaudert sich so angenehm hierüber, und niemand schreibt mir vor, wie dick oder dünn dieses Buch werden darf. Und weil Sie niemand zwingt, alles lesen zu müssen, biete ich einfach die anderen Spurenelemente an – wer will, der kann zugreifen. Wer die nächsten Seiten überschlägt, der wird nur nicht erfahren, was der Kobold mit dem Kobalt zu tun hat, und auch nicht, welcher Zusammenhang zwischen Impotenz und Molybdän besteht.

Das Jod (J) – verhindert die Kropfbildung

Von den 10 bis 20 mg Jod, die wir im Körper haben, befinden sich etwa 80 Prozent in der Schilddrüse. Jod ist den meisten von uns bekannt, da ein Mangel zu einer häßlichen Veränderung am Hals führen kann – zum Kropf. Zu dieser krankhaften Vergrößerung der Schilddrüse – nichts anderes ist der Kropf – kommt es, wenn die Produktion der Schilddrüsenhormone nicht ungestört ablaufen kann. Der Produktionsprozeß ist immer dann gestört, wenn der Hilfsstoff Jod nicht ausreichend zur Verfügung gestellt wird. Bei jedem siebten Bundesbürger ist diese Produktion gestört, weil Deutschland ein jodarmes Gebiet ist. Anders gesagt: 11 Millionen Deutsche sind von dieser Hormonstörung betroffen.

Der tägliche Bedarf von 0,18 bis 0,20 mg, bei Schwangeren 0,21 mg und Stillenden 0,24 mg, wird selten gedeckt. Die durchschnittliche Jodaufnahme liegt bei 0,10 mg pro Tag. Etwa die Hälfte davon wird gleich wieder mit dem Harn ausgeschieden. Wer zudem viel schwitzt, verliert nochmal pro Liter Schweißwasser 0,01 bis 0,02 mg Jod – immerhin ein Zehntel des täglichen Bedarfs. Der große Jodmangel bei uns hängt auch damit zusammen, daß der Fisch ein Stiefkind in der Ernährung ist; der durchschnittliche Verbrauch pro Kopf liegt bei 230 Gramm in der Woche. In anderen europäischen Ländern wird zwei- bis dreimal soviel Fisch gegessen wie bei uns. Dazu kommt in Deutschland ein Nord-Süd-Gefälle; im Süden, fernab der Küste, wird erheblich weniger Fisch aufgetischt als im Norden. Das ist bedauerlich, denn Seefisch ist das einzige Lebensmittel, das uns ausreichend mit Jod versorgen kann. Auf eine weitere Jodquelle richtet sich aber derzeit ein Auge des Gesetzgebers: aufs Salz. Es gibt zwar bereits jodiertes Meersalz und Jodsalz, aber man diskutiert darüber, ob in Deutschland ausschließlich jodiertes Salz verkauft werden soll. Zeit wäre es, denn schon die tägliche Zufuhr von 5 Gramm Jodsalz versorgt uns mit 0,10 mg Jod. Wer folglich öfters Fisch statt Fleisch ißt, dazu nur Jodsalz im Haushalt verwendet, bei dem ist eine lückenlose Jodversorgung bei der Hormonproduktion sichergestellt. Weil Läufer eher einen niedrigen Blutdruck haben, können sie die Speisen auch etwas mehr salzen. Der Verlust von Jod über den Schweiß wird dadurch ausgeglichen. Elektrolytgetränke helfen wiederum nicht bei der Versorgung, denn auch hier sagt der Gesetzgeber strikt nein; und bei Mineralwässern sucht man Jod meist vergeblich.

Gute Jodlieferanten sind (in mg je 100 Gramm eßbarem Anteil):

Schellfisch	0,32
Seelachs	0,26

Kabeljau	0,10
See-Aal	0,06
Hering	0,05
Scholle	0,03

Fischstäbchen, Quark, Joghurt, Milch, Buttermilch und Kefir enthalten auch etwas Jod, allerdings tragen die geringen Mengen nicht zu einer nennenswerten Versorgung bei. Alles in allem: ein Jodmangel ist so überflüssig wie ein Kropf.

Das Kupfer (Cu) – stupst das Eisen zur Blutbildung an

Wir haben 80 bis 100 mg Kupfer im Körper – der größte Teil lagert in Milz und Leber. Der kleinere Teil steckt in den Knochen, in der Muskulatur, in den Nieren und in der Brustdrüse. Eine Aufgabe des Kupfers ist es, dem Eisen bei der Blutbildung behilflich zu sein. Als Katalysator stupst es diesen Stoffwechselvorgang an, nimmt aber selbst nicht daran teil. Blutarmut muß also nicht in jedem Fall auf einen Eisenmangel zurückzuführen sein. Zum Aufbau bestimmter körpereigener Antikörper ist Kupfer unerläßlich, da der Kern dieser Abwehrwaffen aus Kupfer besteht. Dieses Spurenelement hilft auch, unsere Haut möglichst lange faltenfrei zu halten, da es die Bildung von Elastin beeinflußt. Ein Kupfermangel ist selten; der tägliche Bedarf von 2 bis 5 mg wird im allgemeinen gedeckt, da Kupfer in ausreichenden Mengen in der Nahrung und im Wasser enthalten ist. Besonders kupferreiche Nahrungsmittel sind: Austern, Krustentiere und Schellfisch; aber auch in Nüssen, Hülsenfrüchten, Kakao und Rosinen ist reichlich Kupfer enthalten.

Das Germanium (Ge) – fängt Schwermetalle

Seinen Namen verdankt dieses Spurenelement dem Vaterland des Entdeckers C. Winkler – Germanien. Wer mit Elektronik zu tun hat, der kennt dieses spröde, grauweiße und glänzende Halbmetall und seine Halbleitereigenschaft. Winkler entdeckte das Germanium gegen Ende des letzten Jahrhunderts. Aber erst 1950 fand Dr. K. Asay, ein Japaner, heraus, daß dieser Mineralstoff in vielen Nahrungsmitteln und Heilpflanzen vorkommt. Und in allerjüngster Zeit kommt man den Aufgaben des Germaniums im Organismus auf die Schliche. Es wird rasch vom Körper aufgenommen und über die Blutbahnen schnell im Körper verteilt. Bereits nach 12 Stunden wird der größte Teil über den Urin wieder ausgeschieden. In diesen 12 Stunden aber erfüllt das Germanium äußerst wichtige Aufgaben: Es regt die körpereigene Interferonbildung an, deshalb wird es zunehmend in der Krebsbehandlung eingesetzt. Krankhaft veränderte rote Blutkörperchen werden innerhalb kurzer Zeit nach Aufnahme von Germanium in den gesunden Zustand zurückgeführt. Dieses Spurenelement bekämpft erfolgreich Pilze und Mikroben, indem es das Wachstum unterdrückt. Beim Knochenschwund hat es eine schützende Aufgabe. Zudem wirkt es auch als Antioxidans und fördert die Sauerstoffversorgung. Eine weitere lobenswerte Leistung vollbringt es damit, daß es giftige Schwermetalle bindet. Quecksilber, Cadmium und Blei gehen bevorzugt eine Bindung mit Germanium ein. Weil es unseren Körper nach 12 Stunden wieder verläßt, kann es sein, daß wir dadurch von den Schwermetallen befreit werden. Da die Forschung hierzu noch in den Kinderschuhen steckt, weiß man das noch nicht genau. Ebensowenig ist bekannt, wie hoch der tägliche Bedarf an Germanium ist – auch kennt man die Vergiftungsschwelle nicht. Mit Germanium versorgen uns: Knoblauch, Ginseng, Beinwell, Muscheln, Austern, eßbare Pilze und Naturreis.

Das Chrom (Cr) III – hilft Zucker zu verwerten

Als lebensnotwendiges Spurenelement benötigt unser Körper das Chrom nur in einer bestimmten Form: im dreiwertigen Oxidationszustand – dann heißt es Chrom (III). Es hilft vor allem bei der Zuckerverwertung, indem es den Glucosestoffwechsel anregt. Daneben unterstützt es die Produktion bestimmter Enzyme. Chrom (III) ist zudem an der Insulinherstellung und beim Stoffwechsel der Schilddrüse beteiligt. Bei einem Mangel kann sich eine Überempfindlichkeit gegen Traubenzucker einstellen; aber auch bei der Zuckerkrankheit selbst ist Mangel ein verschlechternder Faktor. Die Chrom-III-Forschung läuft auf Hochtouren, dennoch kann nicht gesagt werden, wie hoch der tägliche Bedarf ist. Chrom-III-Lieferanten sind: Vollkornprodukte, Maisöl, Austern und schwarzer Pfeffer.

Jetzt noch ein Hinweis, damit nichts verwechselt werden kann. Es gibt noch andere Chromverbindungen, die hochgiftig sind:

Chromate und Chromsäure. Diese schädlichen Chrom-IV-Verbindungen werden rasch vom Körper aufgenommen, wenn man – berufsbedingt – mit ihnen in Kontakt kommt. Sie werden über die Haut, Schleimhaut oder beim Einatmen entsprechender Dämpfe oder Stäube aufgenommen.

Das Mangan (Mn) – aktiviert viele Enzyme

Unser Organismus kann auf etwa 12 bis 30 mg Mangan zurückgreifen. Gelagert wird es in der Leber, im Skelett und in der Milchdrüse. Mangan wird dringend für die Aktivierung zahlreicher Enzyme benötigt; außerdem hilft es, Kohlenhydrate und Fett zu verwerten. Im Skelett ist es für die Festigkeit notwendig. Der Tagesbedarf von 2 bis 5 mg wird nach derzeitigem Wissen gedeckt. Mangan nehmen wir auf mit: Bananen, Ananas, Nüssen, Getreide, Eigelb, Blattgemüse und Beeren.

Das Molybdän (Mo) – macht den Eisenvorräten Beine

Dieses Spurenelement ist in der Öffentlichkeit so gut wie unbekannt und in der Wissenschaft wenig erforscht. Fest steht jedoch, daß es als lebensnotwendiger Katalysator in einigen Enzymen steckt. Molybdän mobilisiert die Eisenvorräte in der Leber und hilft bei der Fettverbrennung. Hoffnungsvoll blickt man auf das Molybdän in der Krebsforschung – erste medizinische Erfahrungen zeigen, daß es möglicherweise Krebs verhüten hilft, da es Zellen stärkt, die eine verringerte Widerstandsfähigkeit gegen Tumoren haben. Bei Impotenz wird es therapeutisch eingesetzt, da festgestellt wurde, daß ältere impotente Männer häufig einen Molybdänmangel haben. Andere Untersuchungen deuten darauf hin, daß dieses Spurenelement ähnlich wie Fluor hilft, vor der Karies zu schützen. Der tägliche Bedarf wird mit 75 bis 200 Mikrogramm angegeben. Enthalten ist Molybdän vor allem in: Vollkornprodukten, Weizenkeimen, Bierhefe, Erbsen und Linsen.

Das Kobalt (Co) – steckt im Vitamin B 12

Daß Kobalt so ähnlich klingt wie Kobold, ist kein Zufall. Im Volksglauben ist der Kobold ein zwerghafter Haus- und Hofgeist, der manchmal lustige Streiche ausheckt, aber sonst eher böse und tückisch ist – deshalb kann man gut auf ihn verzichten. Jetzt zum Kobalt: Schon sehr früh entdeckte man unter den wertvollen Erzen ein glänzendes Mineral, das damals als wertlos erachtet wurde. Daher glaubte man, daß es ein Berggeist böswillig unter die nützlichen Erze gemischt hat – so gab man ihm den Namen Kobold. Erst später wurde die Bezeichnung auf Kobalt geändert.

Über die deponierten Kobaltmengen im Körper sowie über den Bedarf liegen noch keine gesicherten Zahlen vor. Dennoch ist Kobalt nicht gänzlich unerforscht. Weil es die Blutbildung anregt, benötigen wir es zur Herstellung der roten Blutkörperchen. Als einziges Spurenelement ist es an einem Vitaminstoffwechsel beteiligt, an dem des Vitamin B 12. Somit ist Kobalt ein Bestandteil dieses Vitamins und wird automatisch aufgenommen, wenn wir Vitamin B 12 über die Nahrung zu uns nehmen. Auch gibt es beim Kobalt erste Hinweise darauf, daß es die Hormonproduktion der Schilddrüse unterstützt, indem es die Jodaufnahme fördert. Ein Mangel an Kobalt konnte bisher nicht nachgewiesen werden – allerdings ist der Bedarf noch nicht bekannt. Enthalten ist Kobalt in: Milch, Käse, Eiern, Fleisch und Fisch.

Sie haben es bemerkt: Bei den letztgenannten Spurenelementen ist die Information dünner geworden. Aber früher oder später wird möglicherweise eine sensationelle Entdeckung gemacht und in den Medien veröffentlicht. Dann wissen Sie, daß es sich beispielsweise beim Kobalt, Molybdän oder Germanium lohnt, genauer hinzugucken. Apropos hingucken: Vielleicht ist Ihnen nicht entgangen, daß ich bis jetzt das Fluor unterschlagen habe – das hat einen guten Grund.

Das Fluor (F) – ist umstritten

Wie bei allen Spurenelementen, so werden auch Überschüsse von Fluor im Körper gespeichert und sind dann giftig. Zuviel Fluor wirkt als Zellgift – das ist bekannt und unumstritten. Es hemmt die Arbeit bestimmter Enzyme und blockiert den Zuckerstoffwechsel. Geht Fluor mit Calcium oder Eisen im Körper eine Verbindung ein, weil ein Überschuß vorhanden ist, dann können beide Stoffe vom Organismus kaum mehr aufgenommen werden. Berufsbedingte chronische Fluorvergiftungen führen zu schweren Krankheiten. Vielleicht wundern Sie sich bereits ein bißchen über diese Informationen, denn es heißt doch immer, daß Fluor gesund ist und wir es dringend brauchen? Nun, mit dem Image, mal allgemein gesagt, ist das so eine Sache: nicht immer entpuppt sich der Schein als Wahrheit, wenn man das Sein genauer durchleuchtet – was also hat es mit dem Fluor auf sich? Zunächst einmal: es ist ein lebensnotwendiges Spurenelement. Wir benötigen es zur Zahnentwicklung und zum Schutz vor Karies. Besonders Kinder brauchen Fluor, solange die Zähne wachsen. Da liegt natürlich die Idee nahe, daß dem Trinkwasser Fluor beigegeben wird, damit die Zähne kariesfrei bleiben – und genau dieser Punkt ist heftig umstritten. Aber alles der Reihe nach. Zunächst stellte man in der Schweiz fest, daß die Zugabe von 1 mg Fluor je Liter Trinkwasser die Karieshäufigkeit bei Kindern um mehr als die Hälfte senkt. Inzwischen sind ein paar Jahre vergangen und die Kinder groß geworden. Heute stellt sich nun folgendes heraus: Bei etwa jedem fünften dieser Jugendlichen oder Erwachsenen zwischen 10 und 20 Jahren, die seit Geburt an fluoridhaltiges Wasser tranken, bildeten sich zunächst pergamentartige weiße Flecken auf den Zähnen, die im fortgeschrittenen Stadium braun wurden – diese Versuchskaninchen leiden heute an der Zahnfluorose, einer Krankheit, die es bisher kaum gab. So günstig die Wirkung von Fluor auf die Vermeidung von Zahnfäule ist, so schädlich sind die nun bekanntgewordenen Nebenwirkungen. Einige Wissenschaftler rechnen mit noch nicht absehbaren schädlichen Spätfolgen durch die heutige Überversorgung mit Fluor. Allein durch die künstlich fluoridierten Zahnpasten und Nahrungsmittel ist die Aufnahme überhöht. Die Mengen werden noch gesteigert durch schwarzen Tee, insbesondere solchen aus Argentinien. Fluor steckt zudem in verschiedenen Getreideerzeugnissen und Seefischen. Auch Trinkwasser kann, je nach Gebiet, hohen Fluoridgehalt haben, ebenso verschiedene Mineralwässer. Liegt bei ihnen der Wert höher als 5 mg je Liter, dann muß nach geltender Mineral- und Tafelwasserverordnung ein Warnhinweis aufs Etikett.

In der Bevölkerung ist das Fluor noch immer mit einem positiven Vorzeichen versehen, da man es ausschließlich mit dem Schutz vor der Zahnfäule in Verbindung bringt – möglicherweise sollte man umdenken, da man heute eher zuviel als zuwenig Fluor aufnimmt und dadurch eine Vergiftung riskiert. Auch wenn sich die Gelehrten noch streiten, vielleicht wäre es besser, auf Fluortabletten zu verzichten. Auf jeden Fall sollten wir unsere Ohren spitzen, wenn in den Medien etwas über das Fluor gesagt wird.

Die Nulldiät – was halten Sie jetzt noch davon?

Bitte nehmen Sie mir meine Neugierde nicht krumm, aber liebend gerne wüßte ich von Ihnen, sofern Sie Nulldiätanhänger sind, wie Sie nun über die freiwillige Nährstoffverweigerung denken? Für zahlreiche übergewichtige Menschen ist diese Form des mehrtägigen Nahrungsstopps noch immer eine beliebte Kasteiung, um – hoppladihopp – ein paar Pfunde um den Bauchnabel herum wegzubekommen. Und obwohl sich in sonderbaren „Kurheimen" unter dem nichtausgesprochenen Motto „Bei uns bekommen Sie nichts, davon aber jede Menge, dazu ein weiches Bett und eine weinende Geldbörse" viel Geld verdienen und verlieren läßt, je nach Blickwinkel, hat die Nulldiät noch immer ein gutes Image und einen seriösen Touch. Vielleicht liegt es daran, daß alles unter ärztlicher Aufsicht stattfindet. Wissen Sie eigentlich, warum dort Ärzte Aufpasser spielen und nicht Ernährungswissenschaftler? Je nun, es liegt doch auf der Hand: weil man dort krank und nicht gesund wird. Zur Erinnerung: Medizin ist eine Lehre der Krankheiten, und wer krank ist oder wird, braucht einen Arzt. „Heilfasten" ist eine verführerische Umschreibung für das Durcheinanderbringen der biochemischen Abläufe im Körper. Schon lange ist erwiesen und auch belegt, daß ein mehrtägiger Ernährungsstopp das eingespielte harmonische Zusammenwirken von Enzymen, Mineralstoffen und Vitaminen durcheinanderwirbelt – krankhafte Stoffwechselstörungen sind die Folge; von den hinterher noch gierigeren Fettzellen, die dann noch praller und größer werden, ganz zu schweigen.

Sie haben noch eine Frage – welche? „Die Nulldiät hat doch auch den Effekt der Entschlackung?" Fein, daß Sie daran gedacht haben. Auch bei der Entschlackung ist es die alte Leier: einer singt vor, und alle singen es im Chor nach. Es wird also höchste Zeit, daß in diese schrägen Lobeshymnen ein paar harmonische Töne kommen: Machen wir also Schluß mit dem Mythos, daß der Körper etwas Zusätzliches verliert, wenn keine Nahrung aufgenommen wird. Was, außer den be-

164

kannten Stoffen, soll denn noch ausgeschieden werden? Diese Frage stellten sich kluge Menschen. Also machten sie sich auf, den geheimnisumwitterten Schlacken auf die Spur zu kommen. Nur die allerteuersten und allerbesten technischen Geräte nahmen sie mit auf den langen und beschwerlichen Weg, damit ihnen ja nichts entkommen konnte. Die Wissenschaftler steckten ihre Nasen in Dinge, die wir nicht mal riechen mögen. Aber so weit und so tief sie auch guckten… eine Schlacke der besonderen Art ward weit und breit nicht zu entdecken. Was hier wie ein Märchen klingt, ist wahr; und was uns andere von der Entschlackung als Wahrheit auftischen wollen, nun, das ist ein Märchen. Es gibt keine Abfallstoffe außer denen, die wir über den Stuhl, Urin, Schweiß und Atem ausscheiden. Unser Körper funktioniert so fabelhaft, daß er die giftigen Abfälle, die beim Stoffwechsel anfallen, selbst entsorgen kann. Und giftige Schwermetalle, die über die Nahrungskette in unseren Körper gelangen, sind nach heutigem Wissen durch nichts herauszubringen – sie haben sich in verschiedenen Organen so festgebissen, daß die Wissenschaft hier noch eine harte Nuß zu knacken hat. Zugegeben, ein schöner Gedanke wäre es schon, daß man durchs Fasten diese Giftstoffe loswerden könnte. Aber solchen Gedanken kann man eben nur nachhängen, aber nicht anhängen.

Ein kurzes Resümee: Wer sich auf Nulldiät setzt, der setzt sich daneben. Man sollte wissen, daß an jedem Tag des Nahrungsstopps Muskelmasse verschwindet. Denn: bekommt der Körper nicht wenigstens 50 Gramm Eiweiß am Tag, dann holt er sich's aus den Muskelzellen – der Körper zehrt sich also selbst auf, aber nicht Fett verschwindet, sondern Körpersubstanz. Zudem fühlt man sich schon nach wenigen Stunden müde, teilnahmslos und schlapp. Kein Wunder, denn schnell sind die Glucosevorräte in den Muskel- und Leberzellen leergeplündert. Und werden nicht etwa 150 Gramm Kohlenhydrate pro Tag aufgenommen, kann das Fett im Stoffwechsel nicht sauber verbrannt werden. Genauer gesagt, ohne Kohlenhydrate gibt es keine Fettverbrennung, weil das Feuer zur Verbrennung schlicht fehlt. Eine reine Nulldiät, die nur Flüssigkeit, Vitamine und Mineralstoffe erlaubt, fordert vom Körper ein Umschalten auf ein Notprogramm zum Überleben. Ein solches Programm hilft aber dem Körper nicht – es schadet ihm.

Soweit Laufen und Ernährung – und das damit untrennbar verbundene Abnehmen. Gerade was das Abspecken betrifft, brauchen Sie Ihre kleinen grauen Zellen nicht groß belasten. Sie könnten Ihr Hirn zermartern wie Sie wollten, etwas wird beim Laufen nicht mehr von Ihrer Seite weichen; Sie könnten sich wehren wie Sie wollten, es nützte nichts: beim Laufen wird das Abnehmen Ihr ständiger Begleiter sein. Fassen Sie sich doch mal unterwegs selbst an den Po, genau dorthin, wo die Beine in die Backen übergehen. Sie werden spüren, wie es dort glüht, wie sich alles hin und her bewegt – was glauben Sie, welche Existenzängste schon heute Ihre Fettzellen dort haben? Denen ist überhaupt nicht mehr zum Lachen zumute, denn sie wissen genau, daß es ihnen bald an den Kragen geht, dann, wenn Sie nach 3 bis 4 Monaten eine halbe Stunde und länger laufen können. Und was die Ernährung anbelangt, da lassen Sie lieber die anderen in den versteckten Fetten herumstochern und an Diäten nagen, die krank machen – Sie brauchen das schädliche Herumgemurkse nicht. Sie hören sich an, was der Körper von Ihnen will und entscheiden selbst, in welcher Form er die Nährstoffe bekommt. Der Gaumen muß dabei noch lange nicht zu kurz kommen. Sofortige Wunder gibt es natürlich auch beim Laufen nicht, soviel Ehrlichkeit muß sein. Jedoch: Sie stehen heute noch am Anfang, aber die Zeit rast – und bald, in ein bis zwei Jahren, können Sie zurückblicken ... und Sie werden sich wundern; und Sie werden zwischendurch immer wieder zurückgreifen, zu Ihrem Po – und Sie werden sich noch mehr wundern ... Eines indes sollten Sie dabei nie vergessen: Laufen ist Ihr Ziel.

Ihr Ziel am Ende des 2. Monats

Wundern Sie sich aber jetzt nicht mehr, wenn ich Ihnen sage, daß Sie aus dem Gröbsten heraus sind, es reicht, wenn Sie sich riesig freuen. Der erste Monat ist also geschafft – und bestimmt hat er Sie auch geschafft. Wie fühlen Sie sich heute? Vielleicht haben Sie die Kilometer der Lauftage mitgezählt; wenn nicht, dann wissen Sie jetzt, daß Sie etwa 25 Kilometer auf Ihren Beinen unterwegs waren. Gratulation! – aber nicht nur für die zurückgelegten Kilometer, sondern noch mehr für jeden Moment, wo Sie gegen Ausflüchte und Trägheit – soll ich, soll ich nicht, soll ich doch – gekämpft und gesiegt haben. Seien Sie ehrlich zu sich, was war anstrengender: die Laufminuten oder jene Minuten, in denen Sie sich mit einem Ruck von Ihrem inneren Schweinehund trennen mußten, um in die Joggingschuhe schlüpfen zu können? Ja, ja, der Schweinehund. Machen Sie's doch einfach so wie ich: er hat von mir den Laufpaß bekommen, seit dem läuft er selbst mit wachsender Begeisterung, und ich habe solange meine Ruhe.

Wenn Sie wollen, dann beantworten Sie sich diese Fragen. Was war schwieriger – was erforderte mehr Energie: das Laufen oder das Kämpfen? Schreiben Sie's hier auf:

Stünde hier „das Laufen", dann wäre dieses Buch schon jetzt ein Flop, und ich müßte Ihnen den Kaufpreis zurückerstatten. Aber ich bin sicher, daß Sie, genauso wie 'ne Menge anderer Laufanfänger, in früheren Zeiten vor allem daran gescheitert sind: an fehlendem Enthusiasmus und an nagenden Zweifeln – darum hatten Sie nicht die Kurve zum Laufen gekriegt. Heute ist das anders. Durch Ihre enthusiastische Haltung haben Sie die Energie für den Sprung über die Hindernisse gewonnen; dadurch wurde Ihr Selbstvertrauen gestärkt; und die Zweifel, alle Zweifel, so hoffe ich, konnten durch die bisherige Information hinweggefegt werden. Inzwischen wissen Sie aus eigener Erfahrung, daß die meiste Energie für die Überwindung aufzubringen ist. Was Sie also lange Zeit nicht wahrhaben wollten, das haben Sie einen Monat lang immer aufs neue erlebt: Das Aufraffen zur Startlinie ist anstrengender, als über die Ziellinie zu laufen. Deshalb mußte ich die zunächst vielleicht etwas sonderbar anmutende Einleitung mit dem Enthusiasmus ein wenig ausdehnen. Jetzt, im Rückblick, verstehen Sie bestimmt, worauf es mir ankam. Und nun: auf in den zweiten Monat! Daß Sie joggen können, wissen Sie. Wichtig in diesem Monat ist, daß Sie Ihren Enthusiasmus am Brennen halten – das Feuer darf nicht ausgehen. Wann Sie es jeweils anfachen und wie lange Sie laufen werden, das sollen Sie entscheiden. Füllen Sie die Kästchen am besten gleich jetzt aus. Wichtig ist nur, daß Sie auf gar keinen Fall schneller werden, die fortschreitenden Anpassungsvorgänge müssen sich stetig entwickeln können. Laufen Sie also weiterhin Ihr gewohntes Tempo, so, daß die Ahhs und Ohhs gleichmäßig und ruhig fließen.

Ihr Ziel am Monatsende: Zum ersten Mal werden Sie ohne Unterbrechung 30 Minuten laufen.

	5. Woche	6. Woche	7. Woche	8. Woche
1. Lauftag				
2. Lauftag				
3. Lauftag				30 Minuten

9. Das Trinken – Wasser ist es, was er braucht!

Natürlich ist mit „er" unser Organismus gemeint. Wenn Sie mich nun fragen, wo bei Ihnen das Organ mit dem höchsten Wasseranteil sitzt, dann antworte ich Ihnen, in Ihrem Kopf. Nein, nein, ich will Sie keinesfalls beleidigen, aber Tatsache ist nun mal, daß das Gehirn – Ihres, meines und alle anderen – mit 75 Prozent den größten Wassergehalt aller menschlichen Organe hat. Dicht auf liegt die Leber mit 71 und die Muskulatur mit 70 Prozent Wassergehalt. Überdurchschnittlich viel Wasser enthält unsere Haut, 58 Prozent; und selbst unser Skelett und Fettgewebe besteht noch zu 28 beziehungsweise 23 Prozent aus Wasser. Fassen wir zusammen: Der Mensch besteht zum größten Teil aus Wasser – 42 Liter sind es bei einem 70 Kilogramm schweren Erwachsenen. Jedes Organ und jede Zelle – einfach gesagt: alles muß mit Wasser versorgt werden. Weil Gehirn, Leber und Muskulatur die wasserreichsten Organe sind, macht sich ein Flüssigkeitsverlust zuerst hier bemerkbar; bereits bei einem Defizit von 1 bis 5 Prozent des Körpergewichts stellen sich folgende Symptome ein: Bewegungseinschränkung, erhöhter Herzschlag, Übelkeit und Hautröte. Zudem fühlt man sich müde und unbehaglich – noch eins drauf setzt die langsam auftauchende Ungeduld.

Durst ist ein Notsignal – für Aktive kommt es viel zu spät
Aus dem Kapitel „Energie" wissen wir bereits, daß der Schweiß ein notwendiges Produkt bei jeder Muskelarbeit ist – 70 Prozent der dabei entstehenden Energie muß über das Wasser abgeleitet werden, damit wir nicht überhitzen. Nur die verbleibenden 30 Prozent können wir beispielsweise zum Laufen nutzen. Die „Maschine Mensch" hat demnach mit 30 Prozent einen schlechten Wirkungsgrad – und verbraucht zudem viel Kühlwasser. Ein Vergleich, der nicht charmant ist, aber doch deutlich macht, wie notwendig der Schweiß und wie wichtig Trinken ist, damit wir nicht zuviel Flüssigkeit entzogen bekommen. Haben wir durchs Schwitzen viel Wasser verloren, dann fällt unsere Leistungsfähigkeit auf den Tiefpunkt und wir bekommen Durst. Folglich ist Durst immer ein Signal der Not, das besonders für Sportler viel zu spät kommt. Deshalb müssen wir bereits vor dem Laufen

genügend Flüssigkeit trinken – auch dann, wenn wir keinen Durst haben. Ein halber bis ein ganzer Liter, je nach Witterung, ist das Minimum, das man vor jeder sportlichen Aktivität trinken sollte. Warum es gerade für uns Läufer außerordentlich wichtig ist, immer auf einen hohen Wasserpegel zu achten, zeigt am besten der Vergleich mit einem Nichtsportler. Sein täglicher Flüssigkeitsbedarf errechnet sich so: Durch Stuhl und Urin gehen etwa 1,5 Liter verloren; über die Haut und Lungen verdunstet ein weiterer Liter. Diese 2,5 Liter Wasserverlust machen bei einem 60 Kilogramm schweren Erwachsenen bereits 4 Prozent seines Körpergewichts aus. Dieser hohe Verlust wird ausgeglichen, wenn man der Empfehlung folgt, täglich mindestens 1,5 Liter zu trinken. Mit der Nahrung kommen weitere 0,7 Liter dazu; die noch fehlenden 0,3 Liter produziert unser Körper selbst. Beim Stoffwechsel der energieliefernden Nährstoffe fallen bei der Endoxidation 300 ml Oxidationswasser an. Ganz anders sieht diese Rechnung bei uns Ausdauersportlern aus: Die körperliche Belastung erzeugt eine hohe Temperatur – und diese Energie muß aus unserem Körper hinaus, sonst kochen wir über. Diese bildhafte Sprache mögen Sie vielleicht übertrieben finden; wenn ich Ihnen aber sage, daß Marathonläufer mit gut 40 °C Körpertemperatur unterwegs sind, verstehen Sie, was ich meine. Auf jeden Fall erfolgt die Wärmeableitung über das Wasser, und wir fangen an zu schwitzen. Mit einem Liter Schweiß wird eine Energie von 600 kcal abgegeben – daher sind die Gewichtsverluste im Sport überwiegend Flüssigkeitsverluste. Die Fähigkeit, heftig schwitzen zu können, ist demnach eine weitere Voraussetzung dafür, daß Sie Leistung erbringen, also ausdauernd laufen können. Wenn Sie dazu neigen, eher wenig zu schwitzen, dann sollten Sie zunächst prüfen, ob Sie täglich ausreichend trinken. Machen Sie's dann vor den nächsten Läufen dem Kamel nach und trinken, trinken und trinken... Wenn Sie von Saunagängen her wissen, daß Sie dabei nicht viel schwitzen, dann verstehen Sie diese Reaktion Ihres Körpers zuallererst einmal so: Wenn Sie insgesamt zu wenig trinken, dann kämpft Ihr Körper regelrecht darum, die letzten Wasserreserven bei dieser Hitze zurückzuhalten.

Nun ein paar Zahlen, die zeigen, was sich bei Ihnen bald ändern wird, wenn Sie ausreichend Flüssigkeit zu sich nehmen. Derzeit produzieren Sie beim Laufen 0,5 bis 1 Liter Schweiß (pro Stunde), wenn

Sie bisher keinen schweißtreibenden Sport betrieben haben. Das wäre zu wenig, um längere Zeit laufen zu können, da der Körper nicht ausreichend Wärme ableiten könnte. Aber: auch hier paßt sich Ihr Organismus nach ein paar Trainingsmonaten dieser Notwendigkeit an. Ihre Schweißdrüsen werden sich vermehren und auch intensiver arbeiten. Ihre Schweißproduktion wird sich mindestens verdoppeln; wahrscheinlich erhöht sie sich auf 2 bis 3 Liter (pro Stunde). Weil Sie dann aber noch mehr lebensnotwendiges Wasser verlieren, müssen Sie nicht nur vorher, sondern auch während oder nach dem Lauf ordentlich trinken, damit der Verlust rasch ausgeglichen wird. In erster Linie ist es folglich immer ein hoher Wassermangel, der Ihre Leistungsfähigkeit schlagartig herunterschraubt – das feine Zusammenspiel im Organismus gerät in Unordnung. Bei dieser Störung gibt es allerdings, je nach Witterung, deutliche Unterschiede: Bei nicht zu warmem Wetter, bei etwa 5 bis 15°C, kommt es erst bei einem Wasserverlust von 2 Prozent des Körpergewichts zu Einschränkungen. Ab 15°C kommt man dagegen rasch ins Schwitzen, und *schnell* geht viel Flüssigkeit verloren. „Schnell" ist hier das Kriterium dafür, daß jetzt schon bei 1 Prozent Wasserverlust Ihre Ausdauerfähigkeit eingeschränkt ist – bei einer 54 kg schweren Frau wird es demnach schon bei einem Verlust von 0,5 Liter kritisch. Dagegen schränkt bei kalter Witterung erst ein Flüssigkeitsdefizit von 4 Prozent ein, da das Wasser nur *langsam* verloren geht – und einen langsamen Verlust verträgt unser Organismus besser. Soweit das bißchen Biochemie zum Thema Flüssigkeit. Es gibt noch immer Sportler, vor allem Laufanfänger, die einer alten und falschen Meinung aufsitzen: sie glauben, daß es besser ist, erst möglichst spät mit dem Trinken anzufangen, damit sie nicht so schnell ins Schwitzen kommen. Aber nicht alles, was die Oma aus ihrem Nähkästchen erzählt, hat heute noch Gültigkeit – und das Festhalten an dieser Überlieferung ist gefährlich, denn genau das Gegenteil trifft zu: Hat man rechtzeitig viel getrunken, dann schwitzt man weniger. Die Blutgefäße sind dann voller, und über eine größere Oberfläche kann mehr Wärme direkt über die Haut abgestrahlt werden; die Abgabe über die Schweißverdunstung ist geringer.

Gehen wir nun mal der Frage nach, wo die Oma diese Information her haben könnte, daß man nicht so schnell schwitzt, wenn man lange Zeit nichts trinkt. Diese Theorie ist ein Überbleibsel aus den ganz frühen Radrennfahrerzeiten. Einige der Radprofis warteten mit dem Trinken damals so lange, bis sie fast vom Rad kippten. Warum machten sie das? Eines wußte man schon damals: Wer auf Dauer nur mineralarmes Wasser trinkt, der entzieht der Körperflüssigkeit Mineralstoffe und wasserlösliche Vitamine. Dazu ein Beispiel mit Magnesium. Trinkt man magnesiumarmes Mineral- oder Leitungswasser, dann wird dieses Wasser im Magen so aufbereitet, daß ihm solange Magnesiumteilchen aus dem Blut zugeführt werden, bis die Konzentration des Magnesiums im Wasser der des Blutes entspricht. Anders gesagt: Magnesium wird aus dem Blut herausgenommen und der Magenflüssigkeit zugeführt. Weil aber nun Wasser als Urin und Schweiß rasch wieder ausgeschieden wird, geht zusammen mit dem Wasser wertvolles Magnesium verloren. Die Mineralstoffe werden folglich nicht ergänzt, sondern vermehrt ausgeschieden. Weil damals der tägliche Bedarf an Mineralstoffen sowie der kritische Punkt bei einem Mangel noch nicht bekannt waren, hatte man Angst davor, daß auf der mehrstündigen Tour zuviel dieser Stoffe im Schweiß vorzeitig verloren gehen, wenn man schon am Anfang viel trinkt.

Verlassen wir die Radprofis von damals und merken uns: natürlich brauchen wir Mineralstoffe und Vitamine, aber was eine arbeitende Muskulatur vor allem benötigt, um leistungsfähig zu sein, ist Wasser, Wasser und nochmals Wasser. Sie denken jetzt vielleicht, ach du lieber Strohsack, weiß der denn nicht, daß es heutzutage nur eines gibt, was richtig Power macht: die isotonischen Elektrolytgetränke? Ich will Sie jetzt nicht mit meiner Jugendzeit langweilen, nur, in diesem Zusammenhang fällt mir ein, daß man damals, es ist schon ein Weilchen her, voraussagte, daß es im Jahr 2000 Pillen geben wird, mit denen wir uns ernähren werden. „Eine Schweinebratenpille – bitte sehr", pling, „als Dessert eine Eiscremepille", plong, „das macht zusammen 8,50 Mark". Damals Utopie und heute haben wir's schon – so ähnlich. Neben Vitamin-Pillen zum Schlucken mixen wir uns ein Pülverchen ins Wasser – und schon haben wir alles Lebensnotwendige in uns. Das macht uns dann so zäh, sagt die Werbung, daß wir locker zwei Stunden über glühenden Asphalt oder auf sonnenlichtdurchfluteten Tennisplätzen rackern können, ohne daß uns die Zunge dabei bis zum Bauchnabel raushängt. Wer zu faul ist, das Pulver selbst anzurühren, der bekommt es mit einem minimalen Aufpreis von 50 oder mehr Prozent in netten kleinen Aludosen, die dann im Wald immer so herrlich glitzern und funkeln. Auf Pulver und Fertigdrinks kann man aber gut verzichten, da unser Körper sich sein eigenes isotonisches Getränk mixen kann – dazu aber braucht er Wasser im Bauch. Wie er es macht, das gucken wir uns an: Zunächst kommt also Wasser in den Magen. Durch Osmose, einem Bestreben zweier Flüssigkeiten, hier Wasser und Blut, einen Druckausgleich von unterschiedlich konzentrierten Stoffen zu erreichen, wird zuerst Natrium dem Blut entzogen. Danach folgen alle anderen Teilchen, bis das hypotone Wasser den gleichen osmotischen Druck hat wie Blut – also bis alle Teilchen gleichmäßig verteilt sind. Hypoton heißt soviel wie niedriger Druck. Weil Mineralien elektrisch geladene Teilchen sind, gibt es solche Druckunterschiede bei ungleicher Teilchenkonzentration. Ist der Druck gleichmäßig, dann ist die Isotonie erreicht – oder anders gesagt, die Teilchen sind gleichmäßig verteilt und im Druckgleichgewicht. Vereinfacht liest sich das so: weil Wasser zu wenig ganz bestimmte Teilchen hat, wenn es im Magen landet, holt es sich die fehlenden solange aus dem Blut, bis alle gleichmäßig verteilt sind. Kommt dagegen reiner Apfelsaft in den Magen, dann hat diese Füssigkeit zuviel ganz bestimmte Teilchen – demnach ist sie hyperton, sie hat einen hohen Druck. Dieser kann nur gesenkt werden, wenn Wasser dazu kommt – also holt sich der Magen solange Wasser aus dem Blut, bis der Saft so weit verdünnt ist, daß ein gleiches Druckverhältnis der Teilchen hergestellt ist. Wenn nun aber das Blut bereits sehr dickflüssig ist, weil man zuwenig Wasser getrunken hat, dann wird Wasser den Muskelzellen entzogen. Und schon haben wir zwei weitere Gründe dafür, warum wir Wasser, viel Wasser trinken müssen: Zum einen, um das Blut für einen reibungslosen Sauerstofftransport flüssig zu halten, zum anderen, um den Muskeln nicht das notwendige Wasser zu rauben. Außerdem verstehen wir jetzt gleich besser, warum die isotonischen Getränke mehr versprechen als sie halten können. Ihr Vorzug sei, so die Verkaufsargumente, daß sie bereits isotonisch sind, demnach in der Konzentration zur Verfügung stehen, um sofort ins Blut übergehen zu können. Aber mit dem „sofort" ist das so eine Sache. Wie schnell ist „sofort" tatsächlich, und was brauchen wir denn wirklich sofort? Gehen wir den Argumenten auf den Grund: In der aktiven Phase ist die Verweildauer solcher Getränke immerhin so lang, daß sie sofort keine Vitamine und Mineralien ersetzen können. Außerdem brauchen wir diese Vitalstoffe bei gesunder Ernährung nicht unmittelbar, denn so schnell sind diese Speicher nicht leer. Bleibt noch der Energielieferant Glucose. Selbst diese Teilchen gehen als Energieträger erst mit zeitlicher Verzögerung in die Muskeln und ins Gehirn, außerdem haben wir bei kürzeren sportlichen Belastungen genügend Glucose in den Glykogenspeichern Leber und Muskelzellen. Hilfreich ist ein Elektrolytgetränk als Energiequelle erst bei Läufen von über zwei Stunden, wenn die Glykogenspeicher schon mal langsam wieder aufgefüllt werden müssen. Ansonsten kann kein unmittelbarer Leistungsschub erfolgen. Wasser jedoch, Mineral-, Heil- oder Tafelwasser, tritt nach rascher Osmose sofort ins Blut über und hält uns dann leistungsfähig und bei Laune.

Elektrolyte – wichtig erst nach dem Lauf

In der Erholungsphase nach einer sportlichen Aktivität sind Elektrolytgetränke sinnvoll. Jetzt müssen Wasser, Kohlenhydrate, Vitamine und Mineralstoffe ersetzt werden – vor allem Magnesium und Kalium. Weil mineralhaltige Getränke solche Verluste schneller ausgleichen als feste Nahrung, sind käufliche isotonische Getränke von der Idee her grundsätzlich gut geeignet... nur, mit der Flüssigkeitsmenge hapert es gewaltig. Eine 0,33 Liter Aludose „Schnellfit" hat selbstredend nicht 1 Liter Flüssigkeit – also braucht man wenigstens drei Dosen und das entsprechende Kleingeld, oder aber man kippt diesen 0,33 Litern ein Mineralwasser hinterher. Dann aber ist das wichtige Argument der „Isotonie" futsch, weil die Konzentration verwässert wird. Was tun? Ist guter Rat teuer? Nein, ganz im Gegenteil: Der Umwelt und dem Geldbeutel zuliebe sollten wir uns isotonische Getränke selber mischen. Dazu suchen wir uns ein Mineralwasser aus, in dem die für uns Läufer wichtigen Mineralien (Magnesium, Calcium, Kalium und Natrium) im richtigen Verhältnis enthalten sind. Das Verhältnis von Magnesium zu Calcium sollte nicht kleiner als 1:3 sein, und das von Kalium zu Natrium nicht kleiner als 1:10. Ein solches Mineralwasser mischen wir dann mit einem Fruchtsaft nach Wahl, wobei wir wenigstens 3 Teile Wasser mit 1 Teil Saft mischen – empfohlen wird nicht mehr fifty-fifty, also 1:1, eher geht man heute zu einem Verhältnis von 5:1 (Wasser:Saft) über, weil dann alle Mineralstoffe in etwa ausgewogen enthalten sind. „In etwa" ist ausreichend, da es ein maßgeschneidertes Elektrolytgetränk nur dann geben kann, wenn man nach einer Schweißanalyse den exakten Bedarf ermittelt, so wie es bei Profis gemacht wird. Hinreichend bekannt ist, daß ein Fruchtsaft zu 100 Prozent aus Frucht besteht; dagegen enthält ein Fruchtsaftgetränk nur noch 30 Prozent Frucht, der Rest ist Wasser, jedoch nur Trinkwasser. Nachdem uns die Hersteller von Fruchtsaftgetränken über die Zutaten im Unklaren lassen, weiß allein der Kuckuck, was da drinnen steckt. Also mischen wir uns lieber selbst ein Fruchtsaftgetränk, eines, mit mineralhaltigem Wasser und feinen Fruchtsäften. Empfehlenswert dazu ist reiner Apfelsaft, da der Magnesiumanteil darin hoch ist. Häufig klagen Menschen darüber, daß sie Apfelsaft nicht vertragen – im Klartext: sie müssen nach Genuß von Apfelsaft immer sehr schnell aufs Häuschen. Dazu sollte man wissen, daß alle Fruchtsäfte, trinkt man sie pur, zu osmotischen Durchfällen reizen können. Sobald Säfte aber nicht mehr dick konzentriert, sondern mit Wasser verdünnt sind, bleibt diese Wirkung aus.

Vieles wurde über Mineralwässer geschrieben, entsprechend groß dürfte die Verwirrung sein. Ein bißchen Klarheit tut gut. „Natürliches Mineralwasser" darf sich eine Flasche nur aufs Etikett schreiben, wenn es aus einer erschlossenen Quelle stammt, die vor Verunreinigungen geschützt ist. Noch bis vor wenigen Jahren war es auch erforderlich, daß wenigstens 1 Gramm Mineralstoffe enthalten ist, damit es für unseren Organismus wertvoll ist. Leider ist so eine nützliche Vorschrift keinen Pfifferling mehr wert, wenn Gleichmacherei betrieben wird. Wer lauthals brüllen kann, der wird auch gehört; und gebrüllt haben die französischen und belgischen Wasserabfüller. Warum? Je nun, ihre fast minerallosen Wässer konnten allesamt nicht die 1-Gramm-Hürde nehmen – aber als „gestandene" Mineralwässer sollten sie bei uns in die Regale. Sie, lieber Leser, vermuten mal wieder richtig: Im Zuge der EG-Harmonisierung schaffte man bereits 1984 diese Hürde aus dem Weg, was zur Folge hat, daß bekannte französische und belgische Marken uns vorflunkern dürfen, sie seien Mineralwässer. Namen mag ich keine nennen. Aber die Vergleichszahlen, jeweils die höchsten Werte, sprechen Bände: (Mineralstoffe in Gramm je Liter).

Zunächst ein paar französische bzw. belgische Werte nicht unbekannter Marken: 0,58; 0,49; 0,1; 0,03. Gerade die letzten beiden sind in Gourmettempeln und In-Cafés beliebt – weil elegant auszusprechen und teuer.

Im Vergleich dazu ein paar Werte deutscher Mineralwässer: 4,51; 3,75; 2,97; 2,84; 1,91. Und diese werden auch von uns Sportlern gerne genommen, weil es uns wurscht ist, ob der Markenname französisch klingt oder nicht.

Neben den natürlichen Mineralwässern gibt es auch künstlich hergestellte – die Tafelwässer. Gemischt werden diese aus Trink- und Mineralwasser; es können auch Anteile von Solen-Salzwasser oder Meerwasser hinzugefügt werden. Zugesetzt werden auch manchmal Mineralstoffe und Kohlendioxid. Während natürliches Mineralwasser ausschließlich in Flaschen oder Dosen angeboten werden darf – entsprechend auch in Restaurants in Flaschen serviert werden muß, kann Tafelwasser auch aus dem Zapfhahn fließen. Und weil inzwischen bekannt wurde, daß einige superschlaue Gastronome im Keller das Leitungswasser anzapften, mit Kohlensäure versetzten und den Gästen teuer als Mineralwasser andrehten, kann man eigentlich nur raten, immer darauf zu bestehen, daß die Flasche erst am Tisch geöffnet wird.

Jetzt zum Natrium im Mineralwasser. Immer wieder hört man, daß dieses oder jenes Wasser nichts sei, weil zuviel Natrium enthalten ist. Solche Aussagen sind nicht verwunderlich, wenn man bedenkt, auf welche Feinheiten innerhalb den verschiedenen Begriffen zu achten ist. Daher wird auch Natrium oft mit Kochsalz verwechselt. Aber nur in direkter Verbindung mit Chlorid, als Natriumchlorid, ist es Kochsalz. Im Mineralwasser aber sind beide Stoffe getrennt enthalten. Und weil das Natrium noch dazu hier mit anderen Mineralstoffen verbändelt ist, auch mit Hydrogencarbonat (das schauen wir uns gleich genau an), besteht keine Gefahr für Menschen, die einen hohen Blutdruck haben. Denn das Hydrogencarbonat bzw. Bicarbonat hat eine bluthochdrucksenkende Wirkung, wenn eine mehrwöchige Trinkkur mit solchen Wässern gemacht wird. Indem das Hydrogencarbonat Natrium an sich bindet, wird überflüssiges Natrium auf diesem Weg ausgeschieden. Dieser Mechanismus ist für uns Läufer nutzbringend, weil wir auf der einen Seite manchmal sehr hohen Natriumbedarf haben, auf der anderen Seite aber nie wissen, ob wir zuviel oder zuwenig davon in uns haben – auf diesem Weg wird vermieden, daß wir zuviel Natrium aufnehmen. Aber für uns Ausdauersportler verbirgt sich noch ein weiterer Vorteil hinter dem Hydrogencarbonat. Dieser wertvolle natürliche Stoff, der in solchen Wässern steckt, die Kalkgestein durchflossen haben, wirkt basisch in unserem Organismus; er verbindet sich mit Säure und bildet dabei bestimmte Salze. Weil intensives Laufen eher mit einem säurehaltigen Stoffwechsel einhergeht, fördert das basische Hydrogencarbonat einen Gleichgewichtszustand zwischen den Säuren und Basen. Zudem zeigt eine Studie aus den USA, daß die Ausdauerleistung verbessert werden kann, wenn vorher gezielt Hydrogencarbonat verabreicht wurde. Lassen wir es damit genug sein, denn für uns ist das eher eine Information am Rande – immerhin wissen wir aber, daß dieses Hydrodingsda nichts Unanständiges ist. Und weil die bisherigen Informationen ein bißchen viel waren, fasse ich sie zu Tips zusammen.

Trink-Tips

1. Schon bei der Ernährung sollte man darauf achten, daß der Organismus mit allen notwendigen Nährstoffen versorgt wird. Dann reicht es auch, wenn das Verlorene nach dem Lauf durch Elektrolytgetränke wieder ersetzt wird. Dazu müssen die Getränke selbst nicht isotonisch sein, denn mit ausreichend Wasser im Magen mixt sich unser Körper seinen isotonischen Drink selbst.

2. Auch wenn man nicht schwitzt und keinen Durst hat: 1,5 Liter Flüssigkeit sollte man täglich zur Grundversorgung trinken.

3. Bei schweißtreibendem Sport nützen isotonische Elektrolytgetränke vor und während der Aktivität nichts; es sei denn, Sie verlassen den Breitensport oder werden Marathonläufer beziehungsweise Triathlet.

4. Trinken Sie also vor und während des Laufens das, was Ihr Organismus wirklich benötigt: Wasser, Wasser und nochmal Wasser. Egal, ob es Mineral-, Heil- oder Tafelwasser ist; zur Not tut's auch Leitungswasser, das in Deutschland Trinkwasser ist, obwohl an dessen Qualität trotz aller Dementis gezweifelt werden darf.

5. Solange Sie nicht länger als zwei Stunden laufen, brauchen Sie auch die Glucose der Elektrolytgetränke zwischendurch nicht – Ihr Körper hat sich seine Vorräte bereits angelegt.

6. Nach einem Lauf, besonders wenn's warm war, brauchen Sie ein mehr oder weniger isotonisches Getränk, daß Sie sich am preiswertesten selbst mischen: Mineralwasser und Fruchtsaft, 3:1 bis 5:1 gemischt, ist ideal.

7. Fruchtsaft sollte nicht pur getrunken werden, da er leicht zu osmotischen Durchfällen führen kann.

8. Nach schweißtreibenden Läufen sollte man wenigstens einen Liter Flüssigkeit trinken – in kleinen Schlucken und zimmerwarm temperiert. Ist das Getränk zu heiß oder zu kalt, dann ist die Magenverweildauer lang.

9. Gleich nach dem Sport sollten keine alkoholischen Getränke wie Bier oder Weinschorle getrunken werden, da sonst die Niere durch bestimmte Hormone zu erhöhter Flüssigkeitsausscheidung angeregt wird – notwendiges Wasser geht verloren.

10. Cola- und Limonadengetränke enthalten zu viel Zucker und keine Mineralstoffe. Das kann zu einer Unterzuckerung führen.

11. Zum Schluß verrate ich Ihnen noch einen idealen Durstlöscher, der auch Glucose und Mineralstoffe enthält: Malzbier. Wenn Sie es mit einer Messerspitze Ascorbinsäure, also Vitamin C, ergänzen, schmeckt's leicht säuerlich und erfrischend.

Ihr Ziel am Ende des 3. Monats

Erstmal suchen Sie sich ein schönes freies Plätzchen in der Wiese, denn wenn Sie Ende dieses Monats Ihren 36. Lauftag hinter sich haben, dann dürfen Sie einen doppelten Purzelbaum schlagen – oder springen Sie vor Freude an die Decke, Sie haben es verdient. Sie haben dann nicht nur die mühsame erste Hälfte der sechs Monate gepackt. Sie sind auch zum ersten Mal in Ihrem Leben in kurzer Zeit mit Muskel- und Willenskraft 100 (!!) Kilometer gelaufen – wenn das keinen doppelten Purzelbaum wert sein soll? Freuen Sie sich schon heute auf Ihren 36. Lauftag; genießen Sie ihn, betten Sie sich auf Rosen und schwelgen Sie in dem Glücksgefühl – ich verspreche, es wird Ihnen an diesem Tag warm ums Herz werden. Für jene, die noch nie gelaufen sind, mag dies alles seltsam und übertrieben klingen – Sie aber werden diesen Zustand größter Zufriedenheit auskosten, egal, ob die Sonne scheint oder ob es wolkenverhangen ist. Und genau solche Momente sind es auch, die das Laufen so wertvoll machen. Schon aus diesem Grund kann Laufen nie und nimmer langweilig sein, was von vielen, die es nicht mal beurteilen können, hartnäckig behauptet wird.

Ihr Ziel am Ende des 3. Monats ist, daß Sie durch die bereits in Schwung gekommene Anpassung ein bißchen schneller werden. Um dieses Ziel zu erreichen, dürfen Sie sogar am ersten Lauftag jeder Woche weniger laufen – dafür aber schneller. Laufen Sie den ersten Tag bewußt schneller als bisher. Dabei dürfen Sie kurzzeitig – auf einer Strecke von 100 bis 200 Metern – auch mal etwas außer Atem kommen. Das ist ein wichtiger Trainingsreiz, ohne den es nicht geht. Nach diesen 100 Metern sollten Sie aber dann eine Minute im Schneckentempo laufen und sich Sauerstoff zurückholen. Weil Sie sich bei diesem Training anstrengen mußten, dürfen Sie den Lauftag darauf ruhiger angehen – laufen Sie dann 20 Minuten locker und entspannt. Mit den schnelleren 15 Minuten legen Sie sich den Grundstein für eine höhere Laufgeschwindigkeit. Mit den lockeren 20 Minuten holen Sie sich verlorene Kräfte zurück – jetzt müssen Sie nur noch etwas für die Ausdauer tun. Dazu laufen Sie am dritten Lauftag jeder Woche jeweils 30 Minuten. Zusammengefaßt ist Ihr Ziel zur Halbzeit: eine verbesserte Ausdauerfähigkeit und die Basis fürs Schnellerwerden.

s = etwas schneller / l = langsam, wie gewohnt

	9. Woche	10. Woche	11. Woche	12. Woche
1. Lauftag	15 Min./s	15 Min./s	15 Min./s	15 Min./s
2. Lauftag	20 Min./l	20 Min./l	20 Min./l	20 Min./l
3. Lauftag	30 Min./l	30 Min./l	30 Min./l	30 Min./l

10. Beruhigungsmittel Laufen

Hab ich Sie erwischt! Sie haben sich dieses Buch gekauft und lesen darin – bequem im weichen Sessel zurückgelehnt. Im Kopf sind Sie schon laufend dabei, und theoretisch haben Sie auch Ihr Herz-Kreislauf-System auf Trab gebracht. Nur draußen waren Sie noch keinen Meter, keinen Schritt. Alle anderen Ui!-So-einfach-ist-Laufen-Leser sind in dieser Zeit erfolgreiche Jogger geworden – sagen Sie mal, stinkt Ihnen das nicht? Ja, schämen Sie sich nur, aber lesen Sie beim Erröten ruhig weiter. Ich weiß genau, an welches letzte Argument Sie sich so verzweifelt klammern, um nur ja nicht laufen zu müssen. Diese Ausrede wird Ihnen nicht mehr lange helfen können, sie wird bald schrumpfen wie ein Schneemann in der Sonne, denn: Laufen ist alles andere als langweilig! Gell, das ist Ihr Notanker, an dem Sie sich festgekettet haben. „Joggen ist sooo langweilig!" höre ich Sie rufen. Woher wissen Sie das eigentlich? Warum ist Laufen, mit Verlaub nachgehakt, so langweilig? Wenn Sie wollen, dann schreiben Sie es hier auf: Joggen ist langweilig, weil

---

Wenn Sie nun diesen Satz ergänzt haben, obwohl Sie noch nie wenigstens ein paar Wochen gelaufen sind, dann haben Sie geschwindelt, weil Sie etwas vorgeben zu wissen, was Sie gar nicht wissen können. Wenn Sie dagegen den Satzanfang durchgestrichen und anders begonnen haben, etwa so: „Ich vermute, daß Joggen langweilig ist, weil..." dann waren Sie sich selbst gegenüber ehrlich. Ich nehme jetzt an, daß Sie nur vermuten, daß Laufen oder Joggen ohne Pfiff ist, sonst wären Sie ja ein Besserwisser; und ein Miesmacher sich selbst gegenüber... wer will das schon sein? Sie glauben also nur, daß Laufen fad und monoton ist. Das ist Ihr gutes Recht, und ehrlich gesagt, ich verstehe Sie sehr gut. Betrachtet man das Joggen mit einem flüchtigen Blick, dann liegt diese Vermutung näher als der eigene Bauch. Tennis, Windsurfen, Reiten, Squash, Fußball, Volleyball, Skifahren und viele Sportarten mehr, sie alle sind sogar beim Zuschauen interessant – es rührt sich halt was. Man kämpft um Punkte, Tore oder gegen Wind und Wellen. Im Gruppensport trifft man mit anderen Menschen zusammen; und wer reitet, der baut eine intensive Beziehung zu einem Pferd auf, aus der sich viel lernen läßt. Und was beobachtet man bei Joggern? Die sehen immer so angespannt und abgekämpft aus. Die meisten sind allein unterwegs, und trifft man sie in Gruppen an, dann hechelt einer neben dem anderen her. Miteinander sprechen können die eh nicht, dazu fehlt die Puste. Und weil das Tüpfelchen obendrauf, die „Äktschn" fehlt, hat das Joggen bei vielen das Image: es ist ein stupides und langweiliges Vor-sich-hin-Laufen. Nun gut, so sieht es von außen betrachtet tatsächlich aus, und säße der Kopf beim Laufen nur so oben drauf, damit man sieht, wo's langgeht, wäre Joggen tatsächlich fad. Aaaber! Leider sieht ein Außenstehender nicht, was in den Köpfen der Läufer abläuft – und das ist alles andere als langweilig. So, wie beim Lesen Bilder im Kopf entstehen, so entwickeln sich beim Laufen die unterschiedlichsten Vorstellungen – also Vorhang auf, und schauen wir uns an, was in den Köpfen der Jogger Abenteuerliches passiert.

Vorhang auf – für die hilfreichen Vorstellungen

Im ersten Akt kreisen die Gedanken hauptsächlich noch ums Laufen selbst: „Atme ich richtig?, „nur noch 5 Minuten bis zum Wendepunkt", „beim letzten Mal hatte ich noch Muskelkater" und ähnliche Gedanken mehr. Früher oder später werden solche Punkte immer weniger – und irgendwann wird's spannend, dann, wenn der Kopf plötzlich frei ist. Jetzt drängeln sich Fragen, Probleme oder ungelöste Aufgaben in ihn hinein, solche, die schon seit geraumer Zeit darauf warten, hereingelassen zu werden. Denn bisher war der Kopf immerzu anderweitig belegt: Bei der Arbeit muß er sich auf die Aufgaben konzentrieren und beim Autofahren auf den Straßenverkehr. In den öffentlichen Verkehrsmitteln kann man wegen Sauerstoffmangel überhaupt nicht denken und zu Hause flimmern einem die Bilder der Glotze ins Gehirn oder man hört sich die Probleme des Partners an – nie, aber auch nie hat man Zeit dazu, mal in aller Ruhe intensiv seine eigenen Angelegenheiten auszuforschen oder die eine oder andere Nuß zu knacken. Kein Wunder also, wenn da so manch Unaufgearbeitetes in einer Schlange vor dem Kopf wartet und endlich drankommen will.

Bald ist der erste Akt vorüber, und aus dem Laufanfänger ist ein routinierter Läufer geworden – alle Bewegungen gehen automatisch: Die Beine laufen von selbst, der Rhythmus hat sich eingependelt, der Organismus arbeitet prima, der Atem fließt gleichmäßig – und endlich ist der Kopf frei; dazu hat man genügend Sauerstoff und Zeit, um seine eigenen Probleme hereinzubitten und sie anzuhören. Nun dürfen Sie sich das aber nicht so vorstellen, daß alles Liegengebliebene auf einmal auf Sie einstürzt. Nein, das läßt unser Gehirn zum Glück nicht zu. Es öffnet jenem Problem die Tür, das uns am hartnäckigsten bearbeitet. Anders gesagt: Da man sich immer nur auf eine Sache konzentrieren kann, wählt unser Gehirn das aus, was uns gerade am meisten belastet. Oft ist dies etwas, was nur kurze Zeit zurückliegt, vielleicht ein wenig erquickliches Gespräch mit dem Chef. Oder eine Aufgabe, die man zusätzlich aufgebrummt bekommen hat und die natürlich in kürzester Zeit fertig gemacht werden muß (weil sie beim Chef tagelang vor sich hin döste und fast vergessen war). Es kann aber auch etwas Zurückliegendes sein, das einen noch immer beschäftigt, beispielsweise eine Sache aus der Beziehungskiste. Und soetwas belastet einen oft wochenlang und lenkt immer wieder ab. Und ablenken heißt ja nichts anderes, als daß solche Gedanken versuchen, alles andere aus dem Kopf zu schieben. Das geschieht dann solange, bis wir im klärenden Zwiegespräch unserer Gedanken eine für uns angenehme Lösung gefunden haben. Schafft man dies aus eigener Kraft nicht mehr, wird man krank. Wer nicht krank werden will, geht in die Therapie – oder Laufen! „Ha!" höre ich da die böse Bemerkung eines Laufverweigerers, „wußte ich's doch, Läufer sind plemplem". Na, na, na – so habe ich das nicht gesagt! Auch bin ich mit meinen Ausführungen noch nicht am Ende. Denn tatsächlich wird Joggen zur Therapie eingesetzt, zum Beispiel bei Alkoholkranken. Mehrere Ziele verfolgt man damit: Zum einen gibt man den Patienten die Möglichkeit, daß sie durchs Laufen ihren Körper entdecken und so ein neues Körperbewußtsein entwickeln können. Außerdem kann der Genesende die Fähigkeit nutzen, unterwegs für seine Probleme einfache Lösungen zu finden, die dann helfen, einen Rückfall zu vermeiden. Darüber hinaus wird durch die einzelnen Lauferfolge das oft angeknackste Selbstwertgefühl geradegebogen. Das

Wichtigste indes ist, daß diese Menschen neue Ziele und Lebensinhalte bekommen. So gelang es einem ehemaligen Alkoholabhängigen, der aus der Strafvollzugsanstalt kam, das Abitur nachzuholen, sich vollständig in die Gesellschaft zu integrieren und... seinen ersten Marathon erfolgreich zu absolvieren. Wer ermessen kann, wie ramponiert ein alkoholgebeutelter Körper ist, der weiß diese phantastische Leistung zu würdigen. Also: plemplem sind Läufer nicht. Sie sind vielmehr in der glücklichen Lage, ihre großen und kleinen Probleme auf einfachste Weise selbst zu lösen. Warum das öfters so einfach geht, kann Ihnen wissenschaftlich fundiert nur ein Psychologe oder Gehirnforscher sagen. Ich kann Ihnen hier nur die Erfahrungen anderer Läufer und meine eigenen wiedergeben. Alle, ausnahmslos alle Hobbyläufer, mit denen ich darüber gesprochen habe, bestätigten mir, daß sie die Tagesprobleme beim Laufen nebenbei und unbeabsichtigt lösen konnten und daß sich manche Sorgen in Luft auflösten. Und das passiert beim Laufen: Durch die intensiven Selbstgespräche im Kopf wird die Last der kleinen Nöte und Ängste von den Schultern genommen. Später, wieder zu Hause, fühlt man sich leicht, ausgeglichen und zufrieden.

Probleme? – lassen Sie Ihren Gedanken freien Lauf
Unterwegs, wenn die rhythmischen Bewegungen wie von selbst ablaufen und der Kopf freigeworden ist, schießen einem die Tagesprobleme ins Hirn. Aber anders als wir es gewohnt sind, verläßt man jetzt beim Laufen die ausgetretenen Denkwege und sieht die Dinge aus fremden und sonderbaren Richtungen. Und aus diesen neuen Blickwinkeln heraus werden mal kuriose, mal überraschend einfache Lösungen gefunden. Ich kann nur vermuten, aber sehr wahrscheinlich hängt das damit zusammen, daß man erstens den Kopf völlig frei hat, und sich zweitens durch die hohe Sauerstoffzufuhr mühelos konzentrieren kann; etwas Erstaunliches aber kommt unter der lockeren Ausdauerbewegung noch hinzu, das uns sonst fehlt – und davon handelt das nächste Kapitel.

Woher kommen beim Laufen die Geschichten?
Kennen Sie das? Sie liegen in den frühen Morgenstunden im Bett, der Wecker hat noch nicht geklingelt, aber Sie sind bereits halb-

wach. Und in diesem Halbwachzustand denken Sie überhaupt noch nicht daran, sich mit irgendwelchen Problemen auseinanderzusetzen – Ihre Ruhe möchten Sie haben und weiterdösen. In dieser Phase neigt aber unser Gehirn dazu, Geschichten zu erzählen, und das sehr intensiv und aufdringlich. Ohne daß Sie es wollen gehen Ihnen Gedanken durch den Kopf; das können Sorgen, Ängste oder Aufgaben sein – kurz: Probleme, welcher Art auch immer. Dieses Arbeiten unseres Hirns kann belastend, sogar quälend sein. Mal taucht ein dummes, weil unbedeutendes Problem auf, mal eine harte Nuß. Es kann tief aus dem Unterbewußtsein kommen oder vom vergangenen Tag sein; wie auch immer, es wurlt in Ihrem Kopf. Und völlig überraschend kommt ein Denkansatz daher, mit dem das Hirn schnurstracks eine verblüffend einfache Lösung findet. Etwas Merkwürdiges passiert aber dann, wenn Sie aufwachen und sich an diese Geschichte erinnern: Sie sagen sich, daß diese Lösung zwar interessant, aber dennoch blödsinnig ist; und weil sie so ungewöhnlich ist, verwerfen Sie diesen Gedanken oder ändern ihn ab. Warum Sie nun so plötzlich nach dem Aufwachen diese Lösung ablehnen, ist schnell erklärt; dazu ein Blick hinein ins Gehirn: Unser Groß- und Kleinhirn besteht aus zwei Hälften, der linken und der rechten Hirnhemisphäre. Beide haben eine gegensätzliche Arbeitsweise. Die linke Hirnhälfte kann immer nur einen Reiz verarbeiten, den aber atemberaubend schnell; dieser Prozeß ist geradlinig und logisch in der Abfolge. Dabei sind alle erlernten Sequenzen unseres bisherigen Lebens abrufbar. Die linke Hirnhälfte ist also verstandesmäßig ausgerichtet. Dagegen verarbeitet unsere rechte Hirnhälfte ganze Reizbündel, also komplexe Geschichten. Die Stärke der rechten Seite liegt daher im Lösen solcher Aufgaben, für die es keinen aus dem Leben vorgezeichneten Lösungsweg gibt. Weil in der rechten Hirnhemisphäre auch Gefühle gedeutet und ausgedrückt werden, spricht man von der emotional ausgeprägten Hirnhemisphäre. Beide Hälften arbeiten nicht nacheinander, sondern parallel. In der Gehirnforschung hat man erkannt, daß die rational denkende linke Hirnhälfte die ungewöhnlichen Lösungen der rechten Hälfte mehr oder weniger stark kritisiert und kontrolliert. Das macht sie jedoch nicht, wenn wir schlafen. Im Schlaf und in der Halbwachphase arbeiten beide Hälften gleichberechtigt. Erlernte

Abfolgen aus dem Leben werden mit den Phantasien vermischt. Dadurch entstehen in unseren Träumen diese phantastischen Geschichten, die irgendwie mit unseren Erfahrungen aus dem Leben verknüpft sind – und hierbei werden eben auch unsere Sorgen und Ängste behandelt. Weil es also in der Halbwachphase keine Kritik gibt, können wir diese ungewöhnlichen Lösungswege für unsere Probleme finden; und an das Ergebnis erinnern wir uns auch meistens, nämlich dann, wenn wir wach werden. Kaum sind wir hellwach, kritisiert unsere linke Hirnhälfte diese kuriose Lösung der rechten Hälfte. Nun wird der mehr emotionale und kreative Mensch diese Lösung weniger stark verwerfen und vielleicht Ansätze überdenken und nutzen. Der mehr hirnlinkslastig geprägte, verstandesmäßige Mensch, der im Extremfall auf Schwarz und Weiß gepolt ist – Grauabstufungen beim Denken gibt es für ihn kaum – wird diese Lösung auf gar keinen Fall akzeptieren. Es sei denn, ihm ist dieses Zusammenspiel bekannt, und er nutzt bewußt durch eine der vielen Kreativitätstechniken den Zugang zur rechten Hirnhemisphäre.

Beim Laufen buddeln Sie viele Löcher

Zu dem eben Gesagten läßt sich ein Bild zeichnen: Der eher logisch und verstandesmäßig denkende Mensch wird auf der Suche nach einer Lösung in *einem* Loch graben; und weil er linear, also geradeaus denkt, wird er dieses Loch immer tiefer graben. Der mehr kreative und emotional geprägte Mensch dagegen sucht nach neuen und unbekannten Lösungswegen – er wird daher *viele* Löcher buddeln.

Kommen wir zurück zum Laufen. Sobald die Anpassung Ihres Organismus soweit fortgeschritten ist, daß Sie eine Stunde oder mehr locker und wie von selbst laufen können – woran ich nicht eine Sekunde zweifle, also zweifeln auch Sie nicht –, wird Ihr Kopf frei werden. Dann ist der Moment gekommen, wo auch Sie Ihren Gedanken freien Lauf lassen können. Dabei erhalten Sie die Fähigkeit, so zu denken, wie Sie es in der Halbwachphase können. Allerdings mit dem Riesenvorteil, daß Sie sich mit den ungewöhnlichen Denkansätzen direkt beschäftigen können, denn: beim Laufen sind Sie hellwach. Vielleicht nimmt die linke Hirnhemisphäre auch hier nicht alles so kritiklos hin wie kurz vor dem Aufwachen, trotzdem werden Sie viel assoziativer denken. Was heißt das? Beim Assoziieren lassen wir unseren Gedanken freien Lauf und verknüpfen sie zu ungewöhnlichen Bildern – wir finden also neue Denkansätze. Jetzt brauchen wir nur noch zu buddeln, und eine Lösung ist nicht mehr fern. Wir bekommen also durchs Laufen eine Fähigkeit, die dem logischen Denken haushoch überlegen ist. Beim geradlinigen Denken gräbt man nur ein Loch; hat man nun die falsche Stelle erwischt, den falschen Denkansatz, dann gräbt und gräbt man; immer tiefer. Nur zu oft beißt man sich jedoch am falschen Ansatz fest und gräbt an den guten Lösungen vorbei.

In der freien Assoziation, die durchs Laufen gefördert wird, entstehen dagegen Bilder und Geschichten im Kopf, die uns so lange begleiten, bis eine für uns behagliche Lösung gefunden ist. Üben Sie sich noch ein wenig in Geduld, denn schon bald stehen Sie nach einem Lauf unter der Dusche, und zusammen mit dem abgespülten Schweiß sind Sie manche Lasten und Sorgen los. Bei schwierigen Fällen werden Sie zumindest neue Lösungsansätze entdecken, die Sie weiterverfolgen und vielleicht umsetzen können. Ei fein, mögen Sie denken, wenn ich meine Probleme losgeworden bin, dann habe ich auch keinen Streß mehr. Leider muß ich Sie enttäuschen: Streß werden wir nicht los, wir müssen mit ihm leben. Nur ob er uns beherrscht oder wir ihn, das können wir in den Griff bekommen.

Streß? – den bekommen Sie fest in den Griff
Plötzlich war das Wort in aller Munde: Streß hier, Streß da, „streß' mich nicht" oder „ich hatte heute nur Streß im Büro". Das arme Wörtchen Streß – es muß sich schon ganz schön gestreßt fühlen; den hohen Anforderungen im Sprachgebrauch ist es kaum mehr gewachsen. Mal muß es gleichbedeutend für Arbeit herhalten, ein andermal für irgendein Tun unter Zeitdruck. Was kann denn das Wörtchen dafür, wenn manche Menschen nicht richtig mit der Zeit umgehen, auf neudeutsch: sich nicht organisieren können? Wenn beispielsweise ein Chef die verbleibende Stunde als „Au weia – nur noch eine Stunde!" empfindet und deshalb unter Streß gerät, während ein anderer sich zurücklehnt, ein Konzept ausklügelt und

sagt: „Fein, dazu habe ich noch 60 Minuten Zeit!" Das Wörtchen Streß hat in unserem Sprachgebrauch bereits abgehoben und düst als Worthülse umher; und wann immer jemand glaubt, das leere Ding zu benötigen, wird es kurzerhand eingefangen und mit beliebigen Inhalten gefüllt. Das Dumme dabei ist nun, daß man kaum mehr weiß, was Streß wirklich bedeutet. Aber erst, wenn man dies weiß, und auch, wodurch Streß verursacht wird, kann man erkennen, daß es nicht er ist, der uns kaputt macht, sondern unsere Reaktion auf ihn. Dann wird auch klar, daß Streß nicht nur zu zähmen ist, sondern auch als Energiequelle nutzbar gemacht werden kann – lassen Sie sich also überraschen, was hinter dem oft mißbrauchten Wort Streß steckt.

Lüften wir den Schleier

Ob Sie's glauben oder nicht, bei der Definition von Streß hilft uns ein Vorgang, mit dem Sie inzwischen auf du und du sind: die Anpassung. Bei dieser Art von Anpassung handelt es sich aber nicht um die biologische, bei der sich unser Organismus an die immer größer werdende Belastung gewöhnt; auch ist nicht die soziale Variante gemeint, bei der man zum Jasager oder Anpasser wird, weil man auf ein angebrachtes und gesundes opportunes Verhalten verzichtet und sich passiv einer fremden Meinung unterwirft. Nein, unser Gesicht verlieren wir nicht, wenn wir die Anpassung an solche Situationen schaffen, die streßauslösend sein können – ganz im Gegenteil: Menschen, die fähig sind, mit Streß umzugehen und hohe Anforderungen auszuhalten, werden bewundert.

Funktioniert unsere geistige Anpassung an bestimmte Situationen, dann haben wir diese im Griff; klappt die Anpassung nicht, dann hat uns diese Situation im Griff – wir erleben Streß. Diese einfache Definition besagt demnach, daß wir Streß dann erleben, wenn wir in einer bestimmten Situation nicht mehr das Gefühl haben, daß wir in einem Gleichgewicht sind; wenn wir uns also nicht mehr rundum wohl fühlen. Wohl fühlen wir uns besonders dann, wenn wir wissen, wie es weitergeht, und wenn wir gleichzeitig alles routiniert und locker im Griff haben; selbst dann, wenn es mal heiß und turbulent zugeht. Bei jeder Störung unseres Gleichgewichts taucht die Gefahr auf, daß wir Streß erleben. Störanfällige Situationen sind immer eine Wechselbeziehung zwischen drei Faktoren: Mensch, Lebensbereich und Anforderung.[4] In solche Situationen kann man sich selbst begeben, oder aber man wird hineingebracht. Beispiele: Wenn wir wieder einmal in letzter Minute die Weihnachtsgeschenke kaufen und nichtmal wissen, was wir schenken wollen, oder: Jede Sekretärin, und nicht nur sie, kennt diesen Schrei kurz vor Feierabend: „Das muß aber heute noch raus!" Zu dumm, wenn jetzt zu Hause zwei Theaterkarten liegen. Es gibt tausend Beispiele, wo wir an die Grenze der Bewältigung stoßen; diese beiden waren noch harmlos.

Drei Grundsituationen gibt es, bei denen wir schnell an die Grenze unserer Anpassungsfähigkeit kommen: *Bedrohung, Schädigung* und *Herausforderung*. Ob dabei Streß tatsächlich erlebt wird, hängt davon ab, wie jeder Einzelne diese Situation für sich bewertet. Was der eine als Bedrohung empfindet, kann ein anderer als Herausforderung sehen. Wiederum kann jemand in einer Herausforderung die Grenzen seiner Leistungsfähigkeit entdecken und sich bedroht fühlen, während ein anderer in der gleichen Herausforderung eine Chance wittert und mit ihr neue Ziele anstrebt, sein Ego stärkt oder sich profiliert. Diese drei Grundsituationen treten in allen Lebensbereichen auf. Beispielsweise beim Bergwandern (Wetterumsturz), beim Reisen (Stau auf der Autobahn), in der Partnerschaft (Vorwürfe des Partners), im Beruf („Machen Sie mal!") oder im Urlaub (schlechtes Hotel, falsches Zimmer). Aber nicht immer sind es solch naheliegenden Wechselbeziehungen. Besonders oft versagt unsere Anpassung bei den kleinen, tagtäglichen Anforderungen, bei denen wir so oft aus der Haut fahren wollen oder den Knödel im Hals runterschlucken. Gehen wir diese drei Grundsituationen nochmal kurz durch und denken bei den Beispielen nicht an das Naheliegende.

Eine *Bedrohung* (1) ist dadurch gekennzeichnet, daß man nicht weiß, was passieren wird. Beispielsweise kann eine Prüfung bedrohlich sein, oder eine Verhandlung mit Geschäftspartnern. Der negative Ausgang solcher Bedrohungen ist meist mit einem größeren oder

---

[4] vgl. „Streßausgleich und Entspannung durch Bewegungstraining", Eberspächer/Franck, Oberhaching 1988, S. 8 ff.

kleineren Schaden verbunden – Geld, Prestige, Zeit. Und je größer der mögliche Schaden ist, desto eher kommt Streß ins Spiel. Kann eine Prüfung nicht wiederholt werden, dann ist der Streß bei dieser „letzten Chance" vorprogrammiert. Ebenso, wenn's bei der Verhandlung ums Ganze geht.

Bei der *Schädigung* (2) darf nicht nur an einen materiellen Verlust gedacht werden, auch seelische und körperliche Verletzungen gehören dazu. Wohl das Schlimmste, was man bei der seelischen Schädigung verlieren kann, ist die Achtung vor sich selbst – die Selbstaufgabe durch Drogen, also Rauschmittel wie Alkohol oder Tabletten, ist oft nicht mehr fern.

Eng verbunden mit der Bedrohung und Schädigung ist die dritte eigenständige Situation, die *Herausforderung* (3). Hier werden wir am häufigsten auf unsere Anpassungsfähigkeit getestet. Eine Herausforderung kann selbstgeschaffen sein, indem man sich überschätzt. Wenn beispielsweise im Beruf eine Verantwortung übernommen wurde, die zu hoch gesteckt ist. Oder wenn Sie nach einem halben Jahr Lauftraining einen Marathon bestreiten wollten. Beim ersten Beispiel kann man mit der Aufgabe wachsen, beim zweiten scheiterten Sie. Man kann aber auch herausgefordert werden: Es wird einem ein zusätzlicher Verantwortungsbereich übertragen oder die Kündigung steht ins Haus. Gerade letzteres zeigt deutlich, wie sich die Herausforderung von der Bedrohung und Schädigung unterscheiden kann: Wer eine Kündigung als Bedrohung oder Schaden empfindet, der übersieht die Herausforderung. Denkt man aber positiv „ich lasse mich nicht unterkriegen!", dann kann man bei der Herausforderung ungeahnte Energien entwickeln – und Streß wirkt hierbei positiv. Wenn dann noch mit Enthusiasmus auf ein neues Ziel hingearbeitet wird, kann eigentlich nichts mehr schief gehen. Schon die enthusiastische Haltung wird mehr Türen öffnen als die geduckte. Wer die Herausforderung übersieht oder sie mit einem Minuszeichen versieht, der wird handlungsunfähig und, wenn's dicke kommt, depressiv. So bietet die Herausforderung oftmals die letzte Chance, das Ruder nochmals herumzureißen, selbst für den, der sich schon fast aufgegeben hat. Eigentlich muß man es schon gar nicht mehr erwähnen, denn eines ist klar: Wer geübt ist, Herausforderungen anzunehmen, nimmt sie mit der Zeit immer leichter an – und beim Laufen stellen sich viele kleine Herausforderungen.

Der leise und laute Fluchtweg

Wir wissen nun, daß Streß nicht nur negativ gesehen werden sollte. Oft werden neue Lösungen allein dadurch gefunden, weil man von der Bedrohung oder Herausforderung dazu gezwungen wurde, sich etwas Neues einfallen zu lassen. Selbstverständlich kann es keine Empfehlungen oder Pauschallösungen für die individuellen Fälle geben. Jeder muß für sich prüfen, welche dieser folgenden Bewältigungsstrategien die geeignetste für eine ganz bestimmte Situation ist: Sie können es mit der Herausforderung *aufnehmen*, vor ihr *fliehen* oder sie *aussitzen*. Über den ersten Punkt, eine hohe Anforderung zu akzeptieren, sich dabei nicht zu überschätzen aber es sich dennoch zuzutrauen, darüber haben wir schon kurz gesprochen. Kommen wir zum zweiten Punkt: Wer fliehen will, muß einen der beiden Fluchtwege benutzen: den *leisen nach innen* oder den *lauten nach außen*. Weil man sich auf dem leisen Weg gedanklich zurückzieht oder sich ablenkt, „frißt" man das Problem in sich hinein beziehungsweise ignoriert es für kurze Zeit. Leider ist vieles, was nach innen gelenkt wird, krankmachend. Allzuoft führt dieser Fluchtweg auch zu sinkenden Pegelständen von Spirituosenflaschen oder zum häufigen Griff nach Psychopharmaka. Lenkt man sich dagegen beispielsweise mit Musik ab, ist das schon besser, weil es nicht süchtig machen kann – nur: die Probleme bleiben, und irgendwann hat einen die Anforderung wieder im Griff.

Es gibt aber auch den lauten Fluchtweg nach außen: Das Auf-den-Tisch-Hauen. Was glauben Sie? Welches Wort benötigt von uns den größten Aufwand an Energie? Welches Wort ist es wohl, das uns oft so elendig schwer über die Lippen geht? Immer mehr Menschen bringen sich um ihren Seelenfrieden und werden krank, weil ihnen die Kraft fehlt, ein einfaches und klares Nein zu sagen. Über dieses Wort, das uns so viel abverlangt und das uns schwitzen und zappeln läßt, ist schon viel geschrieben worden. Lesen ist gut, lohnender aber ist es, sich mit dem Nein zu beschäftigen. Nehmen Sie doch einfach beim nächsten Lauf dieses Nein in Gedanken mit und überlegen im Selbstgespräch, wie oft Sie in letzter Zeit nachgegeben und sich dadurch in eine Streßsituation gebracht haben. Versuchen Sie auch, sich in den jeweiligen Moment zurückzuversetzen und beschreiben Sie dieses Gefühl. Stellen Sie dann fest, ob das Ja notwendig war oder ob ein Nein nicht hilfreicher gewesen wäre. Der Fluchtweg über das Nein ist laut und nach außen gerichtet. Freilich sollte mit einem Echo gerechnet werden, denn ein spontanes und nichterwartetes Nein wertschätzen nur ein paar wenige wunderbare Zeitgenossen. Auch ihnen tut eine Absage weh, dafür aber können sie sich über jedes Ja von Neinsagern umso mehr freuen, weil sie nämlich wissen, daß dieses Ja ehrlich und aufrichtig ist. Ein Ja kann also immer nur dann ein ehrliches Ja sein, wenn daneben auch ein ehrliches Nein existiert. Grundsätzlich sollte es uns aber egal sein, ob wir auf tolerante Menschen treffen oder nicht. Wir sollten uns selbst am wichtigsten sein und immer dann ein Nein aussprechen, wenn es uns notwendig erscheint. Ein einfaches Nein kann uns vom Streß fernhalten und Knödel im Hals vermeiden. Knödel, die – in Mengen geschluckt – krank machen können. Die durch Streß mitverursachten Krankheitsbilder kennen wir nur zu gut. In der Streßforschung unterscheidet man zwei verschiedene Auswirkungen; dazu hat man streßanfällige Menschen in den A-Typ und B-Typ eingeteilt. Der A-Typ, der leicht erregbare und nervöse Mensch, neigt zu Erkrankungen des Kreislaufsystems, Bluthochdruck, Herzinfarkt und Kopfschmerzen; der B-Typ dagegen schluckt Probleme und Ärger hinunter, daher neigt er zu Magen- und Darmbeschwerden, auch -geschwüren, niedrigem Blutdruck und Asthma. Egal, ob A- oder B-Typ: sagen wir unserer Gesundheit zuliebe öfter mal ein klares Nein, wenn wir Nein sagen wollen.

Das laute Nein als Fluchtweg sollte aber nicht als Widerspruch zum Ja, „ja, ich nehme die Herausforderung an!“, verstanden werden. Ebensowenig sollte man im Beruf zum Jasager werden, nur um die Erwartungshaltung seines Vorgesetzten nicht zu verletzen und bei ihm gut dazustehen. Oder, und das wiegt noch schwerer, man sagt Ja und Amen zu einer fehlerhaften Sache, nur um es sich bequem zu machen, weil man dann keine Mühen und Sorgen mehr damit hat. Soviel mußte zur Abrundung dieses Themas noch gesagt werden.

Die Sackgasse – sie ist voll von Ameisen

Wir wissen jetzt also, daß es immer auf die jeweilige Situation ankommt; demnach muß man abwägen, ob die Flucht nach vorn oder
nach hinten ergriffen werden soll. Fliehen, in welche Richtung auch
immer, erfordert Energie. Energie, die nach innen gehen kann oder
die wir loswerden können. Frei werden wir von ihr, wenn wir auf den
Tisch hauen oder Nein sagen; mit Energie aufgeladen werden wir,
wenn wir den Knödel im Hals runterschlucken. Diese Energie bringt
den Organismus durcheinander, wie wir schon festgestellt haben.

Es gibt noch eine Bewältigungstrategie, bei der keine Energie freiwerden kann: das Aussitzen einer stressigen Situation nach dem
Motto: „Hoffentlich ist bald alles überstanden". Energie aber, die
nicht freiwerden kann, erzeugt in uns eine Spannung, die stärker und
stärker wird – solange, bis wir unter Hochspannung stehen und aus
unserer Haut fahren wollen. Weil man aber in vielen Streßsituationen
nicht aus der Haut heraus kann, steckt man bei diesem Fluchtweg
bald in einer Sackgasse, und die ist voller Ameisen – in uns fängt es
an zu kribbeln und zu krabbeln. Schimpfen und Fluchen hilft da nur
wenig, deshalb sollte man so oft wie möglich...

So werden Sie das Kribbeln los – der Weg aus der Sackgasse

Na endlich, geschafft! Einige Seiten lang mußte ich Vorarbeit leisten,
damit ein weiterer heißer Tip frisch und knackig bei Ihnen ankommt:
Schimpfen und Fluchen reicht zum Entladen nicht aus, deshalb soll-
ten Sie sich so oft wie möglich beim Laufen entspannen. Wenn man
Probleme immer nur runterwürgt und Streß häufig aussitzt, dann
entlädt sich die angesammelte Spannung im ganzen Körper – im
Bauch und in den Armen und Beinen. Verspannt dagegen sind die
Nacken- und Gesichtsmuskeln. Vielleicht spüren Sie diese Spannun-
gen in diesem Augenblick. Probieren Sie es aus, wenn Sie wollen:
Lehnen Sie sich zurück, schließen Sie die Augen, und lassen Sie Ihre
Konzentration nach innen gehen – hinein in den Bauch, hinein in die
Arme, hinein in die Beine... – fühlen Sie's, wie es krabbelt, wie es
zuckt? Wenn ja, dann zeigt das, daß Sie nicht völlig entspannt sind. –
Und jetzt laufen Sie eine Runde... Nach dem Duschen warten Sie
eine Stunde und schließen die Augen wieder... – was spüren Sie
jetzt? Genau das ist es, was das Laufen neben der gesundheitsför-

dernden Wirkung so wertvoll macht und was hunderttausend Läufer und Jogger weltweit nicht mehr missen wollen: das seelische und körperliche Wohlbefinden. Nach dem Laufen zufrieden und ausgeglichen zu sein, das ist für alle, die danach befragt wurden, noch wichtiger als der gesundheitliche Aspekt. Aber nur derjenige, der diese Erfahrung selbst machen konnte, wird solche Aussagen verstehen. Es steckt ungemein viel hinter den beiden Wörtern „seelisches Wohlbefinden" – man könnte ein eigenes Buch damit füllen. Dennoch bliebe es schwierig, allein mit Worten Feuer unter dem Hintern zu machen; denn jeder, der das Befreiende beim Laufen nicht selbst für sich entdecken konnte, weil er immerzu von Selbstzweifeln geplagt wird „Ich und laufen? – Nie!", der wird es nie verstehen, daß man sich bei dieser „Waaahnsinnsanstrengung" angenehm entspannen kann. Und man darf es ihm auch nicht übel nehmen. Dagegen wird jeder, der bisher mitgelaufen ist, bestätigen, daß dieses Aus-der-Haut-Fahren untrennbar mit dem Laufen verbunden ist. Sie kennen das bereits, denn 30 Minuten reichen dazu aus. Später dann, wenn Sie locker eine Stunde unterwegs sein werden, können Sie sich noch mehr entspannen – aber nur dann, wenn Sie sich mit den gleichmäßigen Ahhs und Ohhs bewegen und nicht gegen sie.

Wenn Sie noch immer Zweifel haben sollten und immer noch nicht laufen, sondern nur lesen, dann weiß ich wirklich nicht, was ich noch schreiben soll. Da hilft es bestimmt auch nichts, wenn ich solche Sachen aus anderen Büchern abschreibe: „Neuere sportwissenschaftliche Untersuchungen scheinen zu belegen, daß durch entsprechendes Ausdauertraining die hormonelle Streßregulation positiv beeinflußt wird. Streßreaktionen werden abgebaut bzw. vermindert." Mal abgesehen davon, daß ich für dies wissenschaftliche Welsch nur ein Naserümpfen übrig habe, was, bitteschön, heißt denn im ersten Satz „scheinen zu belegen"? Jedes Kind weiß doch, daß eine Scheibe Brot entweder mit Wurst belegt ist oder nicht. „Es scheint belegt zu sein" – was soll diese Unsicherheit, die so arttypisch für Wissenschaftler ist? Ich frage mal Sie: Was sagt Ihnen denn dieser Satz konkret? Nichts! Also raus an die frische Luft; laufen Sie und machen Sie Ihre eigenen Erfahrungen – darauf kommt es an! Selbsterlebtes ist tausendmal nützlicher als alle wissenschaftlichen Untersuchungen dieser Welt. Durch Ihr selbstbestimmtes Handeln – „Ich gehe jetzt

Laufen!" – schaffen Sie sich einen unschätzbar wertvollen Freiraum in unserer fremdbestimmten Welt. Und durch dieses Selbstbestimmen, auch über Hindernisse hinweg, können Sie enorm an Selbstsicherheit gewinnen. Sie werden zudem nicht nur hinter das Geheimnis von Spannung und Entspannung kommen, Sie werden vor allem Ihre seelischen und körperlichen Wehwehchen loswerden und ein Wohlbehagen erleben, das Sie in dieser Intensität nur von wenigen Anlässen her kennen. Gucken Sie nach dem Laufen mal in einen Spiegel, wie entspannt Ihre Gesichtsmuskeln sind. Und gucken Sie dann in fremde Gesichter – in Gesichter von Menschen, die immer unter Spannung stehen. Fragen Sie diese Menschen, ob sie gut einschlafen können und wie tief sie schlafen. Und Sie werden sich wundern, wie oft man Ihnen antworten wird: „Bei mir liegt eine Packung Schlaftabletten auf dem Nachttisch", oder „Nach ein paar Gläschen habe ich keine Einschlafprobleme mehr". Und Sie kratzen sich derweil am Kopf und denken: „Warum läuft der eigentlich nicht?" Denn inzwischen wissen Sie, wie fein das ist, wenn man leicht einschlafen kann und dabei diese wohlige Müdigkeit und Zufriedenheit spürt. Schwere und schlechte Träume kennen Sie kaum mehr, auch belasten Sie beim Einschlafen keine Probleme – Sie haben sich ja bereits mit ihnen unterwegs auseinandergesetzt. – Und am liebsten würden Sie all diesen Menschen zurufen: „Lauft doch endlich, liebe Leute, lauft!" Und Sie erzählen von sich, wie toll Laufen ist und daß Sie sich rundum sauwohl fühlen... und plötzlich stellen Sie fest, daß Sie keiner versteht... Später werden Sie andere Leute treffen, solche, die ein angeknackstes Selbstwertgefühl haben. – Und all denen möchten Sie zuflüstern, wie man durchs Laufen ein starkes „Ich" bekommt. Aber man wird Sie wieder nicht verstehen und antworten: „Das ist ja alles gut und schön, dann lauf du nur mal, für mich ist das nichts!" – Und es wird nicht lange dauern und Sie denken sich: „Was soll's, nur gut, daß ich Enthusiasmus entwickelt habe und schon heute aufs Laufen nicht mehr verzichten will". Wie war doch gleich der Anfang dieses Themas? Ach ja, es soll mal jemand gesagt haben, daß Laufen langweilig ist...

Ihr Ziel am Ende des 4. Monats
Ein prächtiger Laufmonat wartet auf Sie und ein noch besseres Ziel. Die 10, 15 und 20 Minuten können Sie bereits in die Mottenkiste

legen, die brauchen Sie nicht mehr. Dafür laufen Sie an jedem Trainingstag 30 Minuten – mal langsamer, mal schneller, ganz wie Sie wollen. Hören Sie in sich hinein, zu welchem Tempo Sie gerade Lust haben. Sie können auch langsam starten und unterwegs schneller werden oder das Tempo unterwegs ändern. Sie dürfen überhaupt machen, was Sie wollen, nur eines wäre nicht so gut: wenn Sie gleich am Anfang wie von der Tarantel gestochen losdüsen, denn Ihre Muskeln sind noch nicht warm, und der Kreislauf ist noch nicht darauf vorbereitet. Ich mußte beim letzten Satz schmunzeln, weil ich nur zu gut weiß, daß Sie trotzdem dann und wann voller Enthusiasmus lossausen werden. Das macht aber auch nichts, denn hinterher sind Sie eine Erfahrung reicher: bei einem Spurt gleich am Anfang ist man am Ende schneller fertig – körperlich! Jeder einzelne Lauf soll Ihnen ab heute Spaß machen. Und am Ende des 4. Monats werden Ihnen diese 30 Minuten keinen Respekt mehr einflößen – eine halbe Stunde laufen, das machen Sie dann mit links. Ihr Ziel am Ende dieses Monats ist: Zurückblickend festzustellen, daß das Laufen inzwischen Freude macht und daß Sie sich dabei sogar entspannen können. Und am letzten Lauftag, ihrem 48. (Oho!) ist es auch wieder hierfür soweit: schlagen Sie einen Purzelbaum; zum ersten Mal sind Sie dann in einem Monat mehr als 50 Kilometer gelaufen. Für diese Strecke haben Sie anfangs noch knapp 2 Monate gebraucht.

	13. Woche	14. Woche	15. Woche	16. Woche
1. Lauftag	30 Min.	30 Min.	30 Min.	30 Min.
2. Lauftag	30 Min.	30 Min.	30 Min.	30 Min.
3. Lauftag	30 Min.	30 Min.	30 Min.	30 Min.

Etwa 55 Laufkilometer in diesem Monat

11. Die Erholung – na endlich!

Wenn Sie in Ihrer Nachbarschaft auf einen Zeitgenossen treffen, der rückwärts geht und der mit der Hinterseite zuerst in einen Bus einsteigt, dann hat er etwas falsch gemacht. „Na klar" sagen Sie, „er hätte sich nur umdrehen müssen!" Nun, leider war ihm das nicht gegönnt. Warum er nicht vorwärts gehen konnte, verrate ich Ihnen später. Es ist noch gar nicht lange her, da habe auch ich mich zwei Tage lang rückwärtsgehend vorwärts bewegt. Nein, geistig verwirrt war ich zu jener Zeit ebensowenig wie heute – aber ziemlich irritiert. Damals machte ich mich auf, etwas zu leisten, was ich Jahre vorher als Unding bezeichnet hatte. Was war passiert? Obwohl ich gut vorbereitet war, traf es mich mit voller Wucht: Wie ein Blitz aus heiterem Himmel schoß es in mich hinein – und gleich wieder hinaus; und mit diesem Phänomen verschwanden meine körperlichen Kräfte. Was immer es auch gewesen sein mochte, an meinem geistigen Vermögen war dieser Räuber nicht interessiert – zum Glück, denn mit meinem Kopf schaffte ich dann doch noch meinen ersten Marathon. Körperlich ausgelaugt, mit bleischweren Füßen, die am Asphalt festzukleben schienen, mit steinharten und stechenden Muskeln, die bei jedem Schritt über die Nerven lauthals aufbrüllten, aber mit einem treuen Kopf, der mich ab dem 32. Kilometer pausenlos anfeuerte, flog ich in Gedanken leicht wie eine Feder dem Ziel entgegen. So mühsam diese letzten 10 Kilometer auch waren, den letzten, den allerletzten Kilometer lief ich zu meiner Überraschung wie ein Sausewind und frei von aller Pein. Das Glücksgefühl – ja, ich entdeckte an diesem Tag das Glück – hatte bis zum Ziel das Stechen in den Muskeln überdeckt und verborgene Energien herausgelockt. Aber dann … nach dem Ziel … Gerade konnte ich noch eine Flasche Malzbier schnappen, und schon lag ich flach. Aber nicht deshalb, weil die Medaille so schwer war, die jedem Zieldurchläufer überreicht wurde, sondern weil die Beine meinen Körper nicht mehr tragen wollten – ftsch, und ich war weggesackt. Und ab diesem umwerfenden Moment machte ich all das falsch, was man falsch machen kann. Erstmal blieb ich eine Stunde liegen und rührte mich keinen Zentimeter mehr von der Stelle. Danach schlurfte ich in die Schwimmhalle, aber nicht zum Schwimmen – das erschien mir zu anstrengend –, sondern deshalb, weil dort meine Klamotten zum Umziehen lagen. Zu Hause legte ich fauler Sack mich natürlich gleich wieder hin, aß vorher noch gierig ein dickes Stück Torte und dachte, „Mehr kannst du für deine Wiederbelebung nicht tun" – es rächte sich bitter. Sie wissen es bereits, zwei Tage lang machten Mitmenschen einen großen Bogen um mich, weil sie dachten, „Dem sein Hinterstübchen ist nicht richtig aufgeräumt." Also: wenn Sie mal in Ihrer Nachbarschaft... Nicht, daß Sie jetzt meinen, ich sei diesen Marathon in einer guten Zeit gelaufen oder ich hätte mich auf den 42 Kilometern überfordert. Nein, es war eher eine Tippeltappeltour, ein gemütliches Vor-mich-hin-Joggen; viel langsamer, als ich sonst immer gelaufen bin. Die Fehler machte ich nicht beim Laufen selbst, sondern unmittelbar danach. Unter Regeneration, oder auf gut deutsch, unter der Neubelebung, verstand ich damals nur eins: alle Viere von mir strecken und nichts, aber auch gar nichts tun.

Sie sind jetzt bereits im 4. Monat unterwegs; der Laufumfang hat zugenommen und Ihr Organismus arbeitet spürbar zuverlässiger und ausdauernder als am Anfang. Die Anpassung Ihrer Organe an diese Belastung trägt erste Knospen – langsam werden Sie fit. Damit Sie später wurmfreie und saftige Früchte ernten können, sollten Sie ab heute auch für Ihre Erholung was tun. „Juhu", höre ich Sie jubeln, „endlich die Beine auf den Tisch und faulenzen!" Ätsch! sage ich da nur, is' nich'. Das allein genügt nicht.

Ein Geschwisterpaar gibt Ihnen neue Kräfte

In meinen ersten Laufjahren war ich nur mit der faulen Schwester eng befreundet. Sie war überaus liebenswert und obendrein sehr reizvoll. Das beste an ihr jedoch war, daß sie nach dem Laufen keine Anforderungen an mich stellte – wir paßten prächtig zusammen, und die meiste Zeit verbrachten wir auf der Couch – *meine süße Ruhepause* und ich. Ihren aktiven Bruder kannte ich zu jener Zeit nicht; aber gerade er hätte mir oft unter die Arme greifen können. Zudem wäre mir das Rückwärtsgehen nach dem Marathon erspart geblieben. Mögen auch Sie die Ruhepause attraktiv und anziehend finden, behalten Sie trotzdem ihren aktiven Bruder immer im Auge, denn auch Sie werden seine Hilfe schon bald annehmen, damit Ihre Muskeln auch weiterhin munter und leistungsfähig bleiben. Ach so... ich habe den Bruder noch nicht vorgestellt. Nun, der aktive Teil der Neubelebung ist der *Erholungslauf*. „Bitte was, Erholungslauf?" – höre ich Sie murmeln. Und noch vor drei Monaten hätten Sie sich an die Stirn getippt und mir zugerufen: „Sie spinnen, wie soll man sich bei dieser Schinderei erholen können!" Aber heute ahnen Sie bereits, was gemeint ist.

Der Erholungslauf beschleunigt die Neubelebung

Vorab dies: natürlich brauchen Sie keinen Bammel davor zu haben, daß Sie irgendwann solch schmerzhafte Muskelverhärtungen bekommen, wie sie tölpelhafte Freizeitläufer tagelang nach einem Marathon nur deshalb spüren, weil sie die aktive Erholung ignoriert haben. Aber Muskeln ermüden nicht nur nach Läufen, die über mehrere Stunde gehen, sondern auch bei bestimmten kürzeren Läufen. Wann und wodurch diese Ermüdungen ausgelöst werden, das wollen wir jetzt beurgrunzen. Warum, bitte, stutzen Sie? Wegen dem seltsamen Wort? Sie meinen, das sei eine... Aber nein, mit Schweinereien hat das nichts zu tun. Es ist nur eines jener Wörter, die einem Schreiber dann in den Schoß fallen, wenn er ein Wörterbuch heftig schüttelt. Denn dadurch lösen sich manche Begriffe liebend gern von den Seiten, weil sie keine Lust mehr haben, immerzu nur brav dazustehen, ohne die geringste Beachtung zu finden. Als leidenschaftlicher Sammler von Wortantiquitäten greife ich natürlich bei solchen Gelegenheiten gern zu. Schon lange gehört mir nun das Wort beurgrunzen, das nichts anderes bedeutet als „näher untersuchen". Zunächst hatte dieses Wort mit „nach dem Urgrund forschen" zu tun, und das Verb hieß „beurgrundsen". Daraus machte dann der Volksmund das lautgleiche beurgrunzen, um Untersuchende auf die Schippe zu nehmen. Heute wird das Wort aber nicht mehr ironisch eingesetzt – also beurgrunzen wir jetzt, wann unsere Muskeln ermüden.

Immer dann, wenn unsere Muskeln kurzzeitig unter Volldampf arbeiten und dabei zuwenig Sauerstoff abbekommen, entsteht eine Schlacke, die ab einer bestimmten Konzentration die Muskeln müde macht. Wenn demnach in den Kraftwerken Energie unter Mangel an Sauerstoff gewonnen werden muß, entsteht beim Um- und Abbau der Nährstoffe Milchsäure, also jener Stoff, den man früher fälschlicherweise für den Muskelkater verantwortlich machte. Zuwenig Sauerstoff beim Laufen bekommen unsere Muskeln immer dann, wenn wir an der Grenze von der aeroben zur anaeroben Energiegewinnung laufen. Das ist dann der Fall, wenn wir schneller laufen, so schnell, daß wir zwar noch ausreichend Puste haben, aber merken, daß wir dieses Tempo nicht länger als fünf Minuten durchhalten können. Erheblich weniger Sauerstoff bekommen Sie dann, wenn Sie die anaerobe Schwelle durch Zwischenspurts kurzzeitig überschreiten und sehr rasch außer Puste kommen. Damit Sie ein Maß für „sehr rasch" kennen sei gesagt, daß Sie derzeit solche Spurts vielleicht 100 bis 200 Meter durchhalten können. Es wäre verfrüht, jetzt schon mehr über diese durchaus sinnvollen kurzen Intervall-Läufe mit hohem Tempo zu schreiben. Nur soviel: Geübte Läufer werden mit diesem Intervall-Training auf Dauer schneller, weil sich ihre anaerobe Schwelle durch die schrittweise Anpassung immer weiter hinausschieben läßt. Als Anfänger sollten Sie diese Spurts noch nicht machen. Denn auch unbeabsichtigt werden Sie immer wieder mal Ihre eigene anaerobe Schwelle überschreiten, dann, wenn Ihnen Ihr Enthusiasmus Flügel verleiht. Und deshalb müssen Sie auch an den aktiven Bruder denken, denn durch ihn werden Sie die Milchsäure wieder los. Und je schneller das geht, desto mehr freuen sich Ihre Muskeln auf den nächsten Lauf. Sie werden diese Schlacke aber nur dann rasch verlieren, wenn reichlich Blut in die Muskeln fließt, das dann diese Stoffe mitnehmen kann – und dazu wiederum muß die Durchblutung erhöht werden. Und genau hier hilft Ihnen der Erholungslauf.

Damit möglichst viel Sauerstoff und Blut in die Muskeln kommen kann, laufen Sie Erholungsläufe nur mit halbem Dampf, also in dem Tempo, das Sie vom Anfang her kennen, im Schneckentempo. Schieben Sie immer wieder solch langsame Läufe zwischen Ihre Trainingsrunden, damit Sie Ihren Organismus nicht alleine lassen, wenn er mit seiner Müdigkeit herumwurstelt und auf Ihre Hilfe wartet. Er dankt es Ihnen dann mit neuen, noch besseren Leistungen. Erholungsläufe können Sie auch an solchen Tagen machen, an denen Sie merken, daß Sie nicht so gut drauf sind. Eine besonders wertvolle Hilfe ist diese aktive Entspannung vor allem dann, wenn der zurückliegende Lauf anstrengender war als sonst. Und nun möchte ich Ihnen etwas ans Herz legen, das Sie sich auf alle Fälle zur Gewohnheit machen sollten: Laufen Sie am Ende einer jeden Runde wenigstens einen Kilometer locker und langsam.

Der letzte Kilometer wird gezuckelt

Mit dem sogenannten Auslaufen beginnt nämlich bereits die Erholung: Nach der eigentlichen Belastung bleibt die Durchblutung noch immer auf höherem Niveau, und die saure Schlacke kann jetzt schon verringert werden. Der Blutdruck, der beim Trainingslauf noch erhöht war, geht jetzt beim Auslaufen langsam auf den normalen Druck zurück. Geradezu ein dicker Fehler wäre es, wenn Sie die letzten hundert Meter voll aufdrehten, um vielleicht Ihren Nachbarn zu zeigen, welch toller Läufer Sie doch sind. Bitte sparen Sie sich diesen Imponierspurt, an ihm erkennt man den Laufdummkopf. Sobald ein solcher vor der Haustüre abrupt stehen bleibt, kann es passieren, daß das Blut in den noch geweiteten Gefäßen plötzlich nach unten absackt. Da die Beinmuskulatur jetzt beim Stehen nicht mehr arbeitet, fehlt der Muskeldruck, der das Blut über die Venen zum Herz pumpt. Dadurch kann das Herz wiederum nicht ausreichend Blut ins Gehirn pumpen – die möglichen Folgen: dem Dummkopf wird es schwindlig und schwarz vor den Augen. Im Extremfall kann ein gefährlicher Kollaps eintreten. Aber nicht nur angeberische Anfänger kann es treffen; nicht selten kommt es bei Straßenvolksläufen durch Endspurts zu solch gefährlichen Blutdruckstürzen mit anschließendem Schwächeanfall.

Bonbons dagegen hält das langsame Auslaufen bereit. Eines, das mit dem Milchsäureabbau, kennen Sie bereits, jetzt folgt ein weiteres. Dazu sagt ein alter Lehrsatz aus der Sportmedizin: Ein müder Muskel ist verletzungsanfällig, aber nicht mehr trainierbar. Leider wird diese Erkenntnis in einer anderen Sportart immer wieder bewiesen: sonntags auf den Skipisten zwischen 15 und 16 Uhr. Neunzig Prozent aller Skiunfälle passieren in dieser Stunde. Untrainierte Sonntagsskifahrer überschätzen am Nachmittag ihre Kondition. Obwohl der Kopf schon längst von den Muskeln das Signal erhalten hatte, daß sie müde sind, wird weitergewedelt; der Skipaß war teuer und will ausgenutzt sein. Müde Muskeln aber lassen die Koordination der Bewegungsabläufe erlahmen – die Folgen in Gips sind bekannt. Lassen wir die Skifahrer aber wieder in Ruhe und kommen aufs Laufen zurück. Hier kommt es eher selten zu Verletzungen. Dennoch stören ermüdete Muskeln die beim Laufen aufeinander abgestimmten Bewegungsvorgänge, und die Verletzungsgefahr wächst. Sie ist dann gegeben, wenn wir auf unebenen Schotter- oder Waldwegen laufen, wo es versteckte Löcher oder Wurzeln gibt. Hier kann es durch Umknicken zu Band- oder Gelenksverletzungen kommen. Mit munteren und aufgewärmten Muskeln können wir das weitgehend vermeiden. Wir werden weniger schnell stolpern, und ein sicherer Reflex kann ein starkes Umknicken sogar verhindern.

Das lockere Auslaufen am Ende eines jeden Lauftags ist unser erster Schritt zur Neubelebung. Und auf einen ersten folgt meist ein zweiter Schritt: Seien Sie nochmals nett zu Ihren Muskeln, indem Sie ihnen das zukommen lassen, was Sie sich selbst vielleicht täglich, bestimmt aber jeden Sonntagmorgen gönnen, das Aus... Nein, nein; nicht was Sie wieder denken. Ich meinte nicht das Ausschlafen – noch sind wir beim Thema „aktive Neubelebung" –, sondern das Ausstrecken. Denn so, wie Sie dieses wohlige und belebende Gefühl beim Sich-recken-und-Strecken schätzen, so empfinden es auch Ihre Muskeln, die nach dem Laufen verspannt und verkürzt sind. Damit die Muskelstränge wieder locker und geschmeidig werden, dazu ihre natürliche Länge beibehalten, müssen sie gedehnt werden. Nur nennt man das heutzutage nicht mehr so. Der sich breitmachende Anglizismus, also die Einfuhr englischer Wörter, hat es einmal mehr geschafft, ein farbiges und kraftvolles Wort zu vertreiben; statt dem klangvollen und weichen „dehnen" wird heute das knarzende „stretchen" bevorzugt. Und sobald man dieses Wort konjugiert, muß die Zunge akrobatische Kunststückchen vollbringen. Im Präsens ist es noch erträglich: ich stretche; du stretchst; er, sie, es stretcht. Unerträglich wird's im Präteritum: ich stretchte, du stretchtest... ich will es nicht weiter ausstretchen und bleibe beim „dehnen". Sie meinen, auch die grammatischen Begriffe sind Zungenbrecher. Da kann ich Ihnen nur beipflichten. Man müßte mal ein Buch über die deutsche Grammatik in Auftrag geben mit der Auflage, kein einziges Fremdwort zu verwenden – Hei, würden sich da die Germanisten die Zähne ausbeißen! Sie sehen schon, man könnte pausenlos versucht sein, sich in andere Dinge einzumischen und sich vom eigentlichen Thema zu entfernen. Zurück zum Ausdauertraining. Gleich nach dem Laufen die Spannungen in den Muskeln zu lösen und so den Weg für mehr Blut freizumachen, das ist schon ein stattlicher Gewinn, den Sie durchs Dehnen ausgezahlt bekommen – und er ist nicht der einzige.

Neun Gewinne durch richtiges Dehnen

Jeder, der bisher das Dehnen nur bei anderen Sportlern beobachtet hat, mag daran zweifeln, daß beispielsweise das bißchen Beinabwinkeln mit Hilfe der Arme einen neunfachen Gewinn bringen soll. Es sieht einfach aus, es ist einfach; und doch steckt so viel Gutes drin – Sie werden sich noch wundern.

Der erste Gewinn:
Ihre Muskeln, Sehnen und Bänder werden elastisch

Die größte Wirkung beim Dehnen geht direkt auf den Muskel. Wird er gestreckt, dann reagiert er darauf mit einem Zusammenziehen. Das klingt zwar paradox, aber der Muskel hat einen Mechanismus, mit dem er sich vor einem möglichen Zerreißen schützt. Dehnt man richtig – ausreichend lang und intensiv –, dann läßt der Muskel von diesem Dagegenhalten ab und entspannt sich. Daher wäre es falsch, wenn man nachwippt oder -federt. Noch immer kann man Menschen beobachten, die dieses Nachwippen und Gezerre ausführen. Nach dem lobenswerten Motto „Ich muß mal wieder was tun", greifen meist nicht mehr ganz junge Menschen auf die alten Übungen aus Turnvater Jahns Zeiten zurück und machen leider das Falsche – sie schaden sich mit solchen Übungen eher, denn mit dem Gewippe werden im Muskel Streckimpulse ausgelöst, die den Muskel nur erregen und unkontrollierbar werden lassen. Die notwendige Entspannungsphase wird nicht erreicht. Richtiges Dehnen wird langsam und stetig ausgeführt, so weit, bis die ideale Spannung erreicht ist. In diesem Zustand verharrt man etwa 20 Sekunden und geht dann allmählich in die Ausgangslage zurück. Schmerzen dürfen beim Dehnen nicht auftreten. Machen sich trotzdem welche bemerkbar, dann könnten sie von einer Verletzung herrühren oder die Dehnung war überzogen. Eine Verletzung erkennen Sie daran, daß der Schmerz selbst dann nicht nachläßt, wenn Sie die Spannung der Dehnung verringern, also den Winkel aufmachen. Richtiges Dehnen vermittelt immer ein angenehmes Ziehen in den Muskeln – schmerzhaft darf es nicht sein. Durch kontrolliertes Strecken wird ein Muskel elastisch; zusätzlich wird einer Muskelverkürzung entgegengewirkt, die zu Bewegungseinschränkungen und Haltungsschäden führen kann.

Wenn Sie dehnen, dann werden aber nicht nur die Muskeln langgezogen, sondern in der Folge auch die Sehnen (1) und Bänder (2). Schauen wir uns deshalb diese Verbindungs- und Haltegurte genauer an: An jedem Ende eines Muskelbauchs sitzt ein Strang, der direkt mit dem Knochen verbunden ist – das ist die Sehne (1). Obwohl es passive Organe sind, demnach selbst nichts tun, werden sie bei jeder Dehnübung miteinbezogen. Bei jeder Muskelstreckung wird folglich auch die Elastizität der Sehnen verbessert. Der Vorteil für uns: Geschmeidige Sehnen werden weniger schnell geschädigt als steife. Und daß den Sehnen beim Dehnen selbst etwas passieren könnte, ist nahezu ausgeschlossen. Die Zugfestigkeit dieser Bindegewebsfasern ist mit 40 bis 60 N/mm² außerordentlich hoch. Vielleicht ist ein Vergleich nützlich, denn Nichtphysiker können mit Newton pro Quadratmillimeter (N/mm²) nicht viel anfangen. Die Zugfestigkeit von Aluminium ist 20 bis 40 N/mm². Etwas weiter entfernt von den Muskeln sitzen die Bänder (2). Sie verbinden die beweglichen Knochen fest miteinander. Durch oftmals komplizierte Kombinationen mehrerer Bänder, besonders im Knie, können unsere Knochen mehr oder weniger weit bewegt werden. Selbst bei heftigen und weiten Bewegungen bleiben die Knochen durch die Bänder immer auf ihrer Position. Der Drehpunkt einer jeden Bewegung ist immer ein Gelenk. Schon wenn wir ein Knie stark abwinkeln spüren wir, wie ein Ziehen über die Muskeln und Sehnen auf die Bänder am Kniegelenk wirkt. Der Nutzen für gedehnte Bänder ist ein erweiterter Bewegungsspielraum für das betreffende Gelenk. Darüberhinaus wird Bandverletzungen vorgebeugt. Mit dem Gelenk haben wir auch schon den nächsten Nutznießer unserer Dehnübungen erreicht.

Der zweite Gewinn:
Ihre Gelenke werden beweglicher und besser geschmiert

Schauen wir uns zunächst mal das kompliziert gebaute und empfindliche Gelenk aus der Nähe an, damit wir die Vorgänge beim Dehnen besser verstehen – ich wage mal eine Sezierung: Gelenke sind bewegliche Verbindungen zwischen Knochen. An jedem Knochenende schützen aufgewachsene Knorpel vor gegenseitigen Stößen, außerdem erleichtern sie das Gleiten. Umhüllt werden die Knochenenden samt Knorpel von einer Gelenkkapsel, deren Innenhaut eine Schmiere absondert, die das Gelenkinnere ernährt, geschmeidig hält und die Reibung mildert. Eine ähnliche Funktion im Gelenk haben die Schleimbeutel, nur sitzen die an besonders kritischen Stellen. Wie der Name schon sagt, sind das tatsächlich kleine Säckchen, die mit einer schleimigen Flüssigkeit gefüllt sind und als weiches Polster vor Druck und Reibung dort schützen, wo Muskeln und Sehnen über Knochenvorsprünge gleiten. Stabil gehalten wird dieses komplexe System von den Bändern. Gelenke sitzen fast überall im Körper, also nicht nur da, wo sie deutlich hervortreten. Hebt sich beispielsweise beim Atmen unser Brustkorb, dann sind viele kleine Gelenke beteiligt. Letztlich erfolgt jede Körperbewegung über solche Scharnier- und Kugelgelenke. Voller Neid schaut ein Roboter mit seinen unzulänglichen Gelenken auf uns Menschen, immer muß er sich eckig und steif bewegen. Gut hat er es allerdings dann, wenn seine Gelenke knirschen und unbeweglich werden – dann füllt ein Mensch etwas Schmiere nach, und sofort flutschen die Scharniere wieder. Knarzen dagegen bei uns die Gelenke, wegen beginnender Versteifung, dann hilft uns niemand. Nein, auch der Onkel Doktor kann hier nicht mehr helfen. Nur wir selbst können uns vor der Steifheit schützen, und wir können sogar diese Entwicklung rückgängig machen – nur... Nur müssen wir dazu etwas tun, wozu viele zu faul geworden sind: wir müssen uns bewegen. Denn nur so werden unsere Gelenke ausreichend ernährt und geschmiert, und nur so bleiben sie jung und beweglich. Dazu sollten wir wissen, daß unsere Gelenke von Natur aus auf Beweglichkeit ausgerichtet sind.

Ein Faulpelz denkt sich vielleicht, daß er seine Gelenke schont, wenn er sie nicht belastet – leider denkt er in die falsche Richtung. Bei mangelnder Bewegung kündigen uns im mittleren Alter die Gelenke ihre Dienste und fangen an, sich zu versteifen; erst ein bißchen und später immer mehr. Leider sieht man viel zu oft gar nicht mal alte Menschen, die sich mit steifwerdenden Gelenken plagen und darunter leiden. Richtig schlimm aber wird's dann, wenn die Versteifung fortgeschritten ist und den betroffenen Menschen plötzlich bewußt wird, daß die begleitenden Schmerzen nicht nach Tagen, nicht nach Wochen und nicht nach Monaten verschwinden werden. Damit Sie mich nicht mißverstehen: Durch das Dehnen allein können Sie natürlich weder Gelenkversteifungen noch anderen Verletzungen vorbeugen – erst eine regelmäßige Bewegung mit anschließendem Strecken der Bewegungsapparate schützt vor Verschleißerscheinungen. Eine Dehnübung ohne vorausgehende Stärkung der Muskulatur wäre schon deshalb falsch, weil schlappe Muskeln den jetzt neugewonnenen Bewegungsspielraum der Gelenke nicht kontrolliert ausnützen könnten; und hierin liegt ein gewisses Risiko für Verletzungen. Alleiniges Dehnen schadet folglich eher als es nützt. Erst wenn Ihre Muskulatur, beispielsweise durchs Laufen, gestärkt wurde, können Sie die Gewinne der Dehnübungen einsacken. Fassen wir zusammen: Ein durch das Dehnen vergrößerter Bewegungsspielraum Ihrer Gelenke schafft die Voraussetzungen dafür, daß Knorpel, Gelenkkapseln und Bänder besser ernährt und geschmiert werden – so bleiben Ihre Prunkstücke, die Gelenke, lange jung. „Der Mensch ist so jung wie seine Gelenke", das ist der Titel eines Buchs, geschrieben von dem gepriesenen Wissenschaftler und Orthopäden Cotta. Da er weiß, wovon er spricht, können wir für uns daraus folgern: wer bis ins hohe Alter ein bewegtes Leben führen will, braucht dazu vor allem kerngesunde Gelenke.

Der dritte Gewinn:
Ihr Gewebe wird besser geschmiert

Wenn wir uns bewegen, dann verschiebt sich so allerhand in uns, geräuschlos und nicht spürbar: Muskelfasern gegen Muskelfasern, Muskeln gegen Muskeln, Bänder gegen Bänder; aber auch Bänder gegen Gewebskapseln, Sehnen gegen das sie umgebende Gleitgewebe und gegen die sie schützenden Sehnenscheiden, Haut gegen

Fett- und Bindegewebe und so weiter und so fort. Wenn sich etwas verschiebt, dann entsteht auch Reibung. Und wo Reibung ist, muß geschmiert werden. Wird ein Auto über längere Zeit stillgelegt, dann nützt der Rost seine Chance und setzt sich auch an solche metallischen Teile, an die er sonst, wenn das Auto in Bewegung ist, nicht kommt. Solche Verschleißerscheinungen beim unbewegten Auto nennt man Stillstandskorrosion. Sammler von Oldtimern schmieren daher die gefährdeten Teile, damit ihre Prunkstücke trotz Alter jung bleiben. „Wer rastet, der rostet!" – hundertmal gehört, hundertmal in ein Ohr rein und zum anderen hinaus, ohne eine Besinnungsschleife über die grauen Zellen gezogen zu haben. Was, bitteschön, soll denn bei uns rosten? Das eine kennen Sie bereits, unsere Gelenke. Und die Stillstandskorrosion beim Menschen heißt Arthrose, also der Verschleiß der Gelenke. In diesem Zusammenhang muß selbstverständlich betont werden, daß die Arthrose auch andere Ursachen als Bewegungsmangel haben kann. Und auf gar keinen Fall darf man unter den Teppich kehren, daß auch eine starke sportliche Beanspruchung der Gelenke, wie sie im Leistungssport, aber auch bei unvernünftig schnellem Trainingsaufbau von Hobbyläufern vorkommt, zu Abnützungserscheinungen führen kann. Besonders dann, wenn man Erholungsläufe unterläßt und auf das Nachschmieren durchs Dehnen verzichtet. Und bitte aufgepaßt: Wer bereits an einer schweren Arthrose leidet, der darf um Himmels willen nicht laufen, aber das sollte jedem klar sein, der betroffen ist – auf solche Fälle komme ich aber im nächsten Kapitel noch zu sprechen. Bei leichtem Gelenkverschleiß dagegen können zwar bei Beginn des Lauftrainings mehr oder weniger starke Schmerzen auftreten („Nein, Laufen ist nichts für mich, ich bekomma da immer Probleme mit meinen Gelenken!"), jedoch verschwinden diese in aller Regel mit zunehmendem Laufumfang. Aber: Wenn Sie vermuten, daß Sie davon betroffen sind, dann gehen Sie erstmal zum Arzt, nur er kann Ihnen genau sagen, wie weit die Arthrose fortgeschritten ist.

Verlassen wir nun die Gelenke wieder und kehren zurück zu den Gewebsschichten. Auch diese werden nur dann geschmiert, wenn sie sich häufig und regelmäßig gegeneinander verschieben. Bei Bewegungsmangel läßt die Schmierung nach, und im Extremfall unterbleibt sie ganz. Da liegt es auf der Hand, daß dadurch der Reibungs-

widerstand erhöht und die Beweglichkeit eines Menschen eingeschränkt wird. Dieser Zustand ist noch nicht schlimm. Höchste
Eisenbahn für die Aufnahme einer sportlichen Aktivität wird's aber
dann, wenn die Gewebsschichten anfangen, aneinanderzukleben
oder miteinander zu verbacken. Den schwersten Fall dieser Stillstandskorrosion nennt die Medizin Kontraktur. Und diese krankhafte Bewegungseinschränkung kann weder durchs Laufen noch
durchs Dehnen repariert werden. Ein extremer Fall, zugegeben, aber
im Alter leider nicht selten. Mit Dehnübungen nach dem Laufen
wird überall dort ein verbessertes Gewebsgleiten erzielt, wo es allein
durch die Laufbewegung nicht so intensiv erreicht werden kann.

Der vierte Gewinn:
Sie laufen bald wie geschmiert

Eine verzogene Türe, deren Scharniere rostig geworden sind und
quietschen, läßt sich nur mit Mühe bewegen. Schmiert man die Tür-
gelenke und hobelt die Unterkante etwas ab, dann genügt ein Fin-
gerstups, und die Türe fällt sanft ins Schloß. Nicht anders verhält es
sich, wenn unsere Gelenke und Gewebsschichten gut geschmiert
sind: Wir können uns leicht und kräftesparend bewegen – wir laufen
dann wie geschmiert.

Achten Sie doch mal darauf, wie unterschiedlich der Laufstil anderer Läufer sein kann. Gucken Sie aber besonders auf die, die schon
schneller laufen können, denn bei langsamen Anfängern kann der
Bewegungsablauf noch nicht gehobelt sein. Ob dann diese geübten
Läufer dicker oder dünner sind, hat auf die Koordination, so nennt
man das Zusammenspiel beim Bewegungsablauf, keinen direkten
Einfluß mehr. Manche laufen plump und schwerfällig, andere sind
rund und elegant unterwegs – das sind die, die konsequent Dehnübungen in ihr Trainingsprogramm eingebaut haben.

Bittschön, liebe Leserin und lieber Leser, verstehen Sie mich nicht
falsch. Es kommt nicht darauf an, daß Ihr Laufstil eine Augenweide
für andere ist, ich wollte nur deutlich machen, welche sichtbare Auswirkung geschmierte Gelenke und Gewebe haben können. Der pro-
fitable Volltreffer ist natürlich ein anderer: Sie werden nach ein bis
zwei Monaten intensiven Dehnens deutlich spüren, wie Sie mit weniger Kraft – hopp, hopp, hopp – leichtfüßig wie eine Katze Ihre

Runden laufen. Und noch eines steht heute schon fest: Spätestens nach einem Jahr werden Sie mit dem Kopf schütteln und verwundert feststellen, was dieses erste Laufjahr aus Ihnen gemacht hat. Nicht nur, daß Sie in einen Jungbrunnen gefallen sind, nein, auch ein neuer Mensch sind Sie geworden – körperlich und geistig. Und Sie laufen dann bereits seit langem leidenschaftlich gern, leicht und locker – wie aufgezogen. Und das war es ja auch, was ich Ihnen am Anfang dieses Buches versprochen habe. Aber lassen wir dieses Thema, bevor es für mich peinlich wird, denn es ist nicht mein Verdienst, sondern ganz allein der Ihre!

Der fünfte Gewinn:
Die Durchblutung und der Stoffwechsel werden verbessert

Anfangs spüren Sie beim Dehnen eine zunehmende Erwärmung im Muskel – er wird jetzt besser durchblutet und der Stoffwechsel wird auf Touren gebracht. Und immer dann, wenn Energie frei wird, fangen wir an zu schwitzen. Dadurch wird auch deutlich, daß das Dehnen zum Thema aktive Neubelebung gehört. Mit der verbesserten Durchblutung werden jetzt nicht nur die Abfallstoffe beseitigt, auch der Kreislauf bleibt noch in Schwung.

Der sechste Gewinn:
Ihre Muskeln werden schneller wieder startklar

Müde werden Muskeln durch die Anhäufung von Milchsäure und ein paar anderer Stoffe. Einen müden Muskel erkennen Sie immer an der erhöhten Spannung. Vor allem beim Gehen oder Laufen spüren Sie diese Steifheit und Empfindlichkeit in den Waden und Oberschenkeln, wenn der Muskel sich zusammenzieht und sich nicht mehr richtig strecken will. Wenn Sie in diesem Fall den Muskel beim Erholen alleine lassen und nicht aktiv unterstützen, dann muß er sich abrackern und plagen, um wieder startklar zu werden. Je nach Ermüdung kann die Erholung aus eigener Kraft mehrere Stunden, aber auch ein bis zwei Tage dauern, denn die Abfallstoffe werden so nur langsam abgebaut, und die neuen Energiestoffe kommen nur im Schrittempo zu den Zellen. Zudem ist ein müder Muskel anfällig für

Krämpfe, vor allem dann, wenn Magnesium und Kalium fehlen. Also: Halten Sie Ihre Muskeln nach dem Laufen immer wach, indem Sie den letzten Kilometer zuckeln und Dehnübungen anhängen – schnell ist dann Ihre Muskulatur wieder startbereit.

Der siebte Gewinn: Verspannungen verschwinden

Verspannte Waden- oder Oberschenkelmuskeln sind nicht nur lästig, sie schränken zudem unsere Bewegungsfähigkeit ein, weil die Muskeln dabei kürzer und unelastisch sind. Auslöser solcher Verspannungen sind nicht nur Überbelastung oder Milchsäureansammlungen, sondern oftmals auch Nervosität, Angst oder Frustration. Aber auch mangelnde Bewegung oder eine falsche Körperhaltung verspannen unsere Muskeln. Wie es nun zu solchen Spannungen kommt und wie wir sie wieder loswerden können, wollen wir näher beleuchten – dazu gehen wir kurz ins Detail: Bestimmte Signale lösen über die Gamma-Fasern im Muskel eine Spannung aus. Im Normalfall sind das jene Ausführungsbefehle vom Kopf, die dem Muskel sagen, daß er jetzt arbeiten muß, weil wir beispielsweise etwas heben wollen. Neben diesen normalen Signalen gibt es aber auch andere, die von Ängsten, innerer Unruhe oder Schmerzen ausgelöst werden. Wenn nun vermehrt von allen Seiten solche Impulse auf den Muskel einprasseln, erhöht sich die Muskelspannung – es kommt zur Verspannung. Übrigens, auch das falsche gymnastische Gewippe und Nachfedern löst solche unliebsamen Signale aus. Warum sich dabei der Muskel zusammenzieht, das wissen wir bereits: Mit diesem Schutzreflex will er sich vor einer überzogenen Dehnung schützen – das macht er aber nur, wenn eine ruckartige und heftige Streckung erfolgt, denn dabei kann es zu Verletzungen kommen. Eine leichte Form solcher Schädigungen kennen Sie bereits, den Muskelkater. Nach heutigem Kenntnisstand wird er durch Überdehnung und kleinste Verletzungen der elastischen, bindegewebigen Muskelbestandteile verursacht. Zu solch leicht überzogenen Dehnungen kommt es im Sport vor allem dann, wenn eine Belastung noch neu und ungewohnt für eine Muskelgruppe ist, und wenn alle beteiligten Stränge verlernt haben, miteinander im Einklang zu arbeiten – fachsprachlich nennt man das schlechte Muskelkoordination. Zwischenfrage: Wann hatten Sie den letzten Muskelkater? Wenn er seit den ersten Lauftagen nicht mehr aufgetaucht ist, dann haben Sie bisher prächtig mitgemacht – Sie sind konsequent und nie zu schnell gelaufen. Und Sie werden sehen: Wenn Sie später noch schneller werden wollen und deshalb hin und wieder kurze Sprints machen, dann ist auch diese höhere Belastung wieder neu für Ihre Muskeln, und der Muskelkater wird sich freuen, wiedermal bei Ihnen vorbeischauen zu dürfen.

Mehrere Signale also sind es, die eine Muskelverspannung auslösen. Die Frage ist jetzt, wie können wir eine *Ent*-spannung erreichen? Zunächsteinmal muß dazu immer ein Impuls gewisse Meßfühler, die Sehnenspindeln, im Muskel erreichen – und genau solche Impulse werden von einer intensiven und langsamen Dehnung ausgelöst. Nur wenn richtig gestreckt wird, dann werden diese Meßfühler erreicht. Diese geben dann an das Befehlszentrum Rückenmark eine Information weiter, durch die der Muskel aufgefordert wird, er möchte sich bitte wieder entspannen. Soweit die Details. Mit einer richtigen Dehnübung können eine ganze Reihe von Muskelgruppen von Verspannungen befreit werden. Allerdings gibt es auch Bereiche, die nicht durch solche Übungen erreicht werden können – hier helfen nur Massagen weiter.

Der achte Gewinn:
Sie schützen sich vor unnötigen Verletzungen

Bautz, da liegt das Kind auf der Nase, plärrt Maaama und rappelt sich gleich wieder auf. Die Mama kommt und nimmt ihr Kind in den Arm. Verletzt hat es sich nicht, denn Kinder haben ein hochelastisches Gewebe und eine blitzschnell reagierende Muskulatur. Auch wenn wir nicht mehr ganz so jung sind, durch regelmäßiges Dehnen können wir unser Gewebe elastisch und damit jung erhalten. Und Muskeln, die nicht aus der Übung gekommen sind und im Einklang miteinander funktionieren, reagieren auch noch schnell. Das ist für uns hilfreich, denn beim Laufen auf unebenen Böden kann es durch unkontrollierte Bewegungen zu schlimmen Verletzungen kommen. Elastische Bänder, Sehnen und Gelenkkapseln stecken ein seitliches Umknicken besser weg als starre, da Bewegungsreserven vorhanden sind. Ich muß es nochmals wiederholen: Das Dehnen allein wäre nicht nur zu wenig, es wäre nichts – erst ein gleichzeitig gekräftigter Muskel kann uns vor Bänderrissen und Gelenkschäden schützen. Welche gigantischen Leistungen ein sehr starker Oberschenkelmuskel vollbringen kann, das zeigt der Fall eines österreichischen Trickskifahrers. Sie kennen diese Artisten, solche Tänzer und Saltospringer auf zwei Brett'ln. Bestimmt können Sie sich gut vorstellen, welchen Belastungen bei dieser Extremsportart der Kniebereich ausgesetzt ist, insbesondere, welche Kräfte auf die beiden Kreuzbänder einwirken. Der Skiakrobat, von dem hier die Rede ist, gehört zur Weltelite. Das beinah Unglaubliche war, daß er ein gerissenes Kreuzband hatte und dies nicht mal bemerkte. Das muß man sich mal vorstellen! Dieser Haudegen ist eine ganze Saison lang, und die dauert wegen der Wettkämpfe in Übersee länger als ein europäischer Winter, durch die Luft gewirbelt und danach hart gelandet, über Buckelpisten gefegt und wie eine Primaballerina den Hang hinunter getanzt – und bei all dem hat er nicht bemerkt, daß sein Kreuzband gerissen war. Wie gibt es so etwas? Nun, sein extrem ausgebildeter Oberschenkelmuskel hatte das Knie so stark entlastet, daß dieser Kreuzbandriß weder schmerzte noch behinderte. Ans Tageslicht kam diese Verletzung erst, als ein Orthopäde wegen einer anderen Sache Röntgenaufnahmen gemacht hatte. Es ist wirklich kaum zu glauben, wie hier eine starke Muskulatur diese Schädigung ausgeglichen hat. Dieses Beispiel zeigt auch deutlich, daß ein gestärkter Muskel die benachbarten Bänder und Gelenke wesentlich entlasten und vor Verletzungen schützen kann. Und eine Entlastung im Kniebereich ist für uns Läufer enorm wichtig. Es muß also beim Joggen keineswegs zu den oft herbeigeredeten Knieproblemen kommen. Ein dosiertes Muskeltraining im Fitneßstudio wäre für jeden Läufer eine hilfreiche Ergänzung.

Der neunte Gewinn:
Sie fühlen sich besser

Sich rundum wohl fühlen hat für jeden von uns unterschiedliche Voraussetzungen – zweifellos aber trägt ein gesunder Körper wesentlich dazu bei. Gesund ist man aber nicht nur, wenn im Körper alles reibungslos abläuft, auch eine gesunde Haltung gehört dazu. Jetzt wissen wir aber, daß man sich eine gute Haltung verkorksen kann – verkürzte Muskeln tragen wesentlich dazu bei. Ein Rundrücken mit hängenden und nach vorn fallenden Schultern hat oft mit verkürzten Brustmuskeln zu tun. Ich kann ein Lied davon singen. Ich will Sie jetzt nicht mit meinen Wehwehchen langweilen, aber praktische Beispiele beleben die Theorie: Jahrelang fiel mir nicht auf, daß ich diese nach vorn hängenden Schultern habe. Erst durch ein lautes Knacken im Brustkasten wurde ich wachgerüttelt. Dieser Wecker hat leider viel zu spät gerasselt. Im Laufe der Jahre haben sich durch ein gemäßigtes Krafttraining meine Brustmuskeln verkürzt, weil ich Dussel das Dehnen in diesem Bereich so sträflich vernachlässigt hatte. Die Folge ist nun, daß ich steife Rippengelenke habe und daß das Senken und Heben meines Brustkorbs erschwert ist – ich muß mich also beim Atmen mehr plagen. Durch gezielte Dehnübungen aus der Trickkiste eines Chiropraktikers geht's langsam wieder aufwärts. Ein anderer häufig auftretender Haltungsschaden ist das Hohlkreuz mit nach vorne kippendem Becken. Die Ursache hierfür ist häufig ein verkürzter Hüft-Beuge-Muskel. Es gibt noch ein Reihe anderer Haltungsschäden, aber diese zwei genügen, um aufzuzeigen, daß ein aufrechter Gang mit runden und geschmeidigen Bewegungen immer weniger zu sehen ist. Aber gerade Menschen mit einem aufrechten Gang fallen positiv auf und ziehen deshalb die Blicke fast magisch auf sich. Ich jedenfalls bin davon überzeugt, daß es unserem seelischen Gleichgewicht hilft, wenn wir merken, daß wir von unseren Mitmenschen auch deshalb wahrgenommen werden, wenn wir über eine gute Haltung und elegante Bewegungen Gesundheit ausstrahlen.

Neun Gewinne durch richtiges Dehnen, so ist dieses Kapitel überschrieben. Also: Gewinnen Sie mit, indem Sie die Dehnübungen in Ihr Trainingsprogramm aufnehmen. Ich sprengte nun wirklich den Rahmen dieses Buchs, schriebe ich jetzt noch über die vielen Einzelübungen. Ich verspreche aber, daß es sich lohnt, wenn Sie für Ihre Gesundheit noch ein paar Mark locker machen und sich ein Buch über das Dehnen beziehungsweise Stretching kaufen. Und endlich kommen wir zu dem Thema, das Sie sich schon lange verdient haben und auf das Sie so lange warten mußten.

Auch das süße Nichtstun belebt

Vielleicht erlauben Sie mir, daß ich ein wenig aus meinem Nähkästchen plaudere, solange Sie pausieren – Danke! Auch ein Buch, wenn es dem Leser Freude bereiten soll, kann nicht von heute auf morgen fertig sein – es braucht Zeit und Pausen. So habe ich beim Schreiben oft genug den Schalter „Aus" betätigt und gefaulenzt. Anders wäre es auch gar nicht möglich gewesen, daß am nächsten Tag die Wörter und Sätze wieder herausprudelten und aufs Papier flogen. Nebenbei bemerkt, die pfiffigen Einfälle für dieses Buch hatte ich nicht am Schreibtisch, sondern im Englischen Garten, meinem Laufrevier in München. Nicht selten bin ich fipsig auf dem Stuhl hin und her gewetzt, habe mir dabei den Hosenboden blankgescheuert, und das nur, weil mir keine Kapitelüberschrift eingefallen ist. Aber kaum steckte ich meine Füße in die Joggingschuhe und meine Nase in die frische Luft, fielen die glänzenden Ideen wie Sterntaler vom Himmel herab. Aber ich schweife wiedermal ab. Verzeihen Sie bitte, aber ich wollte nur nochmal deutlich machen, wie einfach es sein kann, Aufgaben laufenderweise zu lösen. Und bitte gestatten Sie mir, daß ich noch etwas einflechte, weil es gut in diese Pause paßt: Ich ziehe vor jedem Wissenschaftler und Gelehrten den Hut, wenn er bei den Fieselarbeiten im Labor hinter Dinge guckt und dabei Zusammenhänge entdeckt, die unsereins nicht nur verblüffen, sondern auch weiterhelfen. Aber warum in aller Welt sagen uns die Gelehrten ihre Neuigkeiten nicht vernünftig? Nur selten können diese Herren sich festlegen, und noch seltener bemühen sie sich, so zu schreiben, daß wir Otto Normalverbraucher sie verstehen. Erstmal wird alles hunderttausendmal geprüft, um dann – potzblitz, welche Erleuchtung – sagen zu können: „die Ergebnisse scheinen zu belegen". Anscheinend forschen manche Wissenschaftler nur zum Schein, denn das Wörtchen „scheint" sagt ja nur aus, daß die Wirklichkeit nicht so ist, wie sie sich darstellt. Über viele Dinge auf unserer Welt wird so schnell keine gesicherte Erkenntnis gewonnen werden können. Aber muß denn jede Erkenntnis immer gesichert sein? Beispielsweise die, daß Menschen beim Laufen ihre Probleme in den Griff bekommen können. Reicht es nicht, wenn man dies selbst immer wieder feststellt und wenn man von Gesprächen her weiß, daß auch andere Läufer häufig diese Erfahrung machen? Was meinen Sie? Wie immer Sie entschieden haben – ich sage lieber: Also los, rein in die Joggingschuhe und selber Erfahrungen sammeln – ein eigenes Urteil ist tausendmal wertvoller als ein paar geschriebene Zeilen. Sie verstehen, was ich damit ausdrücken will: In aller Bescheidenheit möchte ich Ihnen sagen, daß Sie ein außergewöhnliches Buch in Händen halten, weil ich Ihnen nichts Wiedergekautes zum Lesen gebe, sondern mich redlich bemüht habe, Ihnen das Thema Laufen so auf den Tisch zu bringen, daß es Ihnen schmeckt. Und weil ich weder Leistungssportler, noch Trainer oder Wissenschaftler bin, konnte ich Ihnen klipp und klar sagen, worauf es gerade am Anfang besonders ankommt. Vor allem jenen, die jahrelang wenig aktiv waren und verständlicherweise glaubten, daß sie nicht laufen könnten. Leistungssportler und Trainer haben solche Phasen wohl kaum durchgemacht. Mit meinen Tips, Tricks und Erfahrungen möchte ich vor allem eines erreichen: Ich wünsche mir, daß die vielen, vielen Menschen, die eigentlich schon immer laufen wollten, aber… endlich dieses „aber" packen, würgen und weit von sich schleudern. Es darf einfach nicht sein, daß dieses dumme Wort so viele Mitbürger daran hindert, das zu tun, wozu wir von Natur aus geschaffen sind: locker zu laufen – und so auf einfachste Weise gesünder und zufriedener zu leben und den Alterungsprozeß mit seinen Verschleißerscheinungen durch zu wenig Bewegung ein bißchen hinauszuschieben. Auf jeden Fall hoffe ich, daß diese Botschaft, verpackt in diesem Buch, gut ankam und -kommt. Denn dann lohnte es sich für mich, Abende und Nächte, mit einem Füller und Tintenpatronen bewaffnet, gegen herausfordernde leere Seiten anzukämpfen. So, jetzt habe ich Sie genug strapaziert, Sie sollen sich ja in der Pause schonen. Bevor Sie aber die Beine auf den Tisch legen und keine Zehe mehr krumm machen, sollten Sie erst noch den Schweiß los werden. Und auch dazu kann ich Ihnen noch ein paar Tips geben. Keine Angst, ich gehe nicht mit Ihnen unter die Dusche und drehe den Hahn auf – soweit kommt's noch! Aber Scherz beiseite: Duschen ist mehr als nur Sauberwerden.

Duschen – ein Hochgenuß nach jedem Lauf

Mit den bündelweise herabfallenden Wasserstrahlen läßt sich nicht nur der Schweiß und Schmutz verjagen, auch die kleinen Tagesprobleme werden durch den Abfluß hinweggespült – ein wohlig warmes

Gefühl stellt sich ein. Unter der Dusche können Sie diese Zufriedenheit herrlich auskosten. Sie hatten sich aufgerafft, vielleicht sogar gegen den inneren Schweinehund gekämpft, weil Petrus genau in dem Moment seinen Vorgarten gießen mußte, als Sie loslaufen wollten. Aber dann war's Ihnen doch wurscht und sind hinaus. Und nach zehn Minuten Laufen haben Sie gar nicht mehr verstehen können, warum Sie zu Hause hin und her überlegen mußten – jetzt, platsch, platsch, ist es super hier draußen. Der Regen juckt Sie nicht mehr, im Gegenteil, die prickelnden Tropfen massieren das Gesicht, und ist der Regen nicht gerade sauer, können Sie sich über die kosmetische Wirkung freuen. Nun, auch dafür gibt es keine wissenschaftlichen Beweise. Sie können es mir glauben oder bleibenlassen. Noch besser, Sie gucken nach einem Regenlauf in den Spiegel; wenn Sie ein entspanntes Gesicht sehen, dann muß doch etwas an der pflegenden Wirkung dran sein. Ein Duschbad nach körperlicher Beanspruchung ist schon was Feines; der arme Faulpelz, der das nie erleben darf. Kommen wir aber nun zu den Tips: Vielfach wird zu heiß geduscht, weil man annimmt, daß dadurch die Durchblutung gefördert wird. Bei über 40 °C aber wird nur die Haut, nicht jedoch der darunterliegende Muskel gut durchblutet. Deshalb empfiehlt es sich, unter 40 °C zu bleiben, da sonst die Durchblutung der Muskulatur gedrosselt wird. Nach der Reinigung können Sie die Dusche soweit wie möglich aufdrehen und die Wasserstrahlen über die Beine prasseln lassen, denn durch diesen mechanischen Reiz wird die Durchblutung noch mehr unterstützt und weitere Abfallstoffe werden ausgeschwemmt. Eine Rötung der Haut zeigt an, daß jetzt alle Muskelzellen ausreichend mit Blut versorgt sind. Das wichtigste jedoch ist, daß Sie am Ende etwa 30 Sekunden kühl duschen, – es muß nicht ganz kalt sein, um den Kreislauf zu beleben. Noch besser ist die Wirkung dann, wenn Sie zwischen kühl und warm wechseln, denn so werden die Blutgefäße gereizt, sich im schnellen Wechsel zu öffnen und zu schließen. Auch härten Sie sich damit gegen Erkältungen ab. Achten Sie bitte beim Wechselduschen darauf, daß die Wasserstrahlen auf eine möglichst große Körperfläche treffen und daß Sie etwa ein bis zwei Minuten warm und 20 bis 30 Sekunden kühl duschen – und hören Sie immer kühl auf. Was wollen Sie nicht? Nicht duschen, sondern viel lieber baden – auch recht! Wie hätten Sie's denn gern –

wollen Sie nach dem Baden munter sein, oder wollen Sie müde werden? Eher Ersteres, sagen Sie. Gut, dann fangen wir mit dem Bad zum Munterwerden an.

Das Muntermacherbad

Dazu nehmen Sie ein Vollbad. Nun heißt das aber nicht, daß Sie die Wanne zum Überlaufen bringen müssen, sondern daß Ihr ganzer Körper unter der Wasseroberfläche verschwinden soll. Halt! – der Kopf bleibt draußen. Werden wir ernst: Ein Vollbad macht dann munter, wenn die Wassertemperatur unter der Körpertemperatur liegt. Wenn Sie also nach dem Bad nicht müde werden wollen, dann aalen Sie sich in Wasser, das 34 bis 36 °C warm ist. Beim In-die-Wanne-Klettern werden solche Temperaturen Ihren Zehenspitzen nicht sehr behagen. Am besten, Sie nehmen das gar nicht zur Kenntnis und setzen sich schnell in die Wanne – schon nach kurzer Zeit fühlen Sie sich pudelwohl. Dann, die ersten fünf Minuten, tun Sie erst mal gar nichts – nur entspannen und genießen. Ein Muntermacherbad dauert um die 20 Minuten. Wenn Sie faul in der Wanne liegen, dann könnten Sie vielleicht an Archimedes denken, denn der mechanische Reiz eines Vollbads auf unseren Organismus, erzielt durch die Auftriebswirkung, die Archimedes erkannt hatte, sollte nicht unterschätzt werden: „Der statische Auftrieb eines Körpers ist so groß wie das Gewicht der von ihm verdrängten Flüssigkeits- oder Gasmenge". Anders gesagt: Wenn Sie in der Badewanne liegen, dann haben Sie soviel an Gewicht verloren, wie das verdrängte Wasser wiegt. Werden wir konkret: Eine 65 Kilogramm schwere Frau wiegt im Wasser, wenn sie ganz untergetaucht ist, nur noch 2,34 Kilogramm. Hier der Rechenweg: Der Mensch wiegt 1,036mal schwerer als Wasser. Demnach: Körpergewicht mal 1,036 abzüglich Körpergewicht entspricht 2,34. In diesem nahezu schwerelosen Zustand wird unsere Muskulatur so stark entlastet, daß sie sich lockern und entspannen kann. Forschen wir weiter, was uns die Physik noch bieten kann, wenn wir baden. Ach ja, da gibt es noch den Druck. „Der hydrostatische Druck...", so mußte ich lesen, verstand es aber nicht und zog deshalb ein Wörterbuch zu Rate; also der Druck innerhalb des Wassers, der in jeder Richtung gleich groß ist, drückt auch auf unsere Venen und Lymphgefäße. Solche Gefäße sind Leitungsbahnen und Sammelstellen für die Lymphen, und das nun sind

Gewebsflüssigkeiten. Und diese Lymphen werden durch den Wasserdruck aus den Sammelstellen in die Venen geschoben, also in die Adern, die sauerstoffarmes Blut zur Auffrischung zum Herz leiten. Wenn Sie sich schon mal gefragt haben, warum es Ihnen schwindelig wurde, nachdem Sie schnell aus einem Vollbad gestiegen sind, dann hat das auch mit dem Wasserdruck und Ihrer Gewebsflüssigkeit zu tun: Wird durch den Druck Körperflüssigkeit über die Venen in Richtung Herz geschoben, dann senkt sich der Blutdruck. Wer demnach eher zu niedrigen Blutdruck hat, dem könnte es nach einem Vollbad schwindelig werden. Vermeiden läßt sich dies, wenn man langsam aus der Wanne klettert und vorher kurz kalt über die Beine geduscht hat.

Das Muntermacherbad kann durch Zusatz von Badeölen verstärkt werden – aber Achtung! Versuche haben gezeigt, daß ätherische Öle durch die Haut gehen und in den Organismus gelangen. Nun ist das eigentlich die Wirkung, die man erreichen will. Nur, was auf den Organismus wirkt, wird als Medizin eingestuft. Und ein falsches medizinisches Präparat kann negative Auswirkungen haben. Bei einigen Erkrankungen, beispielsweise bei Schilddrüsenüberfunktion oder bestimmten Atemwegserkrankungen, sollte man vorsichtig sein und vorher den Arzt fragen. Gibt der grünes Licht, dann kann ein Wacholderbeerölbad die Durchblutung fördern und bei leichten Muskelzerrungen helfen. Thymianöl wirkt krampflösend und hilft bei Erkältungskrankheiten. Ein Rosmarinbad belebt und regt den Kreislauf an. Ideal ist eine Mischung aus diesen drei Ölen.

Das Beruhigungsbad

Müde machen uns Wassertemperaturen von 38 °C bis 40 °C oder darüber. Ein heißes Bad bis 40 °C hat den Vorteil, daß bei starker Muskelübersäuerung und entsprechend großer Verspannung die Muskeln gut durchblutet werden, weil sich die Gefäße noch weiter öffnen. Wie wohltuend ein heißes Bad sein kann, wissen Sie. Gerade nach einem anstrengenden Tag ist man richtig hungrig danach – aber nicht nur wegen der Ruhe. Der Wärmereiz von Temperaturen um die 40 °C wirkt positiv auf das vegetative Nervensystem, also auf jene Nerven, die nicht unserem Willen unterliegen – und auch das macht uns ruhiger und ausgeglichener. Diese Wirkung unterstützen Melissen- und Anisölbadezusätze. Anisöl hilft zusätzlich noch bei Erkältungen.

Trainieren Sie Ihre Gefäße in der Sauna.

Wissen Sie, warum dieser hölzerne Raum Sauna heißt? Je nun, weil man in der Sauna immer so sau-nah beieinander sitzt. Sauna leitet sich aus dem mittelhochdeutschen „saunahe" ab. Damals empfand man es noch als Sauerei, daß man in den viel zu kleinen Kemenaten hautnah beisammen am offenen Kamin sitzen mußte, um ordentlich ins Schwitzen zu kommen. Später, um 1900 herum, fand man dann nichts Anstößiges mehr am Saunieren, und das Endungs -he viel weg. Das Wort Sauna war geboren. Und zu dieser Zeit entdeckten die Finnen… Alles Quatsch! Natürlich haben Sie recht: Sauna kommt aus dem Finnischen und heißt Schwitzstube. Und das Schwitzen in der Sauna sollte man regelmäßig in sein Erholungsprogramm miteinbeziehen, weil es alle Ihnen bereits bekannten Funktionen unterstützt und darüber hinaus noch mehr leisten kann. Wer Probleme mit dem Nacktsein hat, der kann ja nach England fliegen; dort sitzen Mann und Frau mit Badebekleidung in der Sauna. Brite und Britin schwitzen also in deftiger Soße, weil die englische Königin Viktoria im letzten Jahrhundert mit ihrer Prüderie und Strenge ganze Arbeit geleistet hat, denn noch heute übt sie aus dem Grab heraus Autorität auf die Briten aus.

Wenden wir uns nun den Fragen zu, wie man sauniert und was das Schwitzen leisten kann? Beide Fragen beantwortet Ihnen eines der zahlreichen Taschenbücher ausführlicher und besser als ich. Man kann beim Saunieren so viel falsch machen, daß ein Buch übers Laufen überfordert wäre, alles aufzuzählen. Beschränken wir uns also auf das Gröbste, vor allem auf die gröbsten Verstöße gegen seinen eigenen Körper und gegen die Hygiene. Bei meinem regelmäßigen Schwitzsitzen in einem Sportzentrum sehe ich immer wieder, daß gut die Hälfte aller Saunabesucher so falsch sauniert, daß es „falscher" nicht mehr geht: Nach einer Stunde Squash, unter Hochspannung, direkt in die Sauna (1. Fehler). Dann wird gequasselt, daß die Bude wackelt (2. Fehler). Einmaliges Schwitzen ganz oben – und sofort raus (Doppelfehler) in den Whirlpool (Doppelfehler). Dann unter die warme Dusche zum Einseifen (Wozu? Der Schweiß und Schmutz schwimmt doch bereits im Whirlpool!) – (Doppelfehler). Macht zusammen acht schwergewichtige Fehler. Dazu wurde der Organismus belastet; in einem Zustand, wo er sich nach Entlastung sehnte. Ganz zu schweigen davon, daß sich solche Menschen ihren Mitmenschen gegenüber, was die Hygiene betrifft, wie Ferkel benehmen – so aber ist das Wort Sauna am allerwenigsten zu verstehen. Genug gezetert; bitte verzeihen Sie, aber man muß sich doch mal das Recht nehmen dürfen und loswettern, auch wenn's hier nichts nützt, weil es die falschen lesen. Im übrigen habe ich nichts gegen Squasher. Auf jeden Fall sollte sich niemand damit herausreden, er hätte das alles nicht gewußt; in jeder Saunaanlage hängt eine Bildtafel, die leicht verständlich zeigt, wie man richtig sauniert – man muß nicht mal lesen können.

Nun aber endlich zum Thema: Was bietet uns das Schwitzen in trockener und heißer Luft? Ein kompletter Saunagang besteht aus zwei Phasen. In der ersten heizt man sich auf und schwitzt, in der zweiten kühlt man den Körper gezielt stark ab. Beim Erhitzen erhöht sich unsere Körpertemperatur um etwa 1 Grad Celsius, und der Pulsschlag legt um 50 Prozent zu. Weil die Atmung in dieser Hitze zwischen 60 und 90 °C, je nach Sitzhöhe, langsam und flach wird, nehmen wir weniger Sauerstoff auf. Das Blut läuft jetzt schneller durch die Gefäße, weil diese ihren Widerstand um fast die Hälfte verringert haben. Auch die Herzkranzgefäße werden jetzt besser durchblutet. Sind die Gefäße weit, dann muß das Herz nicht so stark pumpen – in der Sauna normalisiert sich also der Blutdruck. Daß der Stoffwechsel angeregt und die Abfallstoffe durch die bessere Durchblutung abgebaut werden, brauche ich fast nicht mehr erwähnen. Und wenn Sie dann noch das Glück haben, daß keine Schwätzer in der Sauna sind, dann können Sie die Ruhe genießen, Ihre Nerven beruhigen und durch Streß ausgelöste Spannungen los werden. Soweit die erste Phase eines Saunagangs. Wer jetzt schon unter die warme Dusche hüpft, der hätte sich das Aufheizen sparen können, denn der Organismus wird so nur verwirrt und auf halber Strecke allein gelassen. Und das macht ihn auf Dauer anfällig. Er braucht also die zweite Phase, das gezielte Abkühlen. Denn dabei beruhigt sich der Pulsschlag, und die roten Blutkörperchen werden wieder prall mit frischem Sauerstoff gefüllt. Durch die plötzliche Kälte „erschrecken" sich die Blutgefäße und verengen sich sofort. Auch die Körpertemperatur wird auf den normalen Wert abgesenkt. Nach der Abkühlung arbeiten unsere Nieren besser und scheiden rasch und gründlich Abfall- und Giftstoffe über den Harn aus.

Beide Saunaphasen, zwei- bis dreimal wiederholt, machen Sie fit und verbessern Ihr Wohlbefinden: Das Herz wird durch das wiederholte Heiß-kalt-Training gestärkt, weil es sich diesen Kreislaufänderungen rasch anpassen muß. Durch das häufige Abschrecken der Blutgefäße in der kalten Phase gewöhnt sich der Organismus langsam an solch plötzliche Kälteschocks, und mit der Zeit läßt es unseren Körper kalt, wenn durch Wetterumschwung oder Zugluft Kälte auf ihn einwirkt – das härtet uns ab, auch unsere Abwehr gegen Infekte steht dann schneller Gewehr bei Fuß. Wissenswert in diesem Zusammenhang ist vielleicht noch, daß unser Organismus bereits auf den geringen Temperaturrutsch von 5 °C empfindlich reagiert. Schon bei dieser Abweichung fängt er an, sich mit einer Gänsehaut vor diesem „Kälteeinbruch" zu schützen. Sind die Gefäße durch das schnelle Auf- und Zumachen trainiert, dann paßt sich der Körper diesem Wechsel an und reagiert nicht mehr so zimperlich auf Kälte. Wenn man also richtig trainieren will, dann steigt man nicht auf halber Strecke aus, denn sonst war's für die Katz' – in der Sauna ist das nicht anders als beim Laufen.

Während Sie noch weiter faulenzen dürfen, blende ich nochmal zurück zu meinen dummen Fehlern, die mich rückwärtslaufen ließen. Normalerweise ist ja das Feine an Fehlern, daß man sich mit ihnen beschäftigen kann. Aber grübeln Sie mal, wenn Sie rückwärts gehen – das geht einfach nicht, da schießen einem andere Sachen durch den Kopf. Erstmal dachte ich, ignoriere diese Menschen, die dir den Vogel zeigen, und dann schwor ich mir, daß ich nie, nie, nie wieder diese 42 Kilometer laufen werde. Aber schon am nächsten Tag wurde aus diesen „nies" ein „vielleicht". Als dann nach einer Woche die Marathonergebnisliste samt Anmeldung fürs nächste Jahr ins Haus flatterte, war diese flugs ausgefüllt und abgeschickt. Diese Riesenfreude, dieses Glücksgefühl auf dem letzten Kilometer – nein, nein, das lasse ich mir von ein paar dummen Gedanken nicht vermasseln. Und ich hatte ja noch genügend Zeit, mich mit meinen Fehlern zu beschäftigen; denn eines war mir klar, nochmal stelle ich mich nicht so dumm an. So habe ich mir Ratschläge von erfahrenen Läufern geholt und meine Nase in Bücher gesteckt. Heute mache ich nach dem Zieldurchlauf fast alles anders – fast, wohlgemerkt, denn ein Stück Torte esse ich hinterher noch immer gern. Nach dem Ziel lege ich mich nicht gleich flach, sondern gehe noch fünf Minuten stramm umher, um gleich mit der Neubelebung zu starten. Ich schaue an den Ständen der Sponsoren vorbei, esse bei dem einen ein Süppchen, angele mir beim anderen eine Banane und schnappe mir zuletzt ein Malzbier. Mit dem setze ich mich ruhig und entspannt auf den Boden, genieße die Atmosphäre im Olympiastadion und das süße Bier. Nach einer Viertelstunde jogge ich gemächlich zur Schwimmhalle und entspanne mich im Wasser mit Unterstützung der Auftriebskräfte, die mein Gewicht wegzaubern. Nach dem Baden dehne ich behutsam die Beinmuskulatur. Später, wieder zu Hause, esse ich ein kleines Müsli und ein weniger kleines Stück Torte – mehr geht nicht in den Magen, noch ist er zu aufgewühlt. Am späten Nachmittag folgt ein Spaziergang, um die Durchblutung zu verbessern. Diese wenigen Maßnahmen unmittelbar nach dieser Belastung über drei Stunden wirken Wunder. Schon am Tag darauf schmerzt normales Gehen nicht mehr. Natürlich spürt man deutlich die Spannungen in der müden Muskulatur, besonders beim Treppensteigen – aber im Vergleich zum Vorjahr, was für ein Fortschritt! Jedoch: noch am selben Tag kommt's dicke – au weia! Jetzt geht es mit der Wiederbelebung erst richtig los: Ich muß meinen ganzen Mumm zusammennehmen und mit schmerzenden und gespannten Muskeln laufen; wenigstens ein bißchen, denn sonst bliebe die Milchsäure hartnäckig in meinen Beinen sitzen. Bei den ersten Schritten hinterlasse ich noch Schleifspuren im Asphalt; insgesamt sind die ersten 20 Minuten grauenhaft – ein Faultier bewegt sich wahrscheinlich noch schneller und graziöser als ich – aber da muß man durch! Und plötzlich, siehe da, kommt's mir so vor, als seien meine Beine aufgetaut – der Bewegungsablauf erinnert mich zumindest an den eines Gehers; vom Laufen selbst bin ich noch meilenweit entfernt. Zum Ende dann, nach einer Dreiviertelstunde, spüre ich bereits, wie die ersten Kräfte nach und nach zurückkommen. Auch das Dehnen geht heute besser als zuletzt in der Schwimmhalle. Und schon nach dem Duschen fühle ich mich prächtig. Der nächste Tag schon war herrlich: Zwischen einer Riesenportion Müsli am Morgen und einem Berg Spaghetti am Abend lag eine lockere Laufrunde, bei der ich schon wieder fast der alte war. So, und Sie dürfen nun langsam die Augen wieder öffnen, auch eines nach dem anderen, wenn Sie wollen – habe ich Sie etwa gelangweilt? Gleich werden Sie wieder putzmunter sein, denn ich schicke Sie in den 5. Laufmonat.

Ihr Ziel am Ende des 5. Monats

Schon in der ersten Woche haben Sie einen Feiertag. Hauen Sie auf die Pauke, trommeln Sie Ihre Freunde zusammen und feiern Sie Ihren 50. Lauftag (!) Fünfzigmal gelaufen, in nur vier Monaten – das soll Ihnen erst mal jemand nachmachen. So einfach ist das nicht; besonders dann nicht, wenn man felsenfest davon überzeugt war, daß man nicht zum Laufen geboren ist. Für diese tolle Leistung machen Sie erstmal einen doppelten Purzelbaum und dann ein Faß auf. Und weil Sie gerade in Stimmung gekommen sind, verrate ich Ihnen auch noch, daß ein weiteres Jubiläum auf Sie wartet: in der 19. Woche spulen Sie schon den 200. Kilometer runter. Na, hebt das Ihr Selbstwertgefühl noch ein bißchen? Und Sie sagten mal, Sie könnten nicht laufen. Ha! – und wie Sie laufen können. Nun zu Ihrem nächsten Ziel: Sie werden sich am Monatsende mit dem 45-Minuten-Lauf anfreunden, denn: wenn Sie den mögen, dann ist es nur noch ein Klacks zur vollen Stunde. Sie werden also viermal diese 45 Minuten laufen, pro Woche einmal – vielleicht am Sonntag? An den anderen Tagen laufen Sie weiterhin die 30 Minuten, so wie Sie denken, daß es für Sie am besten ist. In diesem Monat kommen Sie bereits auf phantastische 68 Gesamtkilometer.

	17. Woche	18. Woche	19. Woche	20. Woche
1. Lauftag	30 Min.	30 Min.	30 Min.	30 Min.
2. Lauftag	30 Min.*	30 Min.	30 Min.	30 Min.
3. Lauftag	45 Min.	45 Min.	45 Min.	45 Min.

* Ihr 50. Lauftag!
Insgesamt in diesem Monat etwa 68 Kilometer gelaufen – und das Ziel ist schon in Sicht!

12. Lesen Sie ruhig weiter –
dann geschieht Ihnen nichts

In diesem Kapitel möchte ich mit Ihnen darüber plaudern, wann Sie besser die Finger vom Laufen lassen. Auch wenn wir nicht auf gefährlich glatt gebohnerten Parkettböden laufen, vor Verletzungen sind wir nie ganz gefeit. Diese können mal leichter oder ernster sein; manche vergehen rasch, andere sind hartnäckig, aber eines haben sie gemeinsam: Verletzungen holt man sich nur dann, wenn man ganz bestimmte Fehler gemacht hat. Es kann unserer Gesundheit also nur dienlich sein, wenn wir solche Fehler vermeiden. Bestimmt werden jetzt auch eine Reihe von Fragen beantwortet, die Ihnen schon lange unter den Nägeln brennen. Fangen wir mit den extremen Wetterverhältnissen an, bei denen man seinen Laufenthusiasmus besser bremst und etwas anderes macht.

Da bleiben Sie lieber zu Hause!
Bitte sehen Sie mir nach, daß ich anfangs oft betont habe, es gäbe kein Wetter, bei dem man nicht laufen kann – ein paar Ausnahmen gibt es doch:

(1) Steigt das Thermometer auf über 28 °C, dann ist die Gefahr einer Überhitzung groß. Laufen Sie dann besser nicht, und wenn doch, dann gehen Sie der prallen Sonne aus dem Weg und geben den Schattenseiten den Vorzug. Schon bei Temperaturen von über 20 °C können Sie folgendes ausprobieren: Befeuchten Sie zu Hause das Laufhemd und Stirnband (oder Kappe) mit kaltem Wasser. Zwar wird das Stirnband dann den Schweiß nicht mehr aufsaugen, aber es verhindert immer noch, daß er Ihnen in die Augen läuft. Die feuchten Laufsachen kühlen dann von Anfang an Kopf und Oberkörper, dadurch verlieren Sie nicht so schnell übermäßig viel Wasser. Außerdem ist es angenehmer, am Anfang durch die Verdunstungskälte gekühlt zu werden, als wenn die Wärme gleich den Körper aufheizt. Leider hält diese Kühlung nicht lange an, zu schnell ist das Wasser verdunstet. Sie können aber unterwegs Kühlwasser nachgießen, wenn Sie an einem Bach oder Weiher vorbeikommen. Wenn nicht, dann finden Sie bestimmt eine Gaststätte mit Waschbecken und Toilette. Übrigens, in Süd-Ost-Asien, vielleicht auch anderswo, nennt

man diese Räumlichkeiten sympathisch „Refreshingroom", also Erfrischungsraum. Und so sollten wir auch die Toilettenräume im Sommer bei uns benutzen. Also gehen wir da auch verschwitzt hinein und benetzen Kopf, Nacken, Arme und Beine mit kaltem Wasser.

Zur zweiten Ausnahme (2): Ist es warm und beträgt die Luftfeuchtigkeit über 85 Prozent, dann ist das Risiko hoch, einen Hitzeschaden zu erleiden – also läuft man dann besser nicht. Trotzdem sollten Sie die Signale kennen, die uns vor einem Hitzeschaden warnen: Kopfschmerzen, kalte Schauer mit Bildung von Gänsehaut, erhöhte Atmung, Übelkeit mit Brechreiz, unsicherer Gang, Muskelkrämpfe und erhöhte Körpertemperatur. Wegen der sofortigen Hilfsmaßnahmen muß man zwischen *Hitzeerschöpfung* und *Sonnenstich* unterscheiden. Bei einer *Hitzeerschöpfung* legt man den Betroffenen in den Schatten, lagert die Beine hoch und macht den Oberkörper frei, damit Zugluft hin kann. Wenn möglich, gibt man dem Erschöpften zu trinken und bespritzt ihn mit Wasser. Immerzu wird ihm Luft zugefächelt. Da bei einer Hitzeerschöpfung der gesamte Organismus gestört ist, muß sofort auf die Signale reagiert werden, damit es nicht zu einem Kreislaufkollaps, dem Hitzschlag, kommen kann. Beim *Sonnenstich* dagegen ist es eine örtliche Überwärmung, nämlich die des Kopfes. Dieser ist dabei sichtbar rot und fühlt sich auch heiß an. Der Puls ist auffallend langsam. Zuallererst muß der Körper in den Schatten und der Kopf mit einem feuchten Tuch eingehüllt werden, damit er gekühlt wird. Im Gegensatz zur Hitzeerschöpfung wird beim Sonnenstich der Oberkörper in aufgerichteter Haltung gelagert.

Hohe Luftfeuchtigkeit kann es aber auch in der kühlen Jahreszeit haben – Nebel bildet sich. Wer zu Atemwegserkrankungen neigt, der sollte bei kalter Luft und Nebel (3) nicht laufen, da die eingeatmeten kalten Wasserteilchen sich nicht schnell genug aufwärmen. Der kalte Luftstrom reizt dann die Bronchien.

Die vierte Ausnahme (4): Wenn es kälter als Minus 10°C ist. Es gibt zwar kältetrainierte Läufer, die auch noch bei Minus 20°C Spaß am Laufen haben, aber das sind schon ganz hartgesottene. Einem Laufanfänger kann man nicht raten, solche Experimente zu wagen.

Bei den nächsten Ausnahmen machen wir's kurz: (5) Wollen Sie im Urlaub laufen und liegt das gewählte Domizil höher als 2000 Meter über dem Meeresspiegel, dann gewöhnen Sie sich erstmal drei Tage an die dünnere Luft dort oben. (6) Daß Sie in Katerstimmung, ob durch Alkohol oder zu wenig Schlaf, Ihren Körper durchs Laufen nicht noch zusätzlich belasten dürfen, sollte selbstverständlich sein.

Hand aufs Herz!

Sind Sie schon bei Ihrem Hausarzt und beim Orthopäden gewesen? Sie wissen ja, ab dem 30. Lebensjahr führt an diesen Ärzten kein Weg vorbei, wenn man ein Lauftraining aufnehmen will – schon gar nicht, wenn man übergewichtig ist oder seit der Schulzeit keinen nennenswerten Sport mehr betrieben hat. Nicht nennenswert sind selbstverständlich auch jene Alibisportarten, die von Fall zu Fall zwar das Gewissen beruhigen, aber leider nicht das Herz-Kreislauf-System auf Vordermann bringen können. Beispiele: Schwimmen, wenn man zehn Minuten herumplantscht; Squashen, wenn man einmal pro Woche eine halbe Stunde mit Federballtechnik den Ball streichelt; Radfahren, wenn man gemütlich ohne Müh' und Plag' durch die Gegend radelt; Bergsteigen, wenn man mit der Gondel hochschwebt und hinunterläuft, gezogen von der Erdanziehung. Diese Freizeitaktivitäten sollen genügen. Bitte verstehen Sie mich richtig: Ich will solche Aktivitäten keineswegs abwerten; es sollen nur offene Worte sein, damit Ihre Gesundheit keinen Schaden erleidet. Wenn Sie sich also irgendwo wiederentdeckt haben und über 30 Jahre alt sind, dann sollten Sie wissen: Eine dosierte Ausdauerbelastung wie das Joggen ist für einen untrainierten Körper eine wesentlich höhere Belastung als das Hochleistungstraining eines Spitzensportlers – gehen Sie also bitte erstmal zum Arzt! Aber auch jüngere Menschen sollten ihrem Arzt sagen, daß sie mit einem Lauftraining starten wollen. Denn so manche versteckten Krankheiten, besonders Herzfehler, können dann durch das Belastungs-EKG entdeckt werden. Wenn Sie Glück haben und in Ihrer Stadt oder Gemeinde eine „Sportmedizinische Untersuchungsstelle" finden, dann lassen Sie sich dort untersuchen. Solche Einrichtungen sind relativ neu bei uns in Deutschland, daher kennen sie nur die wenigsten. Fragen Sie Ihr Gesundheitsamt danach – schon deshalb, weil Sie als Steuerzahler solche Stätten mitfinanzieren. Nun ein gedanklicher Schlenker: Sie mußten sich des öfteren anhören, daß dies oder jenes noch nichts für Sie sei, sondern nur für Geübte. Weil es nicht leicht ist, sich häufig so etwas anhören zu müssen, habe ich jetzt ein Trostpflaster für Sie: Als Anfänger haben Sie kaum das Risiko, sich typische Sportverletzungen zu holen. Diese sind meist Überlastungsschäden, die dann auftreten, wenn mehrere ungünstige Einflüsse zusammentreffen. Zum Beispiel kann ein ausgelatschter Schuh, dazu eine nicht erkannte Fußfehlstellung und zu wenig Erholungsläufe dazu führen, daß durch eine dauerhafte Fehlbelastung ein Ermüdungsbruch erfolgt. Zu einer Entzündung der Knochenhaut am Schienbein kann es kommen, wenn der Unterschenkelmuskel durch Fehlbelastung im angespannten Zustand gedehnt wird. Ursache hierfür ist fast immer eine starke Pronation oder ein Knick-Senkfuß. Eine Schuheinlage mit Gewölbestütze läßt solche Entzündungen meist schnell abklingen. Von solchen und anderen Verletzungen sind vor allem jene Läufer betroffen, die ein sehr großes Laufpensum erfüllen. Hier ein paar Zahlen, damit Sie sich eine Vorstellung machen können, was „großes Pensum" bedeutet: Ein wöchentliches Trainingsprogramm könnte so aussehen: Zwei Tage zwischen 15 und 20 Kilometer, einmal 30 Kilometer, zweimal Intervall-Läufe und ein Erholungslauf über 15 Kilometer – so kommen nicht wenige Läufer locker auf 90 bis 120 Wochenkilometer; Hobbyläufer, versteht sich. Jetzt wissen Sie, was gemeint ist, wenn von Überlastungsschäden gesprochen wird. Das Risiko, sich solche Schäden beim Gesundheitsjoggen zu holen, ist äußerst gering, vor allem dann, wenn Sie diese Punkte ernst nehmen:

– langsam warmlaufen, fünf bis zehn Minuten
– nicht zu schnell das Tempo erhöhen
– nicht zu schnell die Kilometerzahl erhöhen
– zwischendurch immer wieder Erholungsläufe einschieben
– den letzten Kilometer langsam auslaufen
– nach jedem Lauf, und auch zwischendurch, die Muskeln samt Sehnen und Bänder dehnen
– in guten Joggingschuhen laufen
– sich eventuell Sporteinlagen verschreiben lassen, um vorhandene Fußfehlstellungen auszugleichen
– regelmäßig laufen. Besser dreimal pro Woche, statt einmal eine Stunde – nicht nur wegen des Herzens, auch die Muskelkraft

der Beine bleibt so erhalten und kann die Stöße der Schritte besser abfedern

All das schützt uns vor größeren Verletzungen. Kommen wir aber erstmal auf die kleineren zu sprechen. Und wie Sie gleich sehen werden, darf man unter klein nicht verstehen, daß solche Verletzungen immer harmlos sind.

Hautabschürfungen – ein gefährlicher Bursche liegt auf der Lauer
Wenn Sie jetzt denken, „Na sowas, über so eigenartige Dinge wie Ermüdungsbrüche schreibt er nichts, aber die einfache Hautabschürfung bekommt ein eigenes Kapitel", dann stört mich das nicht; ich muß dann nur etwas weiter ausholen und von einem winzigen Fiesling erzählen, der sich im Erdboden und auf staubigen Böden versteckt hält und dort auf seine Chance wartet, in eine ungeschützte Hautoberfläche einzudringen. Zum Glück für uns ist diese Chance so winzig wie er selbst. Hat er es aber geschafft und nistet sich bei einem Menschen ein, dann kann dieser fast nichts mehr machen, es sei denn, er hat vorgebeugt. Natürlich haben Sie diesen Fiesling bereits identifiziert, die Rede ist vom Tetanusbazillus. Tetanus kommt aus dem Lateinischen und heißt Halsstarre. Die ausgelöste Krankheit heißt bei uns Wundstarrkrampf, weil in zunehmendem Maße der Körper von Krämpfen befallen wird. Und weil im fortgeschrittenen Stadium auch die Atemmuskulatur von diesen Verkrampfungen befallen wird, endet eine Tetanusinfektion in etwa 50 Prozent aller Fälle tödlich. Weil Sie als Läufer jetzt noch mehr gefährdet sind, über eine Wurzel oder einen schlecht erzogenen Hund zu stolpern, sollten Sie auch vorbeugen, sofern Sie es nicht schon getan haben. Holen Sie sich bei Ihrem Hausarzt die drei Tetanusimpfungen – die erste möglichst bald, die zweite nach einem Monat und die dritte nach einem Jahr; erst dann sind Sie vor diesem gefährlichen Erreger geschützt. Sie brauchen also diese drei Grundimpfungen, um dann fünf Jahre lang vorgebeugt zu haben. Erst nach dieser Zeit reicht eine Auffrischung für weitere fünf Jahre. Jede Hautabschürfung, auch solche, die nicht bluten, können von verschiedenen Bakterien verunreinigt werden. Deshalb sollte man diese Stellen möglichst rasch mit einem Desinfektionsmittel behan-

deln. Auf gar keinen Fall darf man Schürfwunden mit einem feuchten Tuch oder Watte abtupfen, die Infektionsgefahr ist zu groß. Und nur dann, wenn kein Desinfektionsmittel zur Verfügung steht, kann man notfalls die Wunde unter fließendem Wasser reinigen – nicht dagegen unter einem Duschstrahl. Am Schluß wird der Bereich großflächig mit einer sterilen Kompresse abgedeckt. Eine tägliche Erneuerung ist bis zur Abheilung der Wunde erforderlich. Bei der allerersten Abdeckung sollte die äußere Folie der Kompresse als Schutz drangelassen werden.

Der Wolf – ganz schön aufreibend

Man muß zwar nicht mit den Wölfen heulen, aber schmerzhaft ist ein solcher allemal. Haben wir erstmal einen an uns herangelassen, dann quält er uns wegen seiner ungünstigen Plazierung nicht nur beim Laufen. Mit Vorliebe verbeißt er sich im Bereich der Gesäßfalten und an den Innenseiten der Oberschenkel. Dieses Wundsein mit Entzündungsgefahr entsteht demnach in Hautbereichen, die sich bei Bewegung ständig flächenhaft aufeinanderreiben. Insbesondere sind korpulente Menschen vom Wolf an den Pobacken betroffen; abnehmen wäre wohl für sie der wichtigste Schritt, um das Wundscheuern dort zu verhindern. Ein Wolf kann aber auch an den Innenseiten kräftiger Oberschenkel entstehen, wenn diese beim Laufen dauernd aneinander wetzen. Vermeiden läßt sich dies durch Einreiben mit Vaseline oder ähnlichem; und statt Baumwollhosen trägt man besser glatte aus Kunstfasern.

Die Wasserblase – beim nächsten Schuh wird alles anders

Blasen entstehen dadurch, daß Druck und Reibung die obere Hautschicht von der darunterliegenden trennen. Die dazwischenliegenden Zellen gehen kaputt und geben Gewebsflüssigkeit ab, die später die Blase bildet. Haben Sie sich eine Blase gelaufen und sie ist noch zu, dann lassen Sie sie zu, denn das ist der beste Schutz gegen lauernde Krankheitserreger. Mit der Zeit wird die Flüssigkeit langsam aufgesogen, und die obere Hautschicht wird durch eine neue ersetzt. Ist aber die Blase aufgeplatzt, dann muß die ganze Flüssigkeit mit einem sterilen Tuch herausgedrückt werden. Wichtig dabei ist, daß auch die letzten Reste aus den Hauttaschen entfernt werden, weil diese Gewebsflüssigkeit Keime anzieht wie Blütenpollen die Bienen; in Labors wird diese Flüssigkeit als Nährboden für die Zucht von Bakterien verwendet – am Fuß sollte man solche Experimente lieber nicht machen: also raus mit der Flüssigkeit, wenn die Blase nicht mehr steril geschlossen ist. Sobald Sie die gröbste Menge herausgetupft haben, baden Sie den Fuß in einer Seifenlauge und tropfen hinterher Jod oder ein anderes desinfizierendes Mittel aus der Apotheke auf die offene Stelle. Lassen Sie aber immer möglichst viel Haut drumherum stehen, da diese der beste Schutz gegen Infektionen ist. Am Schluß decken Sie die Wunde steril mit einem Pflaster ab und erneuern es täglich. Große Blasen lassen Sie besser bei Ihrem Arzt behandeln; auch solche, die unter dem Zehennagel entstehen, meist blutig sind und das Nagelbett blau verfärben. Verursacht werden Blasen von einem zu kleinen Laufschuh oder einer schlecht sitzenden Socke, die Falten wirft. Achten Sie also beim Schuhkauf darauf, daß die Zehen noch einen Daumenbreit nach vorne Platz haben, denn durchs Laufen wird der Fuß warm und dehnt sich auch nach vorne etwas aus. Kommt es häufig zu Blasen, dann werden Sie feststellen, daß sie immer an den selben Stellen entstehen. Schmieren Sie zur Vorbeugung solche Bereiche mit Vaseline, Hirschtalg oder anderen speziellen Cremes ein, dann sind Sie vor diesen Überraschungen sicher – vor allem: Sie können weiterhin laufen und müssen keine Pause einlegen.

Der Muskelkrampf – Impulse schaukeln sich hoch

Wie es zu einem Krampf in den Muskeln kommt, ist bis heute noch nicht genau bekannt. Man weiß nur, daß mehrere Ursachen zu einer Übererregung führen: Impulse der Muskelreizung schaukeln sich immer weiter hoch. Dies wird gefördert, wenn ein Mangel an Magnesium und Kalium vorliegt. Besonders nächtliche Wadenkrämpfe weisen darauf hin, daß diese Mineralstoffe fehlen. Weiterhin zählt zu den Auslösern eine schlechte Durchblutung, weil dadurch zu wenig Sauerstoff in die Muskelzellen kommt. Aber auch eine orthopädische Fehlbelastung kann Krämpfe auslösen. Um diese starken Verspannungen lösen zu können, gibt es eine wirksame Sofortmaßnahme: der betreffende Muskel wird fest gedehnt. Beim Wadenkrampf beispielsweise, von dem wir Läufer noch am ehesten befallen werden, geht man so vor: man setzt sich hin, greift mit beiden Händen an die Fußspitze und zieht diese kräftig zum Körper. So hört der quälende Schmerz schnell auf und die Spannung läßt nach.

Soweit die kleineren Verletzungen. Und auch vor den größeren muß man sich nicht fürchten; denn man kann mit einfachen Übungen und Vor-sicht viel vermeiden. Im übrigen kann man sich eine Zerrung oder Verstauchung ebenso im Alltag holen. Dies sage ich nicht um abzuwiegeln, nein, mir geht es um etwas anderes: Sie stimmen mir hoffentlich zu, wenn ich sage, daß es besser ist, durch richtig dosiertes Laufen das beginnende Welkwerden des Körpers ab dem 30. Lebensjahr so lange wie möglich hinauszuschieben und gesund zu bleiben, als es nur deswegen nicht zu tun, weil man Angst hat, sich beim Laufen verletzen zu können. Das Schöne beim Laufen ist ja gerade, daß ernste, wirklich böse Verletzungen überhaupt nicht auftreten können. Und nur wer die in diesem Buch gesetzten Leitplanken überspringt und seinen Trainingsumfang zu schnell hochschraubt, der bewegt sich in riesigen Schritten auf die Grenze zum Unbekömmlichen hin. Eine Statistik zeigt, daß 70 Prozent aller Sportverletzungen auf ungenügende Vorbereitung zurückzuführen sind. 17 Prozent erfolgen durch Überlastung, Übermüdung oder Erkrankung; und immerhin noch 13 Prozent passieren wegen Unbeherrschtheit. Über den letzten Punkt brauchen wir beide nicht zu reden, und bei den anderen verschweigt die Statistik die genauen Ursachen – trotzdem ist die Information selbstredend denkwürdig. Auf der anderen Seite wissen wir selbst, daß man vor Freude am Laufen schon mal eine Wurzel übersehen und drüberstolpern kann. Was wir dagegen nicht übersehen sollten ist, daß bereits im Alter von 30 Jahren der Verschleiß der Sehnen beginnt und dieser mit 40 schon erheblich fortgeschritten ist.

Muskel- und Sehnenverletzungen – aufgepaßt, wenn Sie nicht mehr der jüngste sind!
Weil Muskeln und Sehnen miteinander verbunden sind, packe ich sie auch unter eine gemeinsame Überschrift. Die Sehne ist auf der einen Seite fest mit den Muskelfasern, auf der anderen mit der Knochenoberfläche verwachsen. Sehnen können wenige Millimeter lang sein, aber auch stolze 40 Zentimeter erreichen. Wie wir wissen, bilden sie eine sehr stabile Verbindung zwischen Muskeln und Knochen. Eine

gesunde Sehne kann bei einer gewöhnlichen sportlichen Belastung nicht verletzt werden oder gar reißen. Die Zugfestigkeit verringert sich aber, sobald eine schleichende Entzündung, eine Stoffwechselkrankheit oder ein altersbedingter Verschleiß vorliegt. In diesen Fällen kann es bereits bei einer alltäglichen Belastung zu einem Sehnenriß kommen. Bei Menschen, die sich längere Zeit kaum belastet haben, ist es dann häufig so, daß eine im Alltag vorgeschädigte Sehne bei einer sportlichen Fehlbelastung ganz geschädigt wird – mangelnde Bewegung und unterlassene Dehnübungen haben der Sehne die jugendliche Widerstandskraft genommen. In der Altersgruppe um die 40, wo viele ihrem Leben einen Kick verpassen möchten und in der Freizeit überaktiv werden, treten Verletzungen des Muskel-Sehnen-Apparats am häufigsten auf. Geschädigt wird dabei immer die schwächste Stelle in der viergliedrigen Kette: (1) Sehnen-Knochen-Verbindung; (2) Sehnen; (3) Sehnen-Muskel-Verbindung; (4) Muskel. Und bei älteren Menschen ist das nunmal die vorgeschädigte und gealterte Sehne. Bei jüngeren Menschen dagegen ist die gefährdete Stelle dort, wo die noch kräftige Sehne mit der Knochenoberfläche verwachsen ist. Der Dauerlauf ist eine Sportart, bei der solche Verletzungen kaum vorkommen, da die typischen Ursachen selten sind: das falsche Zusammenspiel der Muskeln bei einem übermüdeten und überanstrengten Sportler. Fußball, Squash, Tennis und Skifahren, um nur die wichtigsten zu nennen, sind solch risikoreiche Aktivitäten, weil hierbei oft gestartet, gestoppt und die Richtung gewechselt werden muß. Unter den vielen Sehnen unseres Bewegungsapparats gibt es eine ganz besondere, die wegen ihrer Verletzlichkeit berühmt geworden ist, die Achillessehne. Benannt ist sie nach dem griechischen Sagenheld Achilles, der nur an der Ferse verwundbar war. Diese sehr lange Sehne verbindet den dreiköpfigen Wadenmuskel mit dem Fersenbein. Sie wird zum Beispiel dann gebraucht, wenn wir mit dem Fuß wippen oder die Treppen hochsteigen. Verletzen können wir sie uns beim Abrutschen auf Stufen genauso leicht wie beim Fußballspielen. Besonders haarige Situationen sind immer Absprung und Landung beim Springen. Solange Sie also beim Laufen nicht über Parkbänke oder andere Vierbeiner hüpfen, ist das Risiko gering, sich eine ernste Achillessehnenverletzung, auch Abriß, zu holen. Häufiger als eine direkte Verletzung der Sehne ist eine andere unangenehme Sache.

Die Entzündung der Achillessehne – die Achillodynie

Da die Achillessehne keine eigene Sehnenscheide hat, umgibt sie nur ein Gleitgewebe. Das ist ein lockeres Bindegewebe mit kleinen Blutgefäßen, die die Sehne versorgen. Bei der Achillodynie ist nicht die Sehne selbst entzündet, sondern dieses Gleitgewebe, das dann hart wird. Dazu kann es kommen, wenn durch jahrelanges Training immer dieselbe Belastung auf die Achillessehne einwirkt oder wenn untrainierte Menschen anfangen, wie wild draufloszusporteln. Ein Läufer sollte berücksichtigen, daß Kälte und ein harter Boden das Risiko erhöhen; ebenso begünstigt Laufen im Sand oder bergauf diese Entzündung. Und wer – jahrein, jahraus – immer mit demselben Schuh rennt, der fordert diese Achillodynie heraus, da immer die gleiche Belastung auf die Sehnen wirkt. Wird diese Entzündung bereits im Anfangsstadium erkannt und richtig behandelt – Eiskühlung sofort (!), Ruhepause und Wärmenachbehandlung später –, dann können die Beschwerden schon nach drei bis fünf Tagen verschwinden. Sollten nach einer Woche noch Schmerzen auftreten, dann geht man besser zum Arzt, denn wer keine Pause macht und die Entzündung nicht ausheilen läßt, der riskiert, daß sie chronisch wird – und dann ist sie nur noch schwer wegzubekommen.

Die Muskelzerrung und der Muskelriß

Über Muskelkater und Muskelverspannung haben wir bereits gesprochen. Bewußt wurden diese beiden unangenehmen Erscheinungen vom Thema Verletzungen ausgeklammert, weil sie weniger streng betrachtet nicht dazugehören. Einen Muskelkater hat man nur wenige Male, dann ist er weg; und eine Verspannung dauert nur ein paar Stunden und kann durch Dehnung ruckzuck gelöst werden. Anders ist das bei der Muskelzerrung, obwohl auch sie harmlos ist. Und der Muskelriß, fragen Sie? Jetzt, wo ich Ihr besorgtes Gesicht sehe, muß ich es gleich vorweg nehmen: von einem Muskelriß werden Sie so gut wie sicher verschont bleiben, denn selbst mit der Vorstufe, einer Zerrung, müssen nur jene Sportler rechnen, die ihre Muskeln schnell von Null auf Hundert bringen müssen; also beispielsweise Sprinter, die einen schnellen Antritt brauchen. Diese sogenannte Schnellkraft nutzen auch noch Weitspringer, Fußballspieler, Squasher, Tennisspieler und andere – nicht dagegen wir Dauerläufer. Selbst bei einem Intervall-

Training, also bei den kurzen schnellen Zwischenläufen, ist es nicht notwendig, mit quietschenden Reifen zu starten. Beschleunigt wird aus dem normalen Tempo heraus – man gibt demnach nur langsam Gas und wird immer schneller, solange, bis der Fuß vom Pedal genommen werden muß, weil man außer Atem kommt – jetzt rollt man langsam aus, denn abruptes Bremsen wäre genauso falsch.

Eine Muskelzerrung wird oft fälschlicherweise mit einer Muskelverspannung verwechselt, weil die Symptome im Verlauf ähnlich sind. Am Anfang einer Zerrung gibt es aber ein sehr deutliches Erkennungssignal: Man spürt einen kühlen Schmerz, so, als ob kalter Wind an die verletzte Stelle strömt. Danach zieht und spannt es im Muskel, und erst später tauchen echte Schmerzen auf. Diese nehmen dann zu, wenn der Muskel weiter belastet wird. Eine automatische Reaktion von Sportlern ist es oft, daß sie sich Linderung durch Ausschütteln des Beines verschaffen wollen – nur leider hilft das gar nichts, damit wird der Muskel nicht locker. Es klingt paradox, aber das einzige, was unmittelbar nach einer Zerrung hilft, ist das Dehnen des gezerrten Muskels. Paradox insofern, weil man nach einer Zerrung eher Angst hat, es könnte etwas reißen; an eine Dehnung denkt man da am allerwenigsten. Zu Hause kann man durch Eisauflegen oder mit einem Vereisungsspray weiterbehandeln; und zwischendurch sollte immer wieder gedehnt werden. Auf die Behandlung von Verletzungen komme ich gleich anschließend noch zu sprechen, aber weil ein Fehler immer wieder gemacht wird, sage ich Ihnen jetzt schon, was Sie im Ernstfall unbedingt vermeiden müssen: Eine Zerrung darf nicht (!) unmittelbar nach dem Ereignis mit Wärme behandelt werden.[5] Vergessen Sie also in solchen Fällen wärmende Salben, Gels und die Wärmflasche. Wenn Sie diese Sofortmaßnahmen – Dehnen, Kühlen – durchgeführt haben, können Sie nach ein bis zwei Tagen weiterlaufen, allerdings so, daß Sie nicht an die Schmerzgrenze kommen.

Band- und Gelenksverletzungen – das Umknicken

Ist ein Mensch geknickt, dann wurden seine Erwartungen schwer enttäuscht – er wurde also „niedergeschlagen", und so fühlt er sich dann auch. Im Englischen heißt das „knock out" oder kurz k. o. Und

[5] vgl. Müller-Wohlfahrt/Montag/Diebschlag, „Süße Pille Sport", Neufahrn bei München, 1984, S.13

dieses geknickt sein und das k. o. geht auf eine altgermanische Wurzel zurück; wurde sie geknickt, dann zeigte das, daß jemand entmachtet worden ist. Hoffen wir, daß wir beim Laufen weder über eine alt- noch neugermanische Wurzel stolpern, zu leicht könnten wir uns durch ein Umknicken des Gelenks eine Bandverletzung zuziehen, die dann unsere Füße eine zeitlang entmachtet und uns niedergeschlagen macht, weil wir nicht mehr laufen können. Zum Glück haben wir Läufer die Tugend, daß wir trotz des himmlischen Gefühls nie abheben und den Boden unter uns verlieren. Und wer mit beiden Beinen fest durchs Leben läuft, der beachtet auch die kleinen versteckten Gefahren, die Stolpersteine des Lebens. Bald werden Sie einen noch geschärfteren Blick dafür bekommen, wie der Boden aussieht, auf dem Sie sich bewegen. Das schützt Sie vor Wurzeln und Steinen genauso wie vor Fußangeln und Fallstricken. Kommen wir zurück zum Laufen. Bei vielen Läufern ist es beliebt, querfeldein zu laufen. Man fühlt sich eins mit der Natur, wenn man ohne Richtungszwang bergauf und bergab, durch Wälder und über Wiesen laufen kann. Sobald Sie Appetit auf solche Geländeläufe, oder auf neudeutsch Crossläufe, bekommen, sollte Ihr zweites Paar Schuhe einen hohen Schaft haben, damit das Gelenk zusätzlich Stabilität erhält, denn das Risiko umzuknicken, ist bei dieser Laufform hoch. Achten Sie beim Schuhkauf unbedingt darauf, daß Sie einen Laufschuh fürs Gelände kaufen, denn die im Handel unter der Bezeichnung „Cross" angebotenen Sportschuhe sind nicht fürs Laufen konzipiert. „Cross" bedeutet hier nur, daß dieser Schuh *quer* durch alle Sportarten getragen werden kann – zum Laufen sind diese Schuhe nicht geeignet, weil sie meist keine Dämpfung haben und den Fuß schlecht führen. Zurück zum Laufen. Wenn Sie sicher sind, daß Ihr Gelenkreflex, also die Gegenreaktion in der Anfangsphase des Umknickens, soweit in Ordnung ist, dann sollten Sie auf diese erlebnisreichen Läufe nicht verzichten. Wärmen Sie dazu Ihre Muskeln vorher gut auf, und entdecken Sie hellwach das, was so farblos Umwelt genannt wird.

Schauen wir uns die Verstauchung, also das Umknicken eines Gelenks, näher an: Wird die Beweglichkeit eines Gelenks durch gewaltsames Auseinanderziehen überschritten, dann entsteht eine Verstauchung. Die Gelenkflächen verlassen vorübergehend ihre normale Stellung und kehren nach der Krafteinwirkung in die Ausgangsstellung zurück. Beim Laufen ist besonders das Sprunggelenk gefährdet. Schon bei einer leichten Verstauchung werden die Bänder überdehnt oder gezerrt. Durch eine Reizung des Nervengewebes kommt es zu Schmerzen und zu einer Gefäßerweiterung mit Flüssigkeitsaustritt – zu einer Schwellung. Bei jeder Verstauchung also, die eine Schwellung, einen Bluterguß oder eine Druckempfindlichkeit zur Folge hat, wurden die Bänder geschädigt. Eine Trainingspause von – halten Sie sich fest! – vier bis zehn Wochen, je nach Verletzungsgrad, ist unbedingt einzuhalten, damit die vollständige Wiederherstellung der Bänder erfolgen kann. Erst wenn man sicher ist, daß die Beweglichkeit des Gelenks und die erforderliche Stützkraft wieder da ist, kann man wieder laufen. Das Dumme ist jetzt aber, daß diese Bänder vorgeschädigt und dadurch leichter verletzbar geworden sind. Wiederholte kleine Bandverletzungen an derselben Stelle oder eine schwere Verstauchung können zu einer späteren Lockerung des Bandapparates führen; Ärzte nennen das salopp Schlottergelenk. Verstauchungen sollte man folglich nicht auf die leichte Schulter nehmen.

Ich will Ihnen nicht verheimlichen, daß sich diese Aufzählung noch eine Weile fortsetzen ließe, aber die häufigsten Verletzungsformen wurden genannt. Wichtiger ist es zu wissen, woran Sie bestimmte Verletzungen erkennen können, und was Sie selbst unmittelbar nach einer Muskel-, Sehnen- oder Gelenksverletzung tun können, damit die Schmerzen gelindert werden und die Verletzung nicht schlimmer wird.

Signale, die auf eine Verletzung hinweisen

Bevor Sie einwenden mögen, daß der Schmerz Hinweis genug ist, lassen Sie mich bitte erstmal Luft holen und dies zu Papier bringen. Ein leidenschaftlicher Läufer kann ein schwieriger Patient sein: Die ersten Signale schlägt er in den Wind, und hat er sich ernsthaft verletzt, fängt er bereits nach zwei bis drei Tagen zu zappeln an und will möglichst bald wieder in die Joggingschuhe schlüpfen. Weil es die Fußball-Live-Übertragungen so schön zeigen, macht es der Freizeitsportler gern nach. Der Fußballprofi schreit auf, nachdem ihm in den Muskel getreten wurde, der Mannschaftsarzt läuft zu ihm hin, sprüht etwas Vereisungsspray auf die schmerzende Stelle, und nach dreimal Humpeln kann der Spieler schon wieder spurten und schießen. Phänomenal, denkt man sich – ein bißchen Eis aus der Dose, das kann ich auch. Leider zeigt das Fernsehen nicht mehr, welch' intensive Behandlung von besten Ärzten und Physiotherapeuten ein solcher Fußballspieler eine Woche lang genießen darf, damit er am nächsten Wochenende wieder fit ist. So gut diese Behandlungen auch sind: Verletzung bleibt Verletzung – und chronische Schäden entstehen durch wiederholte Verletzungen; auch dann, wenn sie noch so unbedeutend waren. Viele Fußballprofis um die 30 sind für die obere Liga nicht deswegen zu alt, weil sie keine Puste mehr haben, sondern weil ihre Muskeln, Sehnen und Gelenke so kaputt sind, daß sie mehr in Behandlung als auf dem Fußballplatz anzutreffen sind.

Bitte beachten Sie aufmerksam die ersten Signale Ihres Körpers und prüfen Sie, ob es sich um eine Verletzung handelt. Schmerzen allerdings müssen nicht in jedem Fall auftreten, wie das nächste Beispiel zeigt. Man glaubt es kaum, aber es gibt wirklich schlimme Verletzungen, die kaum weh tun, zum Beispiel der Achillessehnenriß. Auf der anderen Seite schmerzt eine harmlose Schienbeinprellung höllisch. Zurück zur Achillessehne. Besonders bei ihr kommt es nach einem Riß darauf an, daß sie schnell wieder zusammengenäht wird, bevor sie sich weiter verkürzt. Ich ginge sogar soweit, daß ich zum nächsten Taxi humpelte und mich ins Krankenhaus fahren ließe. Je länger nämlich gewartet wird, desto größer ist die Gefahr, daß sich der Wadenmuskel nicht mehr auf seine normale Länge strecken läßt. Auch wenn der Achillessehnenriß kaum Schmerzen verursacht, Sie können ihn deutlich wahrnehmen beziehungsweise nicht überhören: der Sportler hat das Gefühl, ihn hätte jemand von hinten feste getreten. Dazu hört er einen Knall, laut wie ein Gewehrschuß oder Peitschenknall. Einen Schmerz spürt er nur kurz beim Reißen der Sehne selbst, danach tritt rasch eine Schmerzlinderung ein. Nur langsam entsteht eine Schwellung, jedoch kann der Verletzte mit dem Fuß nicht mehr normal auftreten oder auf Zehenspitzen gehen – aber Schmerzen hat er kaum. Soweit die Signale mit Knalleffekt beim Achillessehnenriß. Gucken wie uns nun an, welche Warnschüsse unser Körper noch abgibt, wenn er verletzt worden ist:

(1) Schmerzen, besonders dann, wenn die Beweglichkeit eingeschränkt ist

236

(2) Eine sicht- und tastbare Schwellung

(3) Eine Einschränkung des normalen Bewegungsmaßes – auch ohne Schmerzen

(4) Das Gefühl, etwas Instabiles wahrzunehmen. So, als ob beispielsweise das Knie- oder Fußgelenk den Halt verloren hat – auch ohne Schmerzen

(5) Das Gefühl, oft mit Geräuschen verbunden, daß etwas geplatzt, zerrissen oder verrutscht ist – auch ohne Schmerzen

(6) Wenn ein Vergleich mit dem gegenüberliegenden Körperteil auf eine Veränderung hinweist

(7) Nervliche Störungen, beispielsweise Taubheit oder Schwächegefühl in Armen oder Beinen. Auch das Prickeln wie Nadelstiche kann auf eine Verletzung hinweisen[6]

Im Zweifelsfall sollte man nach einer Sofortmaßnahme einen Arzt aufsuchen – lieber zu früh als zu spät, denn: wenn Sportverletzungen nicht unmittelbar nach dem Eintritt behandelt werden, dann bedeutet jede verlorene Stunde einen zusätzlichen Tag bei der Nachbehandlung.

Die ersten Handgriffe sofort nach einer Verletzung
Nahezu alle Verletzungen sollten zuallererst mit K+K behandelt werden:

(1) – K: Kältebehandlung
(2) – K: Kompression (Druckverband)

Die Kältebehandlung (1) läßt sich mit einem Vereisungsspray oder einem Eisbeutel durchführen – 30 Minuten, nicht länger. Beim Spray und Eis ist ein direkter Hautkontakt zu vermeiden. Besser ist, man legt vorher den Druckverband an und führt die Eisbehandlung darüber aus. Statt Eis tut's zur Not auch fließend Kaltwasser direkt auf die Haut. Sinn solcher Behandlungen ist folgendes: Durch den Kältereiz ziehen sich die Kapillare zusammen. Das sind haarfeine Blutgefäße, die die Verbindungen zwischen den kleinsten Arterien und

---

[6] vgl. Peter Markworth, „Sport Medizin", Reinbeck bei Hamburg, 1983, S. 264

Venen herstellen. Ein anhaltender Blutaustritt aus diesen Kapillaren hinein in das Gewebe wird jetzt vermieden – die Schwellung bleibt dadurch gering und die Schmerzen werden gemindert.

Mit einem Kompressionsverband (2) wird das Gewebe zusammengedrückt, so daß keine weitere Gewebsflüssigkeit oder Blut ins Gewebe fließen kann. Jetzt zu den weiteren Handgriffen:

(3) – Hochlagerung über Herzhöhe
(4) – Ruhigstellung.

Bei einer richtigen Hochlagerung (3) ist der verletzte Körperteil höher als das Herz zu lagern. Bergab kann so das sauerstoffarme Blut schneller aus dem verletzten Körperteil zum Herzen fließen. Dadurch wird in den Blutbahnen um die Verletzung herum Raum geschaffen, und die ausgetretene Gewebsflüssigkeit kann besser aufgesogen werden – die Schwellung läßt schneller nach.

Die Ruhigstellung (4) hat das wichtige Ziel, die verletzte Stelle zu schonen, damit sie nicht schlimmer wird. Apropos schlimmer werden: Es gibt auch falsche Handgriffe, die man besser unterlassen sollte:

Niemals darf man bei frischen Verletzungen:

(A) mit Wärme behandeln
(B) den Kompressionsverband so fest anlegen, daß sich dahinter die Haut durch gestautes Blut verfärbt. Auch darf sich kein Taubheitsgefühl – mit oder ohne Prickeln – einstellen.
(C) die Warnsignale überhören. Sie zu mißachten kann ein böses Erwachen bringen.

13. Das Bonbon nur für Frauen – keine Süßholzraspeleien

„Ein 100-Meilen-Lauf (160,9 Kilometer) ist für den Durchschnitt der Männer eine Unmöglichkeit. Es werden aber in Zukunft tausende Frauen 100 Meilen laufen können, dazu hat sie die Natur so ausdauernd gemacht. Der Waldnieler 100-Meilen-Lauf (1983) hat bewiesen, daß einige von den Läuferinnen, die das Ziel passierten (im ganzen waren es 60 Prozent der angetretenen Teilnehmerinnen), nach Absolvierung der Strecke genauso frisch waren wie beim Start; und von den 14 durchs Ziel gekommenen Läuferinnen waren auf jeden Fall zwei Läuferinnen darunter (über 40 Jahre alt und Mütter mehrerer Kinder), die in der Lage gewesen wären, auch 300 Kilometer in derselben Verfassung zu laufen".[7] Dies sagte 1983 der Wegbereiter des Joggings. Sie denken jetzt bestimmt, das muß ein verrückter Amerikaner gewesen sein. Nein, diesmal irren Sie sich! Diese Aussage machte der großartige Dr. med van Aaken, der in Deutschland lebte und sich wie kein anderer für den Frauenlauf und für neue Methoden des Ausdauertrainings eingesetzt hat. Ohne sein Engagement über Jahrzehnte hinweg dürften Frauen wahrscheinlich heute noch nicht auf die 1500-Meter-Strecke, geschweige denn bei Europameisterschaften oder Olympiaden einen Marathon laufen – ihren eigenen Marathon, nur für Frauen. Van Aaken war hierzulande der erste, und lange Jahre auch der einzige, der das Langlauftraining medizinisch erforschte und die Erkenntnisse als Trainer umsetzte. Der ehemalige Stabhochspringer, Olympiateilnehmer im Gewichtheben, Trainer, Chirurg, Krebsforscher und Kämpfer für den Frauenlauf lief mit 42 Jahren die Marathon-Strecke noch knapp unter drei Stunden – eine Traumzeit vieler junger Läufer, die die 3-Stunden-Schallmauer nicht zu knacken vermögen. Als 50jähriger sprang er noch mit dem Stab über die Höhe von 3,50 und mit 54 absolvierte er seinen letzten Zehnkampf. Bereits als 19jähriger, anno 1928, erdachte er eine Trainingsmethode, die er erst nach dem Krieg in dem kleinen Ort Waldniel, nahe Mönchengladbach, als Trainer umsetzen konnte – mit großem Erfolg:

[7] vgl. van Aaken, Ernst, „Das van Aaken Lauflehrbuch", Aachen, 1984, S. 140 f.

16 deutsche Meister im Mittel- und Langstreckenlauf brachte dieser Marktfleck hervor, der noch berühmt werden sollte. Hart traf das Schicksal van Aaken: 1972 wurde er beim Lauftraining bei Dunkelheit von einem Auto erfaßt und verlor beide Beine. An den Rollstuhl gefesselt nutzte er die Zeit dafür, Bücher zu schreiben und in der ganzen Welt Vorträge zu halten. Dabei standen nicht nur seine Trainingsmethoden im Vordergrund, sondern auch seine gewonnenen Erkenntnisse, daß Ausdauertraining den Krebs zu vermeiden beziehungsweise zu verhindern vermag. In zwölf Jahren hielt er 310 Vorträge, 29 davon zwischen 1974 und 1978 in den USA. Die Amerikaner, von van Aakens Beiträgen begeistert, nahmen die Ideen an und begannen in Massen zu joggen, was in Waldniel schon lange Zeit vorher traben hieß. In Amerika schoß in den 70er Jahren die Zahl der Jogger in kurzer Zeit auf 50 Millionen hoch; über die Hälfte waren Frauen. Auch heute noch ist in den Staaten das Verhältnis Frauen zu Männer etwa fifty-fifty; in Deutschland liegt es bei 30:70. Nochmal zurück nach Amerika: Durch diese Fitneßwelle wurde die Herzinfarktrate um 24 Prozent gesenkt, und durch die mit dem Laufen einhergehende gesündere Ernährung ging die Magenkrebsrate um 15 Prozent zurück. Der Geburtsort des Joggings ist also Waldniel; die Amerikaner waren nur begeisterungsfähiger als wir Deutschen. Das lag zum Teil auch daran, daß bei uns manche Medien das Laufen miesmachten. Ein Beispiel von vielen: 1954, als van Aaken endlich erreicht hatte, daß der 800-Meter-Lauf für Frauen wieder eingeführt wird – nachdem diese Disziplin nach Ersteinführung im Jahr 1928 gleich wieder gestrichen wurde –, schrieb ein norddeutsches Blatt: „Man muß diesem Arzt, der diese Ungeheuerlichkeit des Frauen-800-Meter-Laufs angezettelt hat, die Lizenz als Arzt entziehen lassen, denn er schändet Frauen und will Zatopeks[8] mit Zöpfen herantrainieren. Bei den Deutschen Meisterschaften in Hamburg muß man am Ziel ein Team von Ärzten und Sanitätern mit Krankenwagen postieren, mit laufendem Motor und Blaulicht, um die armen Opfer nach Passieren des Ziels, wenn sie dies überhaupt erreichen würden, sofort ins Krankenhaus abtransportieren zu können."

[8] Zatopek war einer der erfolgreichsten Läufer seiner Zeit

Die Frauen setzten sich durch

Werfen wir zunächst einen kurzen Blick auf zwei Ereignisse, die vielen Frauen das möglich machten, was sie schon lange forderten: auch bei Wettkämpfen lange Strecken laufen zu dürfen. In Amerika mogelte sich 1967 Kathy Switzer in den Boston-City-Marathon, der ausschließlich für Männer organisiert wurde. Schon kurz nach dem Start wurde Kathy von zwei Läufern angegriffen, die sie von der Strecke rempeln wollten. Ein Zuschauer fotografierte diese Szene, die Bilder gingen durch die Medien und Kathy wurde in den USA zur Laufheldin. Das spornte sie an, sich zukünftig dafür einzusetzen, daß Frauen am Boston-Marathon und an anderen Straßenläufen teilnehmen dürfen. Nach sechs langen Jahren gaben die Organisatoren und der US-Leichtathletikverband 1973 unter dem Druck der Öffentlichkeit ihren Widerstand auf, und „Boston" war für Frauen offen. Im selben Jahr organisierte Dr. van Aaken einen gemischten Marathon in Waldniel, und sein Schützling Anni Pede lief mit 3:07:27 Stunden eine neue Weltbestzeit der Frauen. Damit stieg in Deutschland die Begeisterung vieler Frauen fürs Laufen mit und ohne Wettbewerbscharakter. Und weltweit stiegen die Top-Athletinnen auf die Barrikaden, denn sie wollten endlich Rennen laufen dürfen, die bisher nur Männern vorbehalten waren. Nach und nach beugten sich die Herren, die hierüber zu befinden hatten: 1972, in München, wurde der 1500-Meter-Lauf für Frauen eingeführt und zugleich olympisch; 1980 fand die 1. Weltmeisterschaft über 3000 Meter für Frauen statt; 1982 durften Frauen ihre erste Europameisterschaft im Marathon laufen; und endlich, nach jahrelangem Gezeter der Männer, war es 1984 in Los Angeles endlich soweit: der Frauen-Marathon war olympisch. Selbstverständlich fand die sensationsgierige Presse ihr Futter für eine verkaufswirksame Titelstory: den durch Unterzucker verursachten schwankenden Gang der Schweizerin Gabi Schieß auf der Zielgeraden. Und, ganz klar, es gab auch wieder die Diskussion darüber, ob man Frauen diese 42,195 Kilometer zumuten dürfe. Dürfe, wohlgemerkt, und befinden dürfen nur Männer. Ich bezweifle, daß solch grauhaarige Sportverwalter je ermessen können, was in Frauen vor sich geht, die sich in jahrelangem Training auf den ganz besonderen Tag vorbereiten, um vielleicht eine Medaille erlaufen zu können. Daß es in Los Angeles an diesem Tag extrem heiß war, das war eben Pech für die Läuferinnen – und „Pech" war es auch, daß sie sich einer übergestülpten Planung fügen mußten – die Einhaltung des festgelegten Termins für die Fernsehübertragung war wichtiger, als diesen Marathon unter menschlichen Bedingungen zu starten.

Was will ich mit all dem sagen? Vor allem dies: Männer, sofern sie dieses Kapitel lesen, sollen Frauen ihre Wünsche und Ziele nicht vermiesen, denn Frauen wissen selbst am besten, was sie leisten können – wir müssen sie nicht am Gängelband führen. Zum anderen wünsche ich mir, daß viele, viele Frauen erfahren, daß sie eine ganze Reihe von Fähigkeiten haben, mit denen sie den Männern haushoch überlegen sind. Dazu gleich mehr – Sie werden sich ins Fäustchen lachen.

Frauen sind leistungsfähiger als Männer

Daß Frauen besonders gut für das ausdauernde Laufen geeignet sind, ist seit dem berühmt gewordenen 100-Meilen-Lauf von Waldniel erwiesen. Warum nun Frauen so leistungsfähig sind, das fand Dr. van Aaken heraus, deshalb lasse ich ihn hier nochmals zu Wort kommen:[9]

- die Frau ist biologisch stärker als der Mann
- die Frau wird durchschnittlich älter als der Mann
- die Frau ist zäher und geduldiger als der Durchschnitt der Männer
- die Frau ist trainingsmäßig besser motivierbar und trainingsfleißiger
- die Frau hat eine größere Regenerationskraft
- die Frau hat einen ökonomischeren Stoffwechsel
- die Frau ist durch ihr Knochengerüst und den typischen weiblichen Gang besser für die Langstrecken geeignet als der Mann
- ihr Wasserstoffwechsel ist besser reguliert, besonders auch in den Elektrolyten
- die Frau besitzt verhältnismäßig mehr Blutserum als der Mann
- die Unterschiede zwischen Mann und Frau im Kaliumstoffwechsel sprechen eindeutig für die größere Ausdauerleistungsfähigkeit der Frau
- die trainierte Frau konserviert das Kalium sowohl im Zellinneren als auch im Serum, so daß die Verluste in den Harn hinein geringer sind

[9] vgl. van Aaken, Ernst, „Das van Aaken Lauflehrbuch", Aachen, 1984, S. 138f

- die Frau ist bei Hitzeläufen gegenüber dem Mann weit im Vorteil
- die Frauen haben untrainiert kleinere Herzen als der Mann, aber trainiert haben Frauen größere Herzvolumina als die männlichen Spitzenkönner. So hatte zum Beispiel Zatopek ein Herzvolumen von 1060 ml, während Maja Wokke ein Herzvolumen von über 1200 ml hatte.
- die Frau hat gemischte Muskelfasern, die vorzüglich mit roten myoglobinhaltigen Fasern durchsetzt sind, besonders bei durchtrainierten Frauen für superlange Strecken
- die Frau hat eine größere Leber als der Mann im Verhältnis zum Körpergewicht
- die Frau hat mehr Gesamteiweiß als der Mann

Na, wenn das kein feines Bonbon war? Also: öfter mal raus aus den Stöckelschuhen und rein in die Joggingschuhe. Leider laufen noch viel zu wenig Frauen. Bei Marathonläufen liegt ihre Beteiligung erst bei etwa 10 Prozent. Das aber nur als Information, denn alle anderen Ziele sind wichtiger. Gerade von Frauen hört man oft den Satz: „Ich bin durchs Laufen ein anderer Mensch geworden." Und genau das, so denke ich, ist der springende Punkt.

Der Stöckelschuh ist ein Hemmschuh

Möglicherweise hatten Sie, als Sie mit dem Laufen vor fünf Monaten anfingen, Beschwerden im Bereich der Achillessehne. Daher erlaube ich mir, Sie zu fragen: Tragen Sie gerne hohe Schuhe? Ein Stöckelschuh, so schick er auch ist, hat so manche Nachteile. Wie eine Zwangsjacke umklammert er den Fuß und nötigt ihn, eine Stellung einzunehmen, die er gar nicht mag. Im Laufe der Jahre kann aus dieser unnatürlichen Haltung eine Spitzfußstellung werden, die zur Verkürzung der Achillessehne führt und die die unteren Stränge der Wadenmuskulatur verhärten lassen, was schmerzhaft werden kann. Man sieht übrigens bei Laufanfängerinnen, ob sie häufig Schuhe mit hohen Absätzen tragen: ihr Zehentanz verrät sie, also ihr tänzelnder Laufstil mit nach innen gedrehten Fußspitzen. Keine Angst, ich möchte Ihnen Stöckelschuhe nicht ausreden, viel zu schmuck sind diese an Damenfüßen; und ich kann mir gut vorstellen, daß Ihr Schuhschrank bis oben hin gefüllt ist mit den prächtigsten Pumps.

Gehe ich schon zu weit, wenn ich Ihnen etwas sehr Persönliches sage? Erst wenn meine Augen mehr als nur das Gewöhnliche entdecken, werden sie hellwach und neugierig – auch was bei Frauen das Tragen von Pumps betrifft. Denn im Ungewohnten steckt noch immer der Reiz. Und bestimmt stehe ich mit dieser Meinung nicht alleine da. Eine Frau sollte den richtigen Zeitpunkt für den Einsatz solch edler Schuhe nicht unterschätzen und sich erst dann in ihnen zeigen, wenn der passende Anlaß gegeben ist. Denn erst jetzt spielt so ein schmucker Schuh seinen vollen Charme am Damenfuß aus, besonders dann, wenn die Beine in Ny...; stopp, meine Gedanken sind nicht mehr dort, wo sie hingehören. Nur dies gestatten Sie mir bitte noch hinzuzufügen: Trägt eine Frau häufig Pumps, dann wird das Ungewöhnliche zum Alltäglichen, oder anders gesagt, es kommt zum doppelten Zauberflöteneffekt: Allmählich geht für den Betrachter der Zauber flöten, und spätestens dann, wenn der Hallux valgus auf dem Vormarsch ist, ist auch der Zauber niedlicher Füße flöten. Bitte was – Sie kennen diesen Hallux Dingsda nicht? Na sowas, ich sehe ihn im Sommer am Badestrand häufig. Also gut, ich hole weiter aus: Wenn Frauen ihre Füße oft in spitze Pumps stecken, dann wird der große Zeh nach innen gedrückt – nach und nach verändert sich sein Winkel und weicht immer mehr von der normalen Stellung ab. Zunächst drückt dieser Zeh auf die kleinen Nachbarzehen; und das macht er solange, bis er sich über oder unter sie schiebt. Wenn also ein spitzer Schuh den Vorfuß spitzt wie ein Spitzer den Bleistift, und wenn der Winkel des großen Zehen um mehr als 10 Grad von der Norm abweicht, dann spricht man von einem Hallux valgus. Ein Mann wird einen schiefen Zehen immer schief ansehen müssen – aber keiner wird es einer Frau krumm nehmen, wenn sie ihren Füßen zuliebe öfters auf bequeme Schuhe umsteigt. Betroffene Frauen sollten noch wissen, daß eine krumme Zehe durch häufiges Barfußgehen und durchs Laufen in geräumigen Joggingschuhen langsam – bitte Geduld mitbringen – wieder in seine normale Stellung zurückgehen kann – und schon sind wir wieder beim Thema Laufen. Ob Sie nun meinen Wink annehmen oder unverschämt finden, eines sollten Sie möglichst beherzigen: Tauschen Sie wenigstens an Ihren Lauftagen Schuhe mit hohen Absätzen gegen solche mit flachen Sohlen, damit der Fuß mit den dazugehörigen Muskeln und

Sehnen schon tagsüber an das Abrollen über die Ferse gewöhnt werden kann. Allein durch diesen Schuhwechsel erfolgt beim Gehen ein Dehnen der unteren Wadenmuskeln und der Achillessehne. Gestreckt wird dabei genau um die Länge, die der Höhe des Absatzes entspricht.

Verweilen wir noch etwas beim Laufstil. Frauen, die im Alltag Schuhe mit hohen Absätzen bevorzugen, werden anfangs noch nicht so sehr über die Ferse abrollen, sondern mit dem Vorderfuß, also mit dem Ballen aufsetzen. Dieser Laufstil hat zwei dicke Nachteile: Er ist kräfteraubend und die Schritte sind relativ kurz. Leichtathletinnen auf kurzen und mittleren Strecken laufen übrigens mit dieser Technik, um sich bei jedem Schritt kräftig über die Ballen abstoßen zu können. Beim Dauerlauf sollte man besser mit der Ferse aufsetzen, über den Fuß abrollen und dann erst mit dem Ballen leicht abstoßen. Dieser Bewegungsablauf kommt dann mehr aus dem Kreuz und der Hüfte heraus und heißt Schreitstil. Vielen Laufanfängerinnen ist es aber noch gar nicht möglich, diesen Bewegungsablauf umzusetzen, da die Achillessehnen und die Wadenmuskeln durch häufiges Tragen von Pumps verkürzt sind. Daher ist es am Anfang auch weniger wichtig, auf einen besonderen Laufstil zu achten – einfach loszulaufen, so gut es eben geht, reicht völlig aus. Schon dadurch werden die entwöhnten Muskelstränge aufgemöbelt und lauftüchtig gemacht. Erinnern Sie sich doch bitte mal an Ihre ersten Lauftage. Bestimmt hatten Sie vor allem in den Waden einen starken Muskelkater; jetzt wissen Sie, warum er so schmerzhaft war. Ist ja auch logisch: je größer die Entwöhnung, desto stärker der Muskelkater. Vielleicht achten Sie ab heute darauf, wie Sie laufen – auf den Ballen oder über die Fersen. Wenn Sie wollen, dann können Sie an Ihrem Laufstil arbeiten. Besser ist der kräftesparende Schreitstil, der durch den stärkeren Hüft- und Beckeneinsatz die Waden entlastet und diese schlanker macht. Wer dagegen mit dem Ballen aufsetzt, der belastet zudem die Achillessehne und muß mit Schmerzen dort rechnen.

Krampfadern ade

Eine Krampfader ist eine krankhaft erweiterte Vene, die als sich schlängelnder oder knotiger Strang aus dem Gewebe hervortritt. Oft hat man sie in den Erbanlagen mitbekommen. Aber auch ein hoher

Blutdruck kann dazu führen, weil dieser auch auf den Beinvenen lastet. Beeinträchtigt wird immer die Funktionstüchtigkeit der Venenklappen, deren Aufgabe es ist, einen Blutrückfluß in die Venen zu verhindern. Krampfadern treten bei Frauen häufiger auf als bei Männern. Bestimmt auch deshalb, weil bei vielen Frauen durch das Stehen und Sitzen in Beruf und Haushalt natürlich auch die Venen doppelt belastet werden. Auch bestimmte Kleidungsstücke hemmen den Blutrückstrom und fördern die Bildung von Krampfadern. Und weil Frauen häufiger ihre Beine zeigen als Männer, will man diese dummen Dinger gar nicht erst bekommen beziehungsweise schnell wieder loswerden; die Krampfadern selbstverständlich (wie man bei Bezugswörtern immer höllisch aufpassen muß!). Bei Männern werden Krampfadern eher durch sportliche Aktivitäten gefördert, und zwar durch solche, die eine Preßatmung oder eine Bauchpresse erfordern. Dazu gehören vor allem das Krafttraining und Rudern. Durch dieses pressende Atmen entsteht im Brustkorb ein Druck, der es dem venösen Blut in der unteren Körperhälfte schwer macht, zurück zum Herzen zu fließen – es entsteht also ein Rückstau, der die Venen weitet. Die Frage ist nun, wie können wir diesen Druck auf unsere Venen vermindern? Neben dem Liegen ist das Laufen (L und L) eine einfache Möglichkeit der Druckminderung – und schon bald kann man den aufgeblasenen Krampfadern ade sagen, sofern diese Erkrankung noch nicht zu weit fortgeschritten oder vererbt ist.

Gucken wir uns mal eine Wadenvene näher an: Der normale Blutdruck in diesen Venen liegt etwa bei 15 mmHg. (Verwechseln Sie nicht diesen Wert mit dem beim Arzt gemessenen Blutdruck, der im Idealfall bei 120 mmHg zu 80 mmHg liegt; dieser Druck wird immer geringer, je weiter die Venen vom Herzen entfernt sind). Durch häufiges Stehen und Sitzen (S und S) kann jedoch der Druck in den Wadenvenen auf 95 mmHg hochgehen; das entspricht einer Steigerung von mehr als 500(!) Prozent. Aber: Allein durch ein paar Schritte erreicht man, daß der Druck sofort wieder auf 15 mmHg abfällt. Wenn nun das bißchen Gehen schon so nützlich ist, wie hilfreich ist dann erst das Laufen? Erstmal entsteht durch das starke Heben und Senken Ihres Brustkorbs beim Einatmen ein hoher Unterdruck im Brustraum. Dieser Unterdruck saugt das venöse Blut aus der unteren Körperhälfte an und leitet es zum Herzen – Hilfe Nummer eins beim Laufen: der Saugeffekt (1). Die beim Laufen stark arbeitende Wadenmuskulatur drückt zudem auch die Venen zusammen; und dies unterstützt den Blutrückfluß zum Herzen. Das Blut wird folglich aus der Vene hinausgequetscht – Hilfe Nummer zwei beim Laufen: der Quetscheffekt (2). Stellen Sie sich nun mal einen Strohhalm vor, der mit einer zähen Flüssigkeit gefüllt ist – wenn Sie den zusammendrücken (1) und oben saugen (2), dann macht es plopp und er leert sich. So ähnlich können wir uns das bei verstopften Venen vorstellen wenn wir joggen. Mit diesem Strohhalmeffekt kann uns das Laufen bei beginnenden Krampfadern helfen.

Bei dickeren Menschen sind die Venen allerdings zu weich eingepackt. Deshalb kann der Strohhalmeffekt hier nicht viel ausrichten, weil das Unterhautfettgewebe verhindert, daß die Muskeln auf die Venen drücken. Trotzdem hilft das Laufen auch hier, weil beim Abnehmen auch dieses Fettgewebe bevorzugt wird und dadurch schneller reduziert werden kann. Die Venen verlieren ihre weiche Polsterung, die arbeitende Muskulatur drückt sie zusammen und langsam können sich die weniger hartnäckigen Krampfadern auflösen. Unterstützen kann man das ganze noch durch Kaltwasseranwendungen und Schwimmen – der Wasserdruck von außen wirkt zusätzlich auf die Venen. Somit sind auch Laufen, Liegen, Kaltwassergüsse und Schwimmen die besten vorbeugenden Maßnahmen gegen diese häßlichen wurmartigen Gebilde.

Eigentlich könnte ich das Kapitel an dieser Stelle abschließen – aber ich will nicht. Ich habe mir gedacht, daß bei einem Frauenthema nicht ein Mann das letzte Wort haben muß. Hören wir lieber mal zu, worüber nicht mehr ganz junge Frauen, die laufen, bei einem Kaffeekränzchen plaudern. Für diese vier nahm das Leben eine überraschend positive Wende, nachdem sie mit dem Laufen angefangen hatten.

Liebe Leser – lassen wir die Damen unter sich!
Gabi, 39 Jahre: „Als ich vor fünf Jahren mit dem Laufen anfing, war ich übergewichtig – und das nicht zu knapp. Anfangs hatte ich große Schwierigkeiten und oft war ich nah dran, alles hinzuschmeißen. Aber dann kriegte ich doch noch die Kurve und nach einem Jahr

schmolzen die Pfunde dahin. Heute wiege ich 12 Kilo weniger. Beim 19. Berlin-Marathon lief ich meine bisher beste Zeit von 3 Stunden, 40 Minuten und ein paar Sekunden. Kam ich früher müde und abgespannt nach Hause, kannte ich nur den Haushalt und die Glotze oder ein Buch. Heute laufe ich erst mal eine gute Stunde, dusche und bin dann frisch und munter für dies und das."

Irmgard, 34 Jahre: „Also Marathon wäre nicht mein Fall. Wie ihr wißt, kam ich durch die Trennung von meinem Mann zum Laufen. Nachdem er weg war, tat sich lange Zeit eine tiefe Leere auf – vor allem, wenn ich nach der Arbeit heim kam und niemand da war; nichts wiegt schwerer als ein leeres Herz. Irgendwann hielt ich das nicht mehr aus und begann einfach mal mit dem Joggen. Schon bald wich die Depression und Traurigkeit einer bisher nicht gekannten Zufriedenheit. Die Leere war weg und endlich fand ich zu mir selbst. Alle Probleme, die ich vor allem mit mir selbst hatte, konnte ich draußen in der Natur lösen. Und weil ich nicht mehr mit hängendem Kopf und Trauermine durchs Leben ging, fand ich wohl Peter – heute laufen wir gemeinsam. Mein Leben wäre weniger reich, müßte ich aufs Laufen verzichten."

Bea, 28 Jahre: „Das ist bei mir genauso. Wenn ich mal ein paar Tage nicht zum Joggen komme, werde ich nervös und hektisch. Leider überträgt sich das auch auf meinen Job in der Redaktion. Umgekehrt fühle ich mich nach dem Joggen ausgeglichen und gestärkt, das erleichtert mir wiederum so manches in meinem stressigen Job. Deshalb laufe ich auch so gerne am Morgen, da hole ich mir die Kraft für den Tag (Zwischenbemerkung von Gabi: Du fängst ja auch erst um 11 Uhr an). Dafür komme ich selten vor 22 Uhr aus der Redaktion raus. Aber noch etwas schätze ich so am Joggen. Meine Migräne und Kreislaufschwäche, die früher fast an der Tagesordnung waren, sind verschwunden, seit ich mit dem Joggen angefangen habe."

Myriam, 42 Jahre: „Ja, ja, die Kopfschmerzen, auch ich habe sie durchs Laufen weggebracht. Warum ich mich so lange Zeit nicht fürs Laufen erwärmen konnte, verstehe ich heute ehrlich gesagt nicht mehr. Immer erschien es mir als zu anstrengend und zu langweilig. Ich konnte mir einfach nicht vorstellen, daß da so ungemein viel Positives im Kopf passiert. Immer ist man irgendwie beschäftigt. Manchmal sind es Sorgen, aber oft entdecke ich Kleinigkeiten der

Natur, die ich sonst immer übersehen hatte. Was mir aber beim Laufen am besten taugt, ist die Entspannung. War ich früher oft gereizt und aufbrausend, so bin ich heute viel ruhiger geworden. Eigentlich müßte man allen Frauen zurufen, daß sie öfters mal den Haushalt liegen lassen und dafür die kleinen Wunder des Laufens entdecken und genießen sollten."

14. Ihr Ziel am Ende des 6. Monats

Nur noch ein paar mal Laufen, dann ist es soweit: Sie werden auf-
juchzen, ausflippen und wonnetrunken die Welt aus den Angeln heben – denn dann haben Sie etwas bewältigt, was Sie vor wenigen Wochen noch als Unmöglichkeit bezeichnet hatten: „Nie und nimmer –
ich und eine Stunde laufen, eine volle Stunde – nie, niemals." Und
bald, an Ihrem 72. Lauftag, werden Sie weder urlaubsreif noch aus-
gepumpt sein, wenn die 60 Minuten vorbei sind, denn Sie haben aus-
gezeichnete Vorarbeit geleistet. Ihr Herz ist kräftiger geworden – es
schlägt jetzt schon unter Belastung weniger oft als früher beim Treppensteigen; das eine oder andere Kilo Ballast haben Sie auch abge-
worfen; und der Kreislauf spielt nicht mehr Katz und Maus mit Ihnen. Kurz: Sie sind fit geworden. Sie sind also durch regelmäßiges
Training das geworden, was viele Menschen zu sein glauben: in guter
körperlicher Verfassung und somit leistungsfähig. Gemeint sind aber
nicht nur körperliche Leistungen, sondern auch willentliche; denn
eines ist sicher: Ihr Erfolg, der Sieg über die 60 Minuten, der steckt
dann tief in Ihrem Kopf. Und dieser Erfolg wird zwei Väter haben.
Der eine ist Ihr durchgezogenes Trainingsprogramm, und der andere
ist Ihr junger Wu... Nein, nein, so trocken möchte ich Ihnen diese
kostbare Mitteilung nicht servieren. Lassen Sie sich erst folgendes auf
der Zunge zergehen: Mit Ihrer enthusiastischen Einstellung werden
Sie bald etwas geschafft haben, was Sie vor fünf Monaten weder ge-
wünscht noch herbeigesehnt hatten, und, was Sie sogar ein Unding
nannten. Sie selbst hatten sich mehr oder weniger als hoffnungslosen
Fall eingestuft, was das Laufen betrifft; allerdings mit der Einstellung, daß Sie sich damit nicht abfinden wollten. Verstehen Sie, was
ich damit sagen will? Sie haben sich umgekrempelt. Sie werden also
in diesem Monat etwas tun, was Sie nie machen wollten – aber der
Ehrgeiz packte Sie, und der Enthusiasmus gab Ihnen die Kraft dazu,
sich so vorzubereiten, daß Sie heute heiß auf den 60-Minuten-Lauf
sind. Sie dürfen es ruhig zugeben: ein bißchen Joggen wollten Sie;
dreimal die 10 bis 20 Minuten laufen; dieses Ziel erschien Ihnen rea-
listisch. „Laß den mal reden und die anderen machen. Mir genügt es,
wenn ich wenigstens ein bißchen..." dachten Sie sich. Stimmt's, oder
liege ich daneben; wollten Sie wirklich immer schon eine Stunde lau-

fen können? Und heute? Fein, daß ich Sie nicht nur wachgekitzelt, sondern mit Trompetengeschmetter aus den Federn geschüttelt habe. Aufgeschreckt durch diesen Lärm haben Sie sich verändert, und mit frischem Schwung und Tatendrang nehmen Sie eine Herausforderung an, die Sie bald meistern werden. So, und nun wird's höchste Zeit, daß Sie den zweiten Vater Ihres Erfolgs kennenlernen; es ist Ihr junger Wuppdich. Bitte? Worüber grübeln Sie? Sie wissen nicht, was dieses Wort bedeutet. Ach, ach was, vorhin wußten Sie nicht, was ein Hallux valgus ist, und jetzt kennen Sie den Wuppdich nicht? Sie meinen, das ist auch eine Fußkrankheit. O nein, ganz im Gegenteil! Der Wuppdich ist ein schneller Schwung, also Ihre neue Dynamik, Begeisterung, Leidenschaft, Vehemenz, was immer Sie sich aussuchen. Auch Vitalität, Verve, Elan, Impetus oder Lebhaftigkeit lasse ich gelten. Auf alle Fälle haben Sie durch Ihren Enthusiasmus eine Veränderung durchgemacht, die Ihnen – wupps – frische Schwungkraft gegeben hat.

Wissen Sie eigentlich, was das alles für Sie bedeutet? Ahnen Sie, welche Türen sich jetzt öffnen werden? Die Antwort liegt auf der Hand: *Wenn Sie schon schwere Hindernisse auf ein eher unbedeutendes Ziel hin überwinden konnten, wie leichtfüßig springen Sie dann erst über Blockaden, die Ihnen den Weg zu wichtigen Zielen versperren!* Und das, was Ihnen bisher geholfen hat, das hilft auch zukünftig. Der Enthusiasmus macht Ihnen Feuer unter dem Hintern; unterwegs gehen Sie den Miesmachern aus dem Weg oder zeigen ihnen die lange Nase; und mit Ihrer Ausgeglichenheit werden Sie keine Energien mehr verschwenden für so Überflüssiges wie Aufregung oder Ärger. Auch das klare, offene und direkte Nein werden Sie mühelos immer dann über die Lippen bringen, wenn Sie es für richtig halten – dafür wird man sich um so mehr über Ihr ehrliches Ja freuen; mit Glacéhandschuhen wird man es entgegennehmen, so kostbar ist es dann geworden. Soweit mein kleines Resümee. Aber machen Sie doch bei Ihren nächsten Läufen eine eigene Zusammenfassung: Was hat sich für mich in den letzten Monaten verändert?

Weil dieser Laufmonat ein besonderer ist, möchte ich Ihnen einen Menüvorschlag für die nächsten 11 Lauftage machen:

1. 30 Minuten – etwas schneller als das gewohnte Tempo
2. 45 Minuten – locker und leicht im gewohnten Tempo
3. 50 Minuten – schön langsam
4. 30 Minuten – Erholungslauf

Suchen Sie sich das aus, worauf Sie gerade Appetit haben. Trinken Sie immer Wasser dazu und vergessen Sie bitte nicht die Vorspeise und das Dessert – das Warmlaufen und Zuckeln mit Dehnen. Mit Ihrem Wunschprogramm holen Sie sich jetzt den nötigen Anlauf, um am 72. Tag auf den Gipfel zu stürmen.

Ihr 72. Lauftag – Hallo, ihr 60 Minuten, ich komme!

Muß ich dazu noch viele Worte verlieren? Nein! Genießen Sie diesen Lauf; baden Sie in dem wonnigen Gefühl – ich wünsche Ihnen viel Spaß! Halt, beinahe hätte ich etwas Wichtiges übersehen: Sie dürfen bereits unterwegs einen Purzelbaum schlagen, weil Sie in dieser Stunde Ihren 300.(!) Kilometer laufen werden. Heißa, was für ein Tag. Jetzt aber die Pobacken zusammen, tief Luft holen – und wupps, los geht's.

Na, wie war es?

Bitte, was sagen Sie, was war schwierig? Ach sooo, der Purzelbaum hat Sie aus dem Rhythmus gebracht! Ja, das verstehe ich; nichts fällt schwerer beim Laufen, als zwischendurch zu unterbrechen. Ein Stopp ist äußerst unangenehm, wenn man wie aufgezogen läuft. Sie haben recht, das mit dem Purzelbaum war eine dumme Idee von mir – sorry! Und sonst, wie lief es unterwegs? Sie meinen, so wie sonst auch, nur eben ein bißchen länger, dafür mit einem warmen Gefühl ums Herz, so ein Glücksgefühl. Hei! – das freut mich aber: du hast es geschafft – laß dir die Hände schütteln! Bitte was mache ich? Ich duze plötzlich? Ja prima, in meiner Begeisterung ist mir das gar nicht aufgefallen. Es wurde auch höchste Zeit, denn Läufer duzen sich. Eigentlich schade, daß es so spät kam, denn schon bald werde ich mich von dir verabschieden müssen – ich möchte ein paar neue Aufgaben nicht zu lange auf mich warten lassen. Du hast bis jetzt bereits gut 300 Kilometer auf deinen Füßen heruntergespult – und tausende werden noch dazukommen. Der Dauerlauf wird dir ein treuer

Freund bleiben – der beste, den du dir wünschen kannst: er nimmt Rücksicht darauf, wann du Zeit und Lust hast. Termine mit anderen Zeitgenossen brauchst du auch nicht unbedingt zu treffen, und leidige Platzgebühren, wie beim Tennis, entfallen. Den Sauerstoff gibt es noch gratis, und Wegezölle für Läufer werden nirgendwo erhoben. Der Dauerlauf läßt sich in den Urlaub mitnehmen – er ist aber auch nicht gram, wenn er mal für ein paar Wochen allein zu Hause bleiben muß. Weine dich mit ihm aus, wenn du Kummer hast – oder hole dir die Kraft zum Bäumeausreißen. Bäume ausreißen?? Nein, diese Redewendung gefällt mir nicht mehr! Besser so: hole dir die Kraft zum Bäumepflanzen! Und wenn du wirklich mal schwerwiegende Probleme haben solltest, dann gib dir diesen Ruck und zieh dich am Laufen hoch; es strengt an, aber es geht. Mein Wunsch jedenfalls ist der: bleibt ein Leben lang unzertrennliche Freunde, denn mit dem Laufen kannst du dich vor den Klauen der größten Volkskrankheit schützen: vor der Trägheit.

15. Deinem rasenden Aufstieg steht jetzt nichts mehr im Weg!

Während du laufen darfst, muß ich die Ärmel hochkrempeln und die Leitplanken einsammeln – du brauchst sie nicht mehr. Du bist inzwischen dahintergekommen, wo's langgeht. Auch wenn über all dem, was noch auf dich zukommen wird, ein geheimnisvoller Schleier liegt, so nach und nach wirst du anfangen, ihn beiseite zu schieben, um sehen zu können, was dich noch überraschen wird – sei schon mal auf alles gefaßt. Denn eines wirst du schnell feststellen: ist erst das eine Ziel erreicht, bastelst du dir schon ein neues. Heute erscheinen dir 21 Kilometer wie eine Ewigkeit, und morgen schon kann es eine Trainingsrunde sein. Niemals „nie" zu sagen, gilt eben nicht nur am Anfang, sondern immer. Halten wir jetzt mal Ausschau nach dem, was sich für dich an Volksläufen anbietet. Denn selbst dann, wenn du lieber allein läufst, auch die Teilnahme an Straßenläufen bringt Freude. Solche Veranstaltungen haben nur für wenige Teilnehmer einen Wettbewerbscharakter; mehr als 90 Prozent aller Läufer sind eher aus Jux und Tollerei dabei. Solche Läufe für jung und alt, für dick und dünn, werden in vielen Gemeinden und Städten regelmäßig organisiert – frag' mal in Sportgeschäften oder Turnvereinen nach. Die Standardstrecken gehen über 5, 10, 21 (Halbmarathon) und 25 Kilometer. Picken wir den 10-Kilometer-Lauf heraus, denn er bietet sich für dich jetzt geradezu an – du hast ihn leistungsmäßig schon drauf. Und weil du bestimmt schon lange wissen willst, in welchem Tempo du immer unterwegs bist, und wieviele Minuten du für einen Kilometer brauchst, bekommst du im Ziel die Antwort, weil die Laufzeit bei solchen Veranstaltungen gestoppt wird. Wenn du beispielsweise nach 50 Minuten im Ziel bist, dann weißt du, daß du einen Kilometer in durchschnittlich 5 Minuten läufst. Rechne dann diese Zeit auf 60 Minuten hoch, dann hast du deine Laufgeschwindigkeit: 50 Minuten entsprechen 10 Kilometer; 60 Minuten sind dann 12 Kilometer – du bist also in Joggingschuhen 12 km/h schnell. Mach' aber bitte nicht den Fehler und laß' dich vom Tempo der besseren Läufer anstecken, weil du sonst vielleicht zu früh schlapp machst. Auch erfährst du so nicht deine echte Kilometerzeit – laufe also ehrlich deinen Lauf im gewohnten Rhythmus. Und weil du die bei solchen Rennen gelaufenen Zeiten vergleichen kannst, kennst du deinen Fortschritt über die Jahre hinweg.

Wie könnte es weitergehen? Besser als immer nur die 10 Kilometer zu laufen ist es, sich langsam an die 21-Kilometer-Marke heranzutasten. Das wichtigste Wort in diesem Satz war „tasten". Du mußt dazu immer deine Anpassung fest im Auge behalten, denn nur durch entsprechendes Training wird es dir eines schönen Tages leicht fallen, diese Strecke zu laufen. Das ist ein ordentliches Stück Arbeit, gewiß; aber das Schöne bei solchen Läufen, bei denen hunderte oder tausende von Läufern an den Start gehen, ist, daß die erste Hälfte der Strecke nicht mehr anstrengend ist. Dies läßt sich ganz leicht erklären: Zum einen ist dein Kopf auf diese 21 Kilometer eingestellt – du bist also mental darauf vorbereitet – zum anderen wird dich das Gewurle der anderen Läufer und das gleichmäßige Trappeln und Trommeln ihrer Schuhe so mitreißen, daß du fast nicht merkst, daß du läufst. Happig werden erst die letzten Kilometer, aber dann weißt du bereits, daß du es schaffen wirst – und diese Vorfreude auf den Zieleinlauf, wo dir Hunderte von Zuschauern zuklatschen werden, diese Freude treibt dich auf den letzten Kilometern an. Und das Wissen, daß du mit einem leistungsfähigen Herzen und zwei gesunden Beinen 21 Kilometer schaffen wirst, wird dich auf dem allerletzten Kilometer Bocksprünge machen lassen. Was dieser Erfolg dann für dich bedeutet – nun, das male dir selber aus.

Wenn du aber auf all das nicht versessen bist, auf das Schnellerwerden und das mit den Straßenläufen, weil dir zum Fitbleiben die 30 bis 60 Minuten, locker und leicht gelaufen, genügen, dann hast du dich für das entschieden, worauf es letztendlich ankommt: für deine neugewonnene Freiheit durchs Laufen – laß sie dir nie, nie, nie mehr wegnehmen! Du kennst die lauernden Feinde inzwischen: Die unverbesserlichen Miesmacher, die klebrige Passivität und das Schlaraffenland mit all seinen krankmachenden süßen und fetten Verlockungen. Du aber bist jetzt stark, kennst dich aus und kannst dich wehren – und das macht dich zufriedener und erfolgreicher. Du wirst bewundert und beneidet werden – vor allem aber: du bleibst jung und gesund. Schon nach einem Jahr Laufen hast du zwar nach dem Kalender ein Jahr mehr auf dem Buckel, aber biologisch wirst du zwei Jahre jünger sein. Unzählige Menschen suchen den Jungbrunnen – du hast inzwischen schon ein paar mal darin gebadet. Weiterhin viel Spaß beim Laufen und Baden.

16. Dein erfolgreicher Weg – im Zeitraffer

Monat	Woche	Lauftage	Empfeh-lung in Minuten	Monats-ziel	Zeit, Kilometer, Tempo	Höhe-punkte
1	1 2 3 4	1 - 2 - 3 4 - 5 - 6 7 - 8 - 9 10-11-12	10-10-10 10-15-15 15-15-20 20-20-20	Laufen lernen	3 Stunden. 7 Min. für 1 km 180 : 7 = 25 km	Jeder Tag
2	5 6 7 8	13-14-15 16-17-18 19-20-21 22-23-24	20-20-25 20-20-25 20-20-25 20-20-30	30 Minuten schaffen	11 × 22,5 Min. = 248 1 × 30 Min. = 30 insg. 278 Min. 278 : 7 = 40 km	am 21. Lauftag: bisher 50 km ge- laufen und schon 30 Minuten geschafft!
3	9 10 11 12	25-26-27 28-29-30 31-32-33 34-35-36	15-20-30 15-20-30 15-20-30 15-20-30	etwas schneller werden	4 × 15 s = 10 km 4 × 20 l = 12 km 4 × 30 l = 18 km = 40 km s = 6 Min/km l = 6,5 Min/km	am 36. Lauftag: Halbzeit ge- schafft. Und: bisher 100 Kilometer gelaufen
4	13 14 15 16	37-38-39 40-41-42 43-44-45 46-47-48	30 Minu-ten: mal langsa-mer, mal schneller	Ein 30-Mi-nuten-Lauf wird Spaß machen	12 × 30 = 360 M. 6,5 Min. für 1 km 360 : 6,5 = 55 km pro Woche: 14 Kilometer	48. Lauftag: zum ersten Mal mehr als 50 Kilometer im Monat geschafft!
5	17 18 19 20	49-50-51 52-53-54 55-56-57 58-59-60	30-30-45 30-30-45 30-30-45 30-30-45	Sich mit dem 45-Mi-nuten-Lauf anfreunden	8 × 30 = 240 : 6 = 40 km; 4 × 45 = 180 : 6,5 = 28 km; = 68 km pro Woche: 17 Kilometer	Dein 50. Lauftag und dein 200. Kilometer!! in der 19. Woche.
6	21 22 23 24	61-62-63 64-65-66 67-68-69 70-71-72	Nach Lust und Láune 30 bis 50 Minuten laufen.	Eine ganze Stunde laufen können.	11 × 40 = 440 : 6,5 = 67 km 1 × 60 = 60 : 7 = 8,5 km = 75 km = 19 km/Woche	Zum ersten Mal eine volle Stunde gepackt und insg. 300 km gelaufen!!!

Ein bißchen Bewegung kann auch anderen nicht schaden

Geschenk-Coupon:

Ich möchte jemanden überraschen und eine Freude machen.
Bitte schicken Sie ein Exemplar „Ui! So einfach ist Laufen" an:
(Versand nur innerhalb Deutschlands möglich)

_____

Vorname   Name

_____

Straße/Hausnummer

_____

PLZ/Ort

Einen Verrechnungsscheck über 32,90 DM habe ich beigefügt (Buch 29,80 DM zzgl. 3,10 DM Versandkosten).

_____

Unterschrift   Datum

_____

Absender:

Coupon an: Winfried-Muehlbauer-Verlag, Oberföhringer Str. 107, 8000 München 81

(Auf dieser halben Seite können Sie einen Gruß, vielleicht zum Geburtstag oder zu Weihnachten, aber auch ein paar Ich-bedanke-mich-Zeilen niederschreiben. Falten Sie dieses Zettelchen dann einmal zusammen, und kleben Sie es zu – so kommt Ihr Gruß mit dem Buch zum Beschenkten.)

Ich möchte mich selbst beschenken

Bestell-Coupon:

Ich hatte mir dieses Buch nur ausgeliehen, möchte es aber
selbst besitzen. Bitte schicken Sie mir ein Exemplar
„Ui! So einfach ist Laufen". Hier meine Anschrift:

_____
Vorname   Name

_____
Straße/Hausnummer

_____
PLZ/Ort

Einen Verrechnungsscheck über 32,90 DM habe ich beigefügt (Buch 29,80 DM
zzgl. 3,10 DM Versandkosten).

_____
Unterschrift   Datum

- Schnipp, Schnapp - - - - - - - - - -

Coupon an: Winfried-Muehlbauer-Verlag, Oberföhringer Str. 107, 8000 München 81

Literaturverzeichnis

v. AAKEN, Ernst: Lauflehrbuch, Aachen 1984

v. AAKEN, Ernst: Krebsvorbeugung und Heilung durch Jogging und gesundes Leben, Aachen 1984

BARRAT/GODEFROY: Die E.L.S.-Methode, Erfolgreich reden und überzeugen, Bonn 1991

BLUM, Bruno: Regeneration, Optimale Erholung nach Training und Wettkampf, Oberhaching 1985

BROUNS, Fred: Wider diese pseudowissenschaftlichen Irrmeinungen, Sportler-Getränke. In: arzt+sport, 1992, Heft 2, S.26ff.

BRAUNER/LADEFOGED: Krankmachende Schwermetalle, Blei in den Knochen – Abhilfe dank Haaranalyse, Genf/München 1991

v. BUTTLAR, Johannes: Die biologische Chance, 100 Jahre vital und gesund, München 1981

COOPER, Kenneth: Bewegungstraining ohne Angst. Regeln und Tests gegen Herzattacke und Kreislaufkollaps, München/Wien/Zürich 1986

CREMER, Hans-Dieter: Die große GU Nährwerttabelle, München 1987

DEUTSCHE GESELLSCHAFT FÜR ERNÄHRUNG (Hrsg.): Ernährungsbericht, Frankfurt 1990

DEUTSCHE GESELLSCHAFT FÜR ERNÄHRUNG (Hrsg.): Empfehlung für die Nährstoffzufuhr, Frankfurt 1985

DAK (Hrsg.): Essen & Trinken mit Verstand, Hamburg 1990, Dr. Gisela Trurnit

DIEM, Walter: Das Saunabuch, Reinbek 1990

EBERSPÄCHER/FANK: Fit für das Leben, Streßausgleich und Entspannung durch Bewegungstraining, Oberhaching 1988

FOURNIER PHARMA (Hrsg.): Therapiebegleiter für Patienten mit Fettstoffwechselstörungen, überarbeitete Neuauflage der med. Hochschule Hannover, Zentrum Innere Medizin, Arbeitsbereich Klinische Diätik unter Prof. Dr. med. H. Canzler

GEIGER, Ludwig: Gesundheit & Sport, Ausdauer-Leitfaden, Ein sportmedizinischer Ratgeber, Oberhaching 1988

HIX, Charles: Working Out, Das Körperprogramm für Männer, Berlin 1985

FIXX, James F.: Das komplette Buch vom Laufen, Frankfurt/Main 1983

HAAS, Robert: Die Dr. Haas Leistungsdiät für Sport, Beruf und Fitness, München 1985

HAMM/WEBER: Sporternährung praxisnah, Weil der Stadt 1988

HOLLMANN: Ausdauer kontra Krebs. In: SPORT Special/CONDITION, 1991, Heft 4, S. 66 ff.

KONOPKA, Peter: Sporternährung, Leistungsförderung durch vollwertige und bedarfsangepaßte Ernährung, München 1985

KLEINMANN, Dieter: Laufen ist Medizin, Düsseldorf 1988

LEVEY, Joel: Die Kunst der Entspannung, Konzentration und Meditation, München 1991

LYDIARD, Arthur: Laufen mit Lydiard, Aachen 1985

MALLOW/PABST: Alles übers Laufen, Fitness-Gesundheit-Spaß, München 1970

MARKWORTH, Peter: Sportmedizin, Physiologische Grundlagen, Reinbek 1983

MEYERS (Hrsg.): Meyers kleines Lexikon, Sport, Mannheim 1987

MEYERS (Hrsg.): Wie funktioniert das? Gesund und fit bleiben, Mannheim 1980

MÜLLER, Martin: Trübe Aussichten für „Extreme". In: SPORT Special/CONDITION, 1992, Heft 3, S. 18 ff.

MÜLLER-WOHLFAHRT/MONTAG/DIEBSCHLAG: Süße Pille Sport, Verletzt, was nun? Neufahrn 1984

PEIL/RÖDER/WAGNER: Wissen um Wasser. In: SPORT Special/CONDITION, 1992, Heft 3, S. 44 ff.

PETERSON/RENSTRÖM: Verletzungen im Sport, Handbuch der Sportverletzungen und Sportschäden für Sportler, Übungsleiter und Ärzte, Köln 1987

SCHREIBER, Michael: Die Kunst des Laufens. In zwölf Schritten zum Marathon, München 1989

SPINO, Mike: Laufen – die innere Dimension. Der Weg zum bewußten Training – Laufen als Spiel mit dem Körper, Ravensburg 1988

STEFFNY, Manfred: Marathontraining, Mainz 1985

STEFFNY/BREUER: Das Frauen-Laufbuch, Hilden 1982

WESSINGHAGE, Ellen und Thomas: Laufen, München 1987

WIRTHS, W.: Kleine Nährwert-Tabelle der Deutschen Gesellschaft für Ernährung e. V., Frankfurt 1987

WORM/SCHRÖDER: Die 10 erfolgreichen Schritte, Die Ausdauer-Vollwert-Ernährung, Oberhaching 1987

WÜLBECK, Willi: Die 10 erfolgreichen Schritte, Lauftraining mit Willi Wülbeck, Oberhaching 1988